新时代"三农"问题研究书系

中国农村合作
金融组织演进研究

王丽程○ 著

西南财经大学出版社
Southwestern University of Finance & Economics Press
中国·成都

图书在版编目(CIP)数据

中国农村合作金融组织演进研究/王丽程著.—成都:西南财经大学
出版社,2024.5
ISBN 978-7-5504-6168-0

Ⅰ.①中…　Ⅱ.①王…　Ⅲ.①农村金融—合作金融组织—研究—中国
Ⅳ.①F832.35

中国国家版本馆 CIP 数据核字(2024)第 077719 号

中国农村合作金融组织演进研究

ZHONGGUO NONGCUN HEZUO JINRONG ZUZHI YANJIN YANJIU

王丽程　著

策划编辑:孙　婧
责任编辑:植　苗
责任校对:廖　韧
封面设计:何东琳设计工作室
责任印制:朱曼丽

出版发行	西南财经大学出版社(四川省成都市光华村街55号)
网　　址	http://cbs.swufe.edu.cn
电子邮件	bookcj@swufe.edu.cn
邮政编码	610074
电　　话	028-87353785
照　　排	四川胜翔数码印务设计有限公司
印　　刷	四川煤田地质制图印务有限责任公司
成品尺寸	170 mm×240 mm
印　　张	18.75
字　　数	456 千字
版　　次	2024 年 5 月第 1 版
印　　次	2024 年 5 月第 1 次印刷
书　　号	ISBN 978-7-5504-6168-0
定　　价	88.00 元

前言

　　农村合作金融组织因其在克服信息不对称、缺少抵押担保物、降低交易成本、增强农户信贷可获得性等方面相较于商业性金融组织具有独特优势而表现出旺盛的生命力。从世界范围来看，自 1848 年世界上第一家合作金融组织——拉夫森（Friedrich Raiffeisen）信用合作社在德国成立以来，合作金融已经走过了 170 多年的发展历程。在中国，如果从 20 世纪 20 年代初算起，农村合作金融组织的发展历史也有百年。但是，农村合作金融组织在我国的发展历史和现状并不理想。新中国成立后建立起来的大部分农村信用合作社已于 21 世纪初期走向"去合作化"道路，被改为商业性银行。此时，原银监会框架下的农村资金互助社也处于停止审批阶段。2002 年以来，我国农村实质上已经形成了以商业性金融为主的金融组织体系，合作金融"有名无实"，面临消失的尴尬处境。到底什么是合作金融？农村信用合作社为什么会异化？未来农村合作金融组织在我国还会存在吗？对于这些问题，学术界进行了大量有成效的研究，但是对农村合作金融组织演进过程及规律的研究还比较少。鉴于此，本书选择以农村合作金融组织的演进为研究对象，试图通过对中国农村合作金融组织演进过程的剖析，探索出我国农村合作金融组织演进的基本路径，以及影响合作金融组织演进的内外因素，在此基础上，为我国未来农村合作金融组织的良性发展提供理论和政策支持。

　　本书在梳理相关研究文献，对合作金融、合作金融组织、组织演进等相关概念和理论进行界定、总结的基础上，综合博弈论、新制度经济学、演化经济学、新古典经济学等理论知识，构建起一个以"环境—行为—绩效（ECP）"为基本结构的分析框架，对我国农村合作金融组织从形成、异化到再生的演进过程和机理进行了全面分析和研究。在此基础上，本书进一步归纳了农村合作金融组织演进过程的基本特征，预判了农村合作金融组织演进的趋势，提出了促进农村合作金融组织良性发展的政策优化建议。

通过相关研究，本书主要有以下发现：

第一，合作金融作为合作经济的一种特殊形式，是合作经济的有机组成部分。合作金融具有"金融"的一般性和"合作"的特殊性。其中，"金融"的一般性使其仍然具有"逐利"的天性；"合作"的特殊性则使其从本质上区别于在"金融"形态下与其处于一个平面维度的商业性金融和政策性金融等其他金融形态，而且也使其成为一种有"温度"和人文价值的金融形态。

第二，从"主体—运行—目标"三要素出发，可以得出合作金融的基本属性：主体的同一性、运行的民主性、目标的非营利性和自我服务性。合作金融的基本属性是合作金融组织的根本标志。合作金融的异化是一个过程，是对农村合作金融基本属性的部分或彻底脱离。从动因上可以把合作金融的异化区分为强制外力推动的"跳跃性异化"和合作金融产生的经济基础变化所引起的"渐进性异化"两种类型。

第三，合作金融组织本质上是基于合作金融基本属性所产生的一系列契约关系的总和，是以合作金融为实质内容的一种组织形式，是不同利益主体在与宏观意义上的制度环境的交互中不断博弈的均衡结果。

第四，中国农村合作金融组织的演进可以从三个方面来看，一是从阶段及路径来看，包括形成、异化和再生三个阶段，以坚持合作金融的基本属性为基准参照，农村合作金融组织的演进呈现"U"形轨迹特征；

二是从动力来看，农村合作金融组织是组织利益主体的博弈与技术、制度环境的变化耦合推动所形成的；三是从基本特征来看，农村合作金融组织的演进始终服从服务于农业农村现代化的需要、主体角色上存在农户社员的相对缺位和政府的相对越位、变迁方式上体现为强制性制度变迁与诱致性制度变迁的结合，它既是"路径依赖"与"适应性选择"共同作用的过程，也是农村合作金融组织功能价值不断拓展的过程。

第五，未来农村合作金融组织的演进趋势是：农村合作金融组织将长期是农村金融体系的有机组成部分，生产合作、供销合作、信用合作"三位一体"式的综合性合作金融组织发展空间充足，农村合作性、商业性、政策性"三维"金融组织的可通约性将进一步增强。

最后，在上述研究的基础上，本书从五个方面提出了促进我国农村合作金融组织健康发展的政策优化建议：一是坚持立足于农村经济系统、农村金融系统，分类推进农村合作金融组织的发展；二是重视农户社员的博弈主体地位，积极培育合作金融企业家；三是坚持合作制的基本方向，完善合作金融组织的内部治理结构，保持合理的合作金融组织边界；四是加强对合作金融立法、合作金融理念以及业务技能、资金等方面的培育和支持，在理顺管理体制等方面完善农村合作金融组织演进过程中的政府角色；五是通过"内部+外部"双层监管、创新风险防范手段等方式加强对农村合作金融组织演进过程中的各种风险的防范。

限于写作时间和作者水平，本书难免有所疏漏，还请专家和读者批评指正。

王丽程

2024 年 3 月

目录

1 绪论 / 1

  1.1 问题的提出 / 1

    1.1.1 研究背景 / 1

    1.1.2 研究意义 / 3

  1.2 研究现状 / 4

    1.2.1 国内外合作金融研究的总体特点 / 4

    1.2.2 合作金融的相关研究 / 5

    1.2.3 合作金融组织的相关研究 / 7

    1.2.4 合作金融组织演进的相关研究 / 11

    1.2.5 小结 / 16

  1.3 研究思路与主要内容 / 18

  1.4 研究方法 / 21

    1.4.1 方法论基础：辩证唯物主义 / 21

    1.4.2 具体方法Ⅰ：历史与逻辑相结合的分析方法 / 22

    1.4.3 具体方法Ⅱ：博弈的分析方法 / 22

    1.4.4 具体方法Ⅲ：归纳与演绎相结合的分析方法 / 22

  1.5 创新与不足 / 22

    1.5.1 主要创新点 / 22

    1.5.2 研究的不足 / 24

2 农村合作金融组织演进：概念与理论 / 26

  2.1 核心概念分析 / 26

    2.1.1 合作金融 / 26

    2.1.2 合作金融、商业性金融与政策性金融的比较 / 28

    2.1.3 合作金融的基本属性 / 32

    2.1.4 合作金融的异化 / 35

    2.1.5 制度、组织与组织演进 / 39

  2.2 合作经济理论实践考察 / 47

    2.2.1 马克思列宁主义的合作经济思想 / 47

    2.2.2 中国共产党的合作经济理论实践 / 55

    2.2.3 西方的合作经济思想 / 62

    2.2.4 小结 / 65

  2.3 组织演进理论 / 66

    2.3.1 马克思主义经济学的组织演进思想 / 67

    2.3.2 新制度经济学的组织演进思想 / 68

    2.3.3 演化经济学的组织演进理论 / 73

    2.3.4 小结 / 77

3 农村合作金融组织演进的"环境—行为—绩效（ECP）"框架 / 79

  3.1 ECP 框架的构建缘起 / 79

    3.1.1 ECP 框架的思想基础：辩证唯物主义 / 79

    3.1.2 SCP 范式、SSP 范式的基本内容及评价、突破与 ECP 框架构建 / 82

  3.2 ECP 框架的核心逻辑与结构层次 / 88

    3.2.1 ECP 框架的核心逻辑 / 88

    3.2.2 ECP 框架的结构层次 / 89

3.3 ECP 框架的分析内容 / 93

    3.3.1 环境（E）：制度环境与技术环境 / 93

    3.3.2 行为（C）：组织利益主体的博弈行为 / 96

    3.3.3 绩效（P）：经营性绩效与社会性绩效 / 99

3.4 中国农村合作金融的发展历程与主要组织形态 / 103

    3.4.1 新中国成立前农村合作金融的发展历程 / 104

    3.4.2 新中国成立以来农村合作金融的发展历程 / 112

    3.4.3 中国农村合作金融发展历程的主要组织形态 / 117

3.5 本章小结 / 120

4 演进分析Ⅰ：中国农村合作金融组织的形成过程 / 122

4.1 农村合作金融组织形成阶段的环境 / 122

    4.1.1 中国共产党和农户的认知叠加推动了农村合作金融
         组织的产生 / 123

    4.1.2 新中国成立前农村合作金融组织发展的成功实践 / 124

    4.1.3 土地改革后农村出现了建立合作金融组织的现实需求
         与可能 / 125

    4.1.4 支持农村信用合作社建立和发展的政策环境 / 126

4.2 农村合作金融组织形成过程的主体行为分析 / 127

    4.2.1 政府与农民的行为目标 / 127

    4.2.2 农村合作金融组织形成过程的博弈分析 / 129

    4.2.3 博弈均衡解的组织演进意义 / 132

4.3 农村合作金融组织形成阶段的绩效 / 134

    4.3.1 经营性绩效 / 134

    4.3.2 社会性绩效 / 137

4.4 本章小结 / 139

5 演进分析Ⅱ：中国农村合作金融组织的异化过程 / 141

5.1 农村合作金融组织异化阶段的环境 / 141

5.1.1 经济体制实现由计划经济体制向社会主义市场经济体制的逐步转变 / 142

5.1.2 农村经济改革为合作金融组织提供了新的组织与业务基础 / 144

5.1.3 财政分权改革促进地方政府独立经济利益主体地位的形成和确立 / 148

5.1.4 农村金融供给体系深刻变化形成垄断性市场结构 / 149

5.1.5 农村合作金融组织政策的阶段性变化 / 152

5.2 农村合作金融组织异化过程的主体行为 / 153

5.2.1 中央与地方政府行为及其变迁的三阶段模型：一个国家理论的解释 / 154

5.2.2 中国农业银行的行为分析 / 163

5.2.3 农村信用合作社内部人行为分析 / 165

5.2.4 农民社员行为分析 / 167

5.3 农村合作金融组织异化过程的博弈分析 / 168

5.3.1 农村信用合作社内部人、地方政府与中央政府的博弈 / 170

5.3.2 中国农业银行、农村信用合作社内部人与中央政府的博弈 / 176

5.3.3 农民社员、农村信用合作社内部人与中央政府的博弈 / 177

5.3.4 小结 / 178

5.4 农村合作金融组织异化阶段的绩效 / 179

5.4.1 经营性绩效 / 179

5.4.2 社会性绩效 / 184

5.5 本章小结 / 189

6 演进分析 Ⅲ：中国农村合作金融组织的再生过程 / 192

6.1 农村合作金融组织再生阶段的环境 / 193

6.1.1 农村金融供求失衡的矛盾依然突出 / 194

6.1.2 农村信用合作社的异化现实与农村资金互助社发展缓慢 / 196

6.1.3 快速发展的专业合作社诱致内部信用合作产生 / 197

6.1.4 合作社内部信用合作的相关政策持续推出 / 199

6.2 农村合作金融组织再生过程的主体行为分析 / 201

6.2.1 农村合作金融组织再生过程的参与主体识别 / 201

6.2.2 农村合作金融组织再生过程的主体行为特征 / 203

6.2.3 农村合作金融组织再生过程的博弈分析 / 207

6.3 农村合作金融组织再生阶段的绩效 / 221

6.3.1 经营性绩效 / 221

6.3.2 社会性绩效 / 225

6.4 本章小结 / 228

7 中国农村合作金融组织演进过程的总体考察 / 230

7.1 农村合作金融组织演进的阶段划分及路径 / 230

7.1.1 农村合作金融组织演进的阶段划分 / 230

7.1.2 农村合作金融组织演进的路径 / 233

7.2 农村合作金融组织演进的动力机制 / 234

7.2.1 外部动力：技术环境与制度环境的变化 / 234

7.2.2 内部动力：组织利益主体的博弈 / 236

7.2.3 内部动力与外部动力耦合推动农村合作金融组织演进 / 238

7.3 农村合作金融组织演进的基本特征 / 239

　7.3.1　始终服从服务于农业农村现代化的需要 / 239

　7.3.2　农民社员相对缺位与政府相对越位 / 241

　7.3.3　强制性制度变迁与诱致性制度变迁的结合 / 243

　7.3.4　路径依赖与适应性选择共同作用的过程 / 244

　7.3.5　农村合作金融组织的功能价值不断拓展 / 246

8　农村合作金融组织演进：趋势展望与政策优化 / 247

8.1 农村合作金融组织演进的趋势展望 / 247

　8.1.1　农村合作金融组织将长期是农村金融体系的有机组成

　　　　部分 / 247

　8.1.2　"三位一体"综合性合作金融组织发展空间充足 / 249

　8.1.3　合作金融与商业性金融、政策性金融组织的通约性

　　　　进一步增强 / 252

8.2 农村合作金融组织演进的政策优化 / 253

　8.2.1　系统、分类推进农村合作金融组织发展 / 253

　8.2.2　坚持合作制方向，强化合作金融组织的内部治理 / 255

　8.2.3　积极培育合作金融企业家，重视农民社员博弈主体的

　　　　地位，走内生性农村合作金融组织发展之路 / 257

　8.2.4　完善农村合作金融组织演进中的政府角色 / 259

　8.2.5　防范农村合作金融组织发展中的各种风险 / 261

参考文献 / 263

1 绪论

1.1 问题的提出

1.1.1 研究背景

"金融是现代经济的血液。血脉通,增长才有力。"[1] 金融对于农村经济的发展同样重要,但是由于缺少抵押物、信息不对称、农业产业高风险、农户信贷需求"短、少、急"的特点等,农村中的中低收入者等"弱势群体"往往会遭受到来自正规商业性金融机构的"排斥"。麦金龙(1988)认为,有组织的银行业在向欠发达国家(LDC$_S$)的经济内地渗透上,在为一般的农村地区特别是为小额借款人服务方面,是很不成功的[2]。李锐和朱喜(2007)测算了 3 000 个样本农户金融抑制的程度,发现农户金融抑制的程度为 70.92%[3]。中国人民银行农户信贷情况问卷调查分析小组(2010)对 10 个省(自治区、直辖市)20 040 户的农户调查显示,正规金融覆盖率仅为 31.67%。何广文等(2018)对 3 个省(自治区、直辖市)9 县 1 730 户农户家庭调研表明,农户信贷配给仍较为严重,农户正规信贷可获得性仍然较低,非正规信贷仍然是农户满足信贷需求的主要渠道[4]。

合作金融组织因其服务距离近,在处理农村金融面临的可获得性、交

---

① 习近平. 习近平谈治国理政: 第二卷 [M]. 北京: 外文出版社, 2017: 512.

② 麦金龙. 经济发展中的货币与资本 [M]. 卢骢, 译. 上海: 三联书店, 1988: 76.

③ 李锐, 朱喜. 农户金融抑制及其福利损失的计量分析 [J]. 经济研究, 2007 (2): 146-155.

④ 何广文, 何婧, 郭沛. 再议农户信贷需求及其信贷可得性 [J]. 农业经济问题, 2018 (2): 38-49.

易成本和益贫性问题①，以及在克服信息不对称、缺少抵押担保物、所有者—存款人之间的代理冲突②等方面具有天然优势，从而表现出旺盛的生命力。从世界范围来看，自1848年世界上第一家合作金融组织——拉夫森（Friedrich Raiffeisen）信用合作社在德国成立以来，合作金融已经走过了170多年的发展历程。其中，不少合作金融组织，如以信用合作社为基础的法国农业信贷银行、德国合作银行等，更是世界知名银行。根据世界信用合作社理事会2018年的统计报告，截至2018年1月底，全球118个国家共有85 000多个信用合作社，为2.74亿名会员服务。

我国也早有发展合作金融的历史，如"合会""标会"等多种形式的"会"就是早期民间自发形成的合作金融雏形。20世纪20年代，华洋义赈会在河北香河县创立了我国最早的农村信用合作社。新中国成立后，我国在包括各部门"实施意见"以及中央"一号文件"等在内的各种政策的支持和鼓励下，更是一直探索农村合作金融的发展之路。我国先后出现了农村信用合作社、资金互助社、合作社内部信用合作等多种合作金融组织，在完善农村金融组织体系、化解农村金融供求矛盾、丰富农村金融生态等方面发挥了不可或缺的作用。

然而，农村合作金融组织在我国的发展历史和现状并不如理想中的美好。新中国成立后建立起来的农村合作金融组织——农村信用合作社在经过数十年的曲折发展后，大部分已走向了"去合作化"的道路，被改为商业性银行。21世纪初，原银监会框架下的农村资金互助社目前也处于停止审批阶段。从商业性金融、合作金融和政策性金融"三位一体"的农村金融组织体系来看，2002年以来，我国农村实质上已形成了商业性金融为主的金融组织体系，合作金融"有名无实"，面临消失的尴尬处境。对此，我们不得不反思，具有独特优势并在世界其他国家发展较为成功的合作金融组织，为什么在中国发展如此曲折？合作金融组织的产生和成长的内在规律是什么？未来中国的合作金融组织将走向何方？正是对这些问题的追问和思考，促成了本书选择从"组织演进"的视角切入对新中国的农村合作金融组织进行分析。通过研究中国农村合作金融组织的演进过程，本书期望能够基于历史的视野探索出我国农村合作金融组织演进的基本路径，

---

① 徐旭初. 农村合作金融路在何方 [J]. 中国农民合作社，2019 (4)：34.

② DAVIS. Credit union governance and survival of the cooperative form [J]. Journal of financial services research, 2001, 19 (2-3): 197-210.

以及影响合作金融组织演进的内外因素，在此基础上，为我国未来农村合作金融组织的良性发展提供理论和政策支持。

1.1.2 研究意义

1.1.2.1 研究的理论意义

第一，从过程的角度对农村合作金融组织的演进进行动态分析，而不是从农村合作金融组织的某一组织形态出发进行局部分析，这有助于全面、纵深分析农村合作金融组织演进的内在规律。

第二，研究农村合作金融组织不同利益主体之间的行为博弈，可以深化农村合作金融组织演进在主体行为特征方面的解释。

第三，就既有的相关研究而言，关于农村合作金融组织为何产生、有哪些（代表性）组织形态、为何形成这样的组织形态、影响其演化的因素有哪些、未来的演化趋势如何等自身机理性问题的研究相对较少，并且大多停留于对农村合作金融组织演进过程的描述性分析上，缺少对其演进机理的系统性、动态性剖析。本书从博弈论、制度经济学、社会学等多学科理论出发，构建了一个"环境—行为—绩效"（ECP）的分析框架对农村合作金融组织的演进过程进行研究，丰富了关于农村合作金融组织演进分析的既有理论。

1.1.2.2 研究的现实意义

第一，我国农村合作金融组织的发展历史悠久，但发展的过程及现实却并不"令人如意"。造成这一现象的原因可能有很多，但其中一个重要原因在于理论研究的相对滞后，尤其是关于合作金融本质内涵、基本属性、合作金融组织生成、成长演进形态及特征等基础性问题缺乏逻辑一致的系统探索，从而不能"知古通今"。本书通过研究农村合作金融组织的演进过程，为我国当前及未来农村合作金融组织的良性发展提供有益参考和经验借鉴。

第二，农村合作金融组织是农村"三维"金融组织体系的有机组成部分，研究农村合作金融组织的演进，有助于推动构建适合中国"三农"特点的农村金融组织供给体系，促进农村金融的发展，缓解"三农"融资困境。

第三，对于落实普惠金融理念、推动农业农村现代化和乡村振兴战略的实施具有重要意义。普惠金融致力于为农村相对贫困人群和残疾人、老年人等低收入"弱势群体"提供负担得起、可靠和可持续的金融服务,对合作金融的研究是对普惠金融发展理念、以人民为中心的发展理念的践行。同时,对作为农村金融发展重要微观基础的农村合作金融组织进行研究,也有助于发挥金融"血液"对实现农业农村现代化和乡村振兴战略的支撑作用。

1.2 研究现状

1.2.1 国内外合作金融研究的总体特点

世界上最早的合作金融组织起源于 19 世纪中叶的德国,后在法国、美国、加拿大、日本等国家都得到发展。与此相应地,国外关于合作金融的研究已形成较为完整的理论体系,并呈现出三个明显的阶段性特征:①19 世纪中叶至 19 世纪末的合作金融自由发展阶段。这一阶段的文献主要集中于界定合作金融原则、确立合作社社员权利与义务、合作金融发展任务等方面。②20 世纪初至第二次世界大战时期合作金融发展的国家干预阶段。这一阶段,理论界的研究重点开始聚焦于合作金融立法、政府与合作金融组织的关系、合作金融组织体系的地位及其联盟的建设、合作金融原则的修订等内容。③第二次世界大战结束后的合作金融调整变革阶段。这一时期的合作金融研究表现为对合作金融组织兼并与集中、业务创新、适宜规模确定、与其他合作经济组织关系等内容的关注①。

自 1923 年 6 月华洋义赈会在河北香河县创立我国第一个农村信用合作社以来,国内理论界关于合作金融的研究主要有三个峰值时段:一是 20 世纪 40 年代对国外合作金融引入的介绍,作为一种救国救民的改良主义手段进行研究。二是 20 世纪 80 年代至 21 世纪初,关于农村合作基金会、社区依托型农村信用合作社的合作性问题和农村信用合作社改革方向、模式等问题的大量研究。三是 2010 年以来,伴随着新型农村合作金融机构的不断发展,学术界针对农村资金互助社等新型农村合作金融组织的探讨。

从总体上看,国内外关于合作金融问题的研究文献浩瀚如海,我们若是不加选择地进行文献的梳理,既无可能也无必要。考虑是否契合研究的

---

① 何广文. 合作金融发展模式及运行机制研究 [M]. 北京:中国金融出版社,2001:28-30.

主题以及是否为农村合作金融发展过程中的重要事件/现象两个标准，本书将综述理论界关于合作金融、合作金融组织、合作金融组织演进三个方面的研究。

1.2.2 合作金融的相关研究

在理论界关于合作金融的相关研究中，本书主要梳理对合作金融概念的相关认识。就目前所掌握的资料来看，理论界对"合作金融"这一概念的认识，归纳起来主要有三种基础性视角：业务观、组织观和制度观。在此基础上，还有学者从"业务观+组织观"等综合性视角出发，去理解"什么是合作金融"。

一是业务观。持这种观点的学者主要从合作金融所指向的业务对象、特征和运行机理出发研究合作金融，更多地表现为从"金融"出发认识合作金融。因为金融是一种资金融通行为，合作金融自然也是一种特殊的资金融通行为。如岳志（2002）认为，合作金融是商品经济条件下劳动群众为改善自己的生产与生活条件，自愿入股联合，实行民主管理，获得服务和利益的一种集体所有与个人所有相结合的特殊的资金融通形式[①]。张贵乐和于左（2001）将合作金融界定为"社会经济中的个人或企业，为了改善自身的经济条件，获取便利的融资服务或经济利益，按照自愿入股、民主管理、互助互利的原则组织起来，主要为入股者提供服务的一种特殊的资金融通行为[②]"。蒋永穆和王丽程（2019）认为，合作金融以合作经济思想为理论基础，是按照国际通行的合作社原则在一定地域或产业范围内建立起来的相互协作、互助互利式的"合作性"资金融通关系，是合作经济的一种重要形式[③]。

二是组织观。这种意见将合作金融理解为一种经济组织形式，表达的是合作金融机构或经济企业的概念。如 Taylor（1971）[④]、Sonnich（1980）[⑤]

---

① 岳志. 现代合作金融制度研究 [M]. 北京：中国金融出版社，2002：77.
② 张贵乐，于左. 合作金融论 [M]. 大连：东北财经大学出版社，2001.
③ 蒋永穆，王丽程. 新中国成立70年来农村合作金融：变迁、主线及方向 [J]. 政治经济学评论，2019，10（6）：78-94.
④ TAYLOR. The credit union as a cooperative institution [J]. Review of social economy, 1971, 29 (2): 207-217.
⑤ SONNICH. Consumer's cooperation [M]. New York: Elsvier Science Publishing Company, 1980: 182-183.

认为，合作金融是"多数人自愿结合起来聚集其储蓄，以期排除银行业或放债人之营利目的，而其盈余则平均分配于借款人或存款人"的一种金融组织与中介。国内学者张则尧（1944）认为，合作金融是指在资金流通经济现象中，采用合作经济组织形式的经营者①。李恩慈和牛素鸽（1991）区分了广义和狭义的合作金融概念，认为广义的合作金融泛指一切按照国际通行合作原则组织与发展起来的金融互助组织（包括农村信用合作社、城市信用合作社、民间合作金融服务组织等）；狭义的合作金融则泛指一切按照国际通行合作原则组织、经营和发展的、不以营利为目的的金融互助组织（在实践中包括组织行为规范的且不以营利为目的的农村信用合作社和城市信用合作社②）。

三是制度观。这种观点从制度的视角出发定义合作金融，认为合作金融是一项基本金融制度（朱泓宇 等，2018）③。合作金融意在谋求合作社或透过合作社以谋社员之经济利益，在合作金融体系中，是全体社员或合作社社团所自有、自治、自享之平民化与社会化之金融制度（赖南冈，1982）④。

四是综合观，即从"业务观+组织观""组织观+业务观+制度观"的综合视角出发理解合作金融。如在"业务观+组织观"方面，邓毅等（1997）就认为，合作金融这一范畴包含两层含义：一是动态的含义，即将合作金融作为金融活动的一种形式；二是静态的含义，即将合作金融视为金融组织的一种形式⑤。李树生（2004）坚持了这一看法⑥。从"组织观+业务观+制度观"的视角认识合作金融，何广文（2001）是典型代表。他在《合作金融发展模式及运行机制研究》一书中认为，合作金融至少包含四个方面的内容：①合作金融是在尊重个人财产所有权的基础上，人们之间按照国际通行的合作原则而建立起来的相互协作、互助互利式的"合作性"资金融通关系，是金融活动的一种形式。②合作金融是一种在自愿互利基础上由经济人（个人和法人）按照国际通行的合作原则组成的互助性、非营利

---

① 张则尧.合作金融要义 ［M］.北京：中国合作经济研究社，1944.

② 李恩慈，牛素鸽.合作金融通论 ［M］.北京：中国经济出版社，1991：3-4.

③ 朱泓宇，李扬，蒋远胜.发展村社型合作金融组织推动乡村振兴 ［J］.农村经济，2018（1）：21-27.

④ 赖南冈.合作经济研究集 ［M］.台北：东峰出版社，1982：162.

⑤ 邓毅，等.合作银行概论 ［M］.广州：广东高等教育出版社，1997.

⑥ 李树生.合作金融 ［M］.北京：中国经济出版社，2004：26.

性的金融机构，是一种合作组织形式。③合作金融表达的是一种合作金融经济的概念，是社会金融经济乃至社会经济结构中的一种重要的经济形式——合作经济，即合作社经济是社会经济结构中的有机组成部分。④合作金融表达的是一种金融制度的概念，即合作金融制度，它和股份金融制度是现代金融制度的两大基本类型①。

1.2.3 合作金融组织的相关研究

理论界对合作金融组织的相关研究集中体现在两个方面：一是对农村信用合作社的相关研究；二是对包括农村资金互助社在内的新型农村合作金融组织的相关研究。由于以农村信用合作社为代表的合作金融组织发展历史十分悠久，因此国内外的相关研究也是浩如烟海。以国内学者对农村信用合作社的研究为例，笔者在 CNKI 上分别以"农村信用合作社"为主题和"篇名"进行检索，检索出的文献就分别多达 49 879 条和 14 521 条（截止时间为 2023 年 10 月 27 日）。显然，要想对合作金融组织相关研究的文献进行综述，我们就必须根据研究需要有选择地进行。就本书的研究主题而言，这里主要对理论界关于农村合作金融组织发展环境、主体行为、绩效、产权改革四个内容的相关研究进行综述，以期发现问题并为本书研究提供理论支撑。

1.2.3.1 农村合作金融组织的发展环境

农村合作金融组织的发展环境主要是关系农村合作金融组织产生和发展的经济、社会、政治、文化等方面的"背景"。理论界对农村合作金融组织发展环境的分析一般在关于农村合作金融组织历史变迁的分析中较为多见，单独分析的较少。其中，在农村合作金融组织历史变迁的分析方面，李爱喜（2009）②、易棉阳和陈俭（2011）③ 对中国农村信用合作社的发展路径进行了考察；孙阳昭和穆争社（2013）④、蓝虹和穆争社（2016）⑤、

---

① 何广文. 合作金融发展模式及运行机制研究 [M]. 北京：中国金融出版社，2001：5-6.

② 李爱喜. 新中国 60 年农村信用社改革发展的回顾与展望 [J]. 财经论丛，2009 (6)：45-50.

③ 易棉阳，陈俭. 中国农村信用社的发展路径与制度反思 [J]. 中国经济史研究，2011 (2)：78-87.

④ 孙阳昭，穆争社. 论农村信用社制度变迁特征的演变 [J]. 中央财经大学学报，2013 (1)：20-25.

⑤ 蓝虹，穆争社. 论中国农村合作金融发展的阶段性特征 [J]. 上海金融，2016 (2)：36-47.

陈俭（2016）① 对农村信用合作社制度变迁的阶段性特征进行了分析；蒋永穆和王丽程（2019）②、赵爽（2019）③ 对新中国成立 70 年来农村合作金融的发展阶段进行了划分。关于农村合作金融组织发展路径、发展阶段及其特征的文献资料虽然没有直接涉及对农村合作金融组织发展环境的分析，但是，他们在分析农村合作金融组织发展每一个阶段的过程中，都会介绍为什么如此划分，从而间接性地给出了对农村合作金融组织发展环境的解释。而单独分析的如盛松成等（2001）④ 和穆争社（2011）⑤，则对农村信用合作社的管理体制及其改革进行了分析；夏英等（2010）对合作社内部资金互助组织发育的需求动因及制度问题进行了分析⑥。

1.2.3.2　农村合作金融组织的主体行为

对农村合作金融组织主体行为的分析不仅涉及政府、农户、农村信用合作社本身等不同主体的行为，还涉及利用博弈的方法分析不同主体之间的策略行为。就前者而言，汪三贵和李莹星（2004）分析了 21 世纪农村信用合作社的治理结构，以及现有治理结构对农村信用合作社经营行为的影响⑦。陈雪飞（2006）分析了政府干预农村信用合作社的必要性、影响以及政府最优干预"度"的选择问题⑧。邓国取（2007）研究了农村信用合作社改制过程中的农户行为问题，发现农户行为是一种有限的理性行为⑨。邓岩（2012）分析了 2003 年以来农村信用社新一轮改革进程中的政府行为问题及政府行为对农村信用合作社制度变迁效率（以山东为例）的影响⑩。

① 陈俭. 农村信用社变迁的阶段性特征及其改革指向 [J]. 江汉论坛, 2016 (10)：11-15.

② 蒋永穆, 王丽程. 新中国成立 70 年来农村合作金融：变迁、主线及方向 [J]. 政治经济学评论, 2019, 10 (6)：78-94.

③ 赵爽. 我国农村合作金融制度变迁：历程、规律与趋势 [J]. 高校马克思主义理论研究, 2019, 5 (2)：43-52.

④ 盛松成, 应柏荣, 黄翔. 我国农村信用社体制改革的回顾与展望 [J]. 金融研究, 2001 (10)：42-49.

⑤ 穆争社. 农村信用社管理体制改革：成效、问题及方向 [J]. 中央财经大学学报, 2011 (4)：33-38.

⑥ 夏英, 宋彦峰, 濮梦琪. 以农民专业合作社为基础的资金互助制度分析 [J]. 农业经济问题, 2010, 31 (4)：29-33, 110.

⑦ 汪三贵, 李莹星. 中国西部地区农村信用社的治理结构、行为与业绩研究 [J]. 农业经济问题, 2004 (6)：38-42.

⑧ 陈雪飞. 农村信用社改革与发展中的政府干预 [J]. 财经理论与实践, 2006 (4)：31-34.

⑨ 邓国取. 农村信用社改制进程中农户相关行为分析与评价：基于陕西省 214 家农户的调查与思考 [J]. 财经论丛, 2007 (1)：64-69.

⑩ 邓岩. 农村信用社变迁进程的政府行为与效率因应：鲁省证据 [J]. 改革, 2012 (3)：90-96.

而对于不同主体之间的博弈行为策略，周脉伏和稽景涛（2004）对农村信用合作社合作制规范进行了博弈分析，认为在现有信用合作社基础上的合作制规范不可能成功①。阚先学等（2009）对农村信用合作社按民主管理和互助融资两个标准推行合作制进行了动态博弈分析，认为政府按信用合作社是否实现了民主管理来推行合作制是难以取得成功的，而按是否实现了互助融资来推行合作制是可以取得成功的②。丁述军和关冬蕾（2011）从"政府—农村信用合作社"的非合作与合作状态出发进行的分析坚持了前一观点③。李祺（2010）认为，农村信用合作社的制度变迁过程也是各利益主体之间利益博弈与政治博弈的过程④。李明贤和周蓉（2016）在社员异质性背景下，建立了一个完全且完美的动态博弈模型，分析核心社员和普通社员的不同信贷行为选择，对其长期资金互助合作关系的可能性与稳定性进行了解释⑤。朱乾宇等（2015）运用博弈论及案例分析方法，对成立初期的农村资金互助社的发起人控制现象进行了分析和验证⑥。杨楠和周林（2019）基于演化博弈理论，构建了一个"监管部门—银行—合作社"三方关系的博弈模型，分析了金融监管部门和合作托管银行两方在目标一致情境下和目标不一致情境下对新型农村合作金融信用互助业务的作用机理以及在其影响下的行为选择⑦。

1.2.3.3　农村合作金融组织的绩效

Fried 等（1996）认为，大学附属信用合作社（university‐affiliated credit unions）的运营效率凭借其成员受教育程度较高，并且其中一些人是负责监督管理的董事会成员，因而相对于其他信用合作社表现出更好的运营效率⑧。Fried 等（1993）基于信用合作社最大化服务社员而非最大化利

---

① 周脉伏，稽景涛. 农村信用社合作制规范的博弈分析 [J]. 中国农村经济，2004（5）：35-39.

② 阚先学，韩秀兰，罗剑朝. 政府在农村信用社推行合作制的动态博弈分析 [J]. 中国软科学，2009（2）：46-50，70.

③ 丁述军，关冬蕾. 农村信用社改革过程中的博弈分析 [J]. 宏观经济研究，2011（8）：65-71.

④ 李祺. 农村信用社制度创新：博弈与均衡 [J]. 调研世界，2010（5）：3-4，43.

⑤ 李明贤，周蓉. 异质性社员参与农村资金互助业务的博弈分析 [J]. 农业经济问题，2016，37（2）：77-82.

⑥ 朱乾宇，罗兴，马九杰. 组织成本、专有性资源与农村资金互助社发起人控制 [J]. 中国农村经济，2015（12）：49-62.

⑦ 杨楠，周林. 新型农村合作金融三方博弈及行为选择研究 [J]. 东岳论丛，2019，40（5）：158-166.

⑧ FRIED, LOVELL, TURNER. An analysis of the performance of university-affiliated credit unions [J]. Computers & operations research, 1996, 23（4）：375-384.

润追求的组织目标评价了美国信用合作社的绩效，结果发现，平均约有
20%的信用合作社效率低下，服务质量方面的改进空间大于产品价格与产
品类型方面的改进空间①。Besley 等（1993）的研究发现，轮转储蓄和信
贷协会（rotating savings and credit associations，ROSCA）这种非正规合作金
融组织有时能够对潜在参与者产生比完善的正规信贷市场更高的效用水
平②。Goddard 和 Wilson（2005）研究了 1992—2001 年美国信用合作社不
同规模、生命周期和增长情况（以资产和成员数量衡量）之间的关系，发
现大型信用合作社比小型信用合作社增长更快，州信用合作社比联邦信用
合作社增长更快，单一债券信用合作社比多家信用合作社增长更快，较
"年轻"的信用合作社比"老"的信用合作社增长更快③。

何广文（1999）对我国合作金融组织的制度性绩效进行了探讨，认为
我国合作金融组织为社员服务的绩效不突出，行政主导型合作金融组织的
决策机制较差，激励机制绩效缺乏④。朱华明（2004）回答了"制度"是
否为决定农村信用合作社"支农"绩效的核心因素问题，认为决定农村信
用合作社信贷"支农"的主要因素依然是该地区的经济发展程度等基本面
特征⑤。谢平等（2006）基于问卷调查研究了农村信用合作社的改革绩效
问题⑥。黄惠春和杨军（2011）实证检验了农村金融市场开放条件下县域
农村金融市场结构与农村信用合作社经营绩效的关系⑦。蓝虹和穆争社
（2016）分析了农村信用合作社的总体绩效、商业绩效、涉农服务绩效⑧。

针对农村资金互助社的绩效，何广文（2007）认为，农村资金互助社
使农户获得了资金服务，满足了其零星、小额的资金需求，填补了农村正

---

① FRIED, LOVELL, EECKAUT. Evaluating the performance of US credit unions [J]. Journal of banking & finance, 1993, 17 (2-3): 251-265.

② BESLEY, COATE, LOURY. The economics of rotating savings and credit associations [J]. American economic review, 1993, 83.

③ GODDARD, WILSON. US credit unions: an empirical investigation of size, age and growth [J]. Annals of public and cooperative economics, 2005, 76 (3): 375-406.

④ 何广文. 合作金融组织的制度性绩效探析 [J]. 中国农村经济, 1999 (2): 37-42.

⑤ 朱华明. 制度、流动性与农村信用社支农绩效的实证研究 [J]. 金融研究, 2004 (12): 119-127.

⑥ 谢平, 徐忠, 沈明高. 农村信用社改革绩效评价 [J]. 金融研究, 2006 (1): 23-39.

⑦ 黄惠春, 杨军. 县域农村金融市场结构与农村信用社绩效关系检验: 基于 GMM 动态面板模型 [J]. 中国农村经济, 2011 (8): 63-71.

⑧ 蓝虹, 穆争社. 我国农村信用社改革绩效评价: 基于三阶段 DEA 模型 Malmquist 指数分析法 [J]. 金融研究, 2016 (6): 159-175.

规金融的不足，培育了农村信用文化，改善了农村金融生态环境；不良资产一般均较低，实现了财务上的可持续发展①。冯婷等（2015）认为，农村资金互助社的绩效表现为降低交易成本、解决道德风险和改善成员社会福利三方面②。

1.2.4　合作金融组织演进的相关研究

组织、合作经济组织、合作金融组织具有内在的关联性，关于合作经济组织、一般性经济组织演进的分析对于合作金融组织演进的研究无疑具有启示价值。因此，这里的文献梳理除了对合作金融组织演进相关研究的归纳之外，也会简要涉及对合作经济组织、一般性经济组织演进相关研究的分析。

1.2.4.1　合作金融组织演进的分析

国内外学者专门研究合作金融组织演进的文献总体不多，归纳起来，研究的视角主要有两个：博弈论的视角和制度经济学的视角。当然，除此之外，学者们还从其他方面关注了合作金融组织的产生、形态演变等问题。

第一，运用博弈的思路分析农村合作金融组织的演进。

施皓明（2001）从利用制度变迁理论分析信用合作社的演进过程，认为我国农村信用合作社合作化改革陷入僵局，合作基金会关闭的结局是农村金融制度中的各个博弈人（中央银行、农业银行、信用合作社内部人和社区政府）在金融抑制的背景下博弈的必然③。马君潞等（2005）基于新政治经济学的理论，从利益不一致这一线索出发分析了农村信用合作社的改革进程，证明了农村信用合作社的演进过程是逐渐在利益主体的不一致中寻求动态的均衡点④。李爱喜（2009）认为，农村信用合作社的改革过程是不同利益集团博弈的结果，而在其改革的不同阶段，利益集团的类型并不一致。如在人民公社化时期，主要是中央政府和地方政府之间的博弈；在恢复"三性"与合作规范时期，则变为中央政府、地方政府和农村

---

① 何广文. 农村资金互助合作机制及其绩效阐释 [J]. 金融理论与实践，2007 (4)：3-8.

② 冯婷，安德宁，颜华. 基于新制度经济学的农村资金互助社演进及绩效分析 [J]. 农业经济，2015 (9)：90-92.

③ 施皓明. 农村信用合作社演进的制度分析 [J]. 中国农村观察，2001 (4)：13-19.

④ 马君潞，田岗，金铁鹰. 利益不一致与农村信用社的发展和改革：基于新政治经济学视角 [J]. 南开经济研究，2005 (3)：70-77.

信用合作社之间的博弈了①。常亮和贾金荣（2010）分析了我国农村合作金融的功能演进，认为我国农村合作金融的改革变迁，由政府、合作金融机构和农民构成的非完全共同利益群体一直处于合作—冲突—合作的动态博弈中②。叶雯等（2015）认为，每一阶段农村金融产业组织的形成均是在一定的制度背景下，各农村金融供给主体通过相互博弈而达到的一个暂时的均衡状态。基于这一认识，叶雯等人解释了现有农村金融产业组织形成的内在机理③。

第二，对合作金融组织变迁的制度经济学解释。

谢家智和冉光和（2000）分析了农村信用合作社制度变迁的"路径依赖"问题，认为长期形成并不断自我强化的利益机制是其产生的根本原因④。吴少新和王国红（2006）剖析了中国农村信用合作社的制度变迁历程，认为中国农村信用合作社的变迁是外生强制性政府行为主导的"Z"形演变轨迹。进一步地，他们从中央政府、地方政府、中国农业银行和农村信用合作社内部人四大利益主体的博弈视角对这种演变特征给出了解释⑤。孙阳昭和穆争社（2013）认为，我国农村信用合作社的制度变迁呈现典型的中央政府主导型强制性特征⑥。冯婷等（2015）分析了农村资金互助社的演进过程，认为农村资金互助社的演进过程是一个"第一行动集团"和"第二行动集团"相互作用的过程⑦。陈俭（2016）认为，我国农村信用合作社的演进是适应我国经济发展战略不断调整、不断深化的过程，也是多个利益主体的博弈过程⑧。

第三，关于农村合作金融组织产生、形态演进等的研究。

Besley 和 Coate（1995）认为，合作金融组织之所以存在是因为在一定条件下，合作金融组织能够降低存款人和金融组织之间以及金融组织和借

---

① 李爱喜. 新中国 60 年农村信用社改革发展的回顾与展望 [J]. 财经论丛, 2009 (6)：45-50.

② 常亮, 贾金荣. 起承转合：我国农村合作金融的功能演进 [J]. 商业研究, 2010 (8)：27-29.

③ 叶雯, 姜涛, 熊德平. 新时期我国农村金融产业组织发展的逻辑：基于供给主体行为的分析 [J]. 科技与管理, 2015, 17 (5)：94-99.

④ 谢家智, 冉光和. 中国农村金融制度变迁的路径依赖 [J]. 农业经济问题, 2000 (5)：25-28.

⑤ 吴少新, 王国红. 中国农村信用社制度的变迁与创新 [J]. 财贸经济, 2006 (7)：45-48.

⑥ 孙阳昭, 穆争社. 论农村信用社制度变迁特征的演变 [J]. 中央财经大学学报, 2013 (1)：20-25.

⑦ 冯婷, 安德宁, 颜华. 基于新制度经济学的农村资金互助社演进及绩效分析 [J]. 农业经济, 2015 (9)：90-92.

⑧ 陈俭. 农村信用社变迁的阶段性特征及其改革指向 [J]. 江汉论坛, 2016 (10)：11-15.

款人之间的信息不对称①。王苇航（2008）从信息不对称的角度探讨了资金互助合作社存在的原因，认为资金互助组织的产生有助于解决正规金融机构和农户之间的信息不对称和直接交易成本较高的难题②。Holger Bonus（1998）从信息成本的角度进行了探索，认为19世纪德国农村信用合作社之所以取得成功，在于它使局部拥有的信息可以无成本地取得③。张杰（2011）认为，金融组织的产生及演进是金融企业家要素以及相关组织制度要素的函数，它是在一定制度约束下，由组织的先行者——金融企业家作为中心签约人通过一系列契约安排及制度设计建立信任，同时吸纳内外部资源而创立形成并发展运营的逻辑过程④。Gurley 和 Shaw（1960）、Allen 和 Santomero（1997）从成本的角度出发，认为金融中介组织可以降低讲义成本，其存在是由于比个体投资者更能分散金融成本，从而使得每个投资者成为"金融专家"的代价下降⑤。

龙超和袁天昂（2017）研究了合作金融组织的演进形态，认为个人之间的资金互助是合作金融的萌芽形态，不同形式的合会是合作金融的初级形态，以信用合作社为代表的资金互助组织是合作金融的中级形态，信用合作社联盟与合作银行则是合作金融发展的高级形态⑥。张海洋（2017）立足于缓解融资约束的视角，给出了一个金融互助模式历史演进逻辑的统一解释。他认为，从民间金融范畴的私人借贷、合会，发展到正规金融范畴的信用合作，代表了传统金融互助模式的演进过程。而网络借贷通过社区的虚拟化突破了传统金融互助模式下传统社区的地理限制，并因互联网技术的进步降低了借贷双方的信息和搜寻成本，从而极大地拓展了金融互助的边界，成为当前金融互助的新模式⑦。

---

① BESLEY, COATE. Group lending, repayment incentives and social collateral [J]. Journal of development economics, 1995, 46（1）: 1-18.

② 王苇航. 关于发展农村资金互助合作组织的思考 [J]. 农业经济问题, 2008（8）: 61-65.

③ 波纳斯. 作为一个企业的合作联合会: 一份交易经济学的研究 [A] //埃瑞克, 菲吕博顿, 鲁道夫. 新制度经济学 [M]. 孙经纬, 译. 上海: 上海财经大学出版社, 1998: 211-215.

④ 张杰. 制度金融理论的新发展: 文献述评 [J]. 经济研究, 2011, 46（3）: 145-159.

⑤ ALLEN, SANTOMERO. The theory of financial intermediation [J]. Journal of banking & finance, 1997, 21（11-12）: 1461-1485.

⑥ 龙超, 袁天昂. 从合作金融演进形态看我国农村资金互助组织监管模式的构建 [J]. 时代金融, 2017（36）: 24-27.

⑦ 张海洋. 融资约束下金融互助模式的演进: 从民间金融到网络借贷 [J]. 金融研究, 2017（3）: 101-115.

徐永健（1998）的研究认为，合作金融的演进受多种因素影响，并呈现出时空的非均衡性特点。他分析认为，决定和推动合作金融演化的基本因素，主要是生产力发展水平、市场经济发育水平和社会经济运行管理体制等。由于经济发展和市场机制发展中必然存在的非均衡性，处在不同时期以及不同国家或地区的合作金融都会存在差别；即便是在同一个时期且同一个国家或地区，合作金融体系也会表现出有差别的不同层次①。

1.2.4.2　对一般性组织演进的分析

学者们对一般性组织演进的分析主要体现为从不同视角出发认识组织演进以及尝试构建分析组织演进的一般性框架两方面。Staatz（1987）运用交易费用理论分析了资产专业性、不确定性、外部性以及科层制对合作社成立产生的影响，认为只有当采取合作社这种组织形式可以降低交易成本时，合作社才会出现②。从交易费用的视角出发，曾祥凤和朱其鳌（2008）认为，农业合作组织的产生和发展是出于节约内生交易费用的目的③。

Hannan 和 Freeman（1977）将种群生态学理论应用于组织结构的研究中，认为环境选择对组织的演进起到关键作用，如同达尔文意义上的"适者生存"规律一样，环境依据组织结构的特点及其与环境是否相适应来选择或淘汰一些组织。但他们认为，组织自身只能适应环境，而无法改变环境④。Amburgey 和 Rao（1996）总结了组织生态学的过去、现在和未来⑤。

Wilkinson 和 Young（2002）认为，网络组织的形成是组织参与者基于自身利益最大化相互博弈的结果。其结果显示，网络中的所有参与者都在努力实现自己的目标，同时考虑到其他参与者的影响和反应，并通过与他人互动来了解他人的行为和动机，然后相应地修改自己的行为，作为结果，

---

① 徐永健. 论合作金融的基本特征 [J]. 财贸经济，1998（1）：22-27.

② STAATZ. Farmers' incentives to take collective action via cooperatives：a transaction cost approach [J]. Cooperative theory：new approaches，1987，18：87-107.

③ 曾祥凤，朱其鳌. 农业合作组织的演进：基于内生交易费用视角的考察 [J]. 生产力研究，2008（17）：27-29.

④ HANNAN，FREEMAN. The population ecology of organizations [J]. American journal of sociology，1977，82（5）：929-964.

⑤ AMBURGEY，RAO. Organizational ecology：past，present，and future directions [J]. Academy of management journal，1996，39（5）：1265-1286.

网络组织就出现了①。

罗必良等（2001）强调了政府政策对农业生产组织的演进起到决定作用，认为"农业生产组织的演进形式取决于政府目标及其采取的相应宏观政策"②。

杨蕙馨和刘明宇（2002）③、李海舰和李燕（2019）④ 认为，技术变革导致企业组织形态变革，技术发展是企业组织形态演变的根本动力。

杜传忠（2003）分析了影响组织演进的两种力量，认为对于一般组织形式而言，其演进是组织内部结构调整和组织外部环境、条件变化共同作用的结果；同时，组织演进的过程也是组织系统效率提升的过程⑤。

钱书法（2004）从分工与专业化角度理解组织演进，认为不同时期的生产力水平和状况决定了劳动分工与专业化的水平和状况，进而决定了产业组织的结构和状况。分工与专业化经济是产业组织自身演进的理论依据和历史逻辑⑥。

陈学光和徐金发（2006）对网络组织的形成进行分析，认为"网络组织的形成是搜寻正收益的理性个体进行自发博弈的结果"⑦。

邓宏图（2011）认为，组织演进是一个历史命题。也就是说，组织演进具有"路径依赖"特性。参与博弈者是历史中的人，是制度中的人，其偏好函数会因为"历史因素""制度因素"而发生改变；同时，"制度"作为"历史因素"的"表现"，会改变博弈者的地位、权力、利益偏好，进而改变博弈结构和支付结构。正因如此，组织演进过程中可能出现"多重博弈均衡解"⑧。

---

① WILKINSON, YOUNG. On cooperating: firms, relations and networks [J]. Journal of business research, 2002, 55 (2): 123-132.

② 罗必良, 李孔岳, 吴忠培. 中国农业生产组织: 生存、演进及发展 [J]. 当代财经, 2001 (1): 52-55.

③ 杨蕙馨, 刘明宇. 技术变迁与企业组织演进 [J]. 外国经济与管理, 2002 (10): 8-12, 17.

④ 李海舰, 李燕. 企业组织形态演进研究: 从工业经济时代到智能经济时代 [J]. 经济管理, 2019, 41 (10): 22-36.

⑤ 杜传忠. 企业组织结构演进的逻辑及其效率分析 [J]. 人文杂志, 2003 (2): 48-53.

⑥ 钱书法. 产业组织演进的理论依据与经验检验: 分工与专业化经济 [J]. 经济社会体制比较, 2004 (6): 126-131.

⑦ 陈学光, 徐金发. 网络组织及其惯例的形成: 基于演化论的视角 [J]. 中国工业经济, 2006 (4): 52-58.

⑧ 邓宏图. 组织与制度: 基于历史主义经济学的逻辑解释 [M]. 北京: 经济科学出版社, 2011: 165, 171.

在组织演进的分析框架方面，黄凯南（2010）提出了一个关于经济演化分析的"创新—选择—扩散"框架。其中，创新是组织演进的动力，选择机制对演进结果进行"筛选"，起到"优胜劣汰"的作用。他从"知识"的角度认识企业，认为企业是成员在内部专业化生产和协作过程中互动形成的知识联结和知识集合。知识变动是企业深层结构的变动，也是企业演化的本质。企业的知识动态就是企业的演化和成长[①]。白景坤和罗仲伟（2015）构建了一个研究环境变迁对组织形式演进产生影响的"环境—目标—结构"理论框架，认为组织形式的演进具有"进化"性质，它是技术环境变迁和制度环境变迁共同作用的结果。他们还认为，组织演进的实质是组织形式演进，主要表现为组织目标的构成和稳定性的变化，以及组织的权力和效率结构正式化的表现形式的变化[②]。

1.2.5　小结

通过对国内外关于合作金融、合作金融组织、合作金融组织演进研究的梳理和总结可以发现，既有的相关研究取得了许多富有价值的认识。例如：①关于合作金融概念的认识就有业务观、组织观和制度观三种基础性视角。②对于农村合作金融组织主体行为的分析，不仅涉及对政府、农户、农村信用合作社等不同主体行为本身的分析，还运用了博弈论的分析方法对不同主体之间就农村合作金融组织发展过程中的某一问题（如农村信用合作社是否应该选择合作制的改革方向）进行了精彩分析；对农村合作金融组织绩效的分析，也涉及对财务绩效、制度性绩效等的分析。③关于合作金融组织演进的分析已经开始运用利益主体博弈的方法和制度经济学的方法作为分析的思路，并得到了不少重要的结论和认识（如认为农村信用合作社的演进是不同利益主体博弈的过程等）。关于一般性组织演进的分析则认识到技术、环境、政府政策、历史因素等对组织演进的影响等。显然，这些研究都是很有价值的。

但同时，本书也发现，既有的相关研究文献还存在以下三方面不足：

1.2.5.1　基本概念界定不一，使用混乱

不少相关的文献在研究过程中对"合作金融""合作金融组织""合作

---

① 黄凯南. 现代演化经济学基础理论研究 [M]. 杭州：浙江大学出版社，2010：81，171.

② 白景坤，罗仲伟. 组织的变与不变："目标—结构"框架下的组织演进研究 [J]. 经济与管理研究，2015，36（12）：113-122.

金融与合作经济""合作经济组织与合作金融组织"等基本概念的界定和使用差异较大。如前文分析所揭示的，关于"合作金融"的界定就至少有三种认识的视角，这还不包括对其进行综合性的认识视角。而在一些文献中，由于没能科学地界定"什么是合作金融"，从而将已经不具有合作金融属性且已经"异化"了的合作金融仍然视为合作金融，作为合作金融的范畴进行分析。显然，这种分析所得出的结论是值得商榷的。进一步来说，由于基础性概念界定和使用的混乱不一，这些文献在研究合作金融组织的过程中很难建立起前后逻辑一致的分析框架，并得出合理的分析结论。

1.2.5.2　研究对象割裂，尚未形成统一、规范的分析框架

所谓研究对象割裂，就是对农村信用合作社、农村资金互助社、合作社内部信用合作等新型农村合作金融组织单独研究的文献丰富，而将其纳入统一、规范的分析框架进行研究的文献欠缺。熊德平（2013）基于文献评述后认为，基于演化经济学及其产业组织演化理论、方法和研究范式，至今没有被真正系统地引入中国农村金融产业组织问题研究[①]。根据目前本书所掌握的材料来看，将不同合作金融组织类型进行统一研究的文献仅限于对农村合作金融组织发展路径、发展阶段及其特征的研究。而在关于组织演进的分析框架方面，黄凯南（2010）以及白景坤和罗仲伟（2015）已经在尝试构建一个分析一般性组织演进的理论框架。但是，黄凯南的分析框架过于宏观，白景坤和罗仲伟的分析框架由于把组织形式的演进视为组织演进的实质，并且框架重点关注了外部环境对组织目标和结构的影响而忽视了组织主体的能动性以及组织绩效等重要内容，因此他们对于农村合作金融组织演进分析的适用性均欠佳。

1.2.5.3　欠缺对合作金融组织演进动态过程和内在规律的研究

将不同合作金融组织类型进行统一研究和针对一般性组织演进分析的既有研究资料静态描述的多，对组织演进的动态过程和内在规律的揭示还显得不够。实际上，农村信用合作社和新型农村合作金融组织不是完全隔离、毫无关联的不同组织主体。中国农村合作金融组织从农村信用合作社到农村资金互助社等新型农村合作金融组织的发展历程具有合乎合作金融自身逻辑的内在演进规律。而对组织演进的分析，不仅要关注影响组织演进的外部因素，更需要系统地回答推进组织演进的内部动力何在、组织演进的绩效如何等更为根本的问题。

[①]　熊德平. 中国农村金融产业组织问题研究述评与展望［J］. 金融发展研究, 2013（1）: 17-22.

相关研究现状及不足见图 1.1。

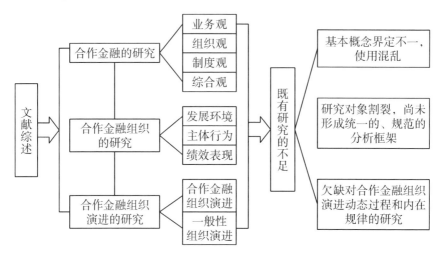

图 1.1　相关研究现状及不足

1.3　研究思路与主要内容

在文献梳理的基础上，本书以"中国农村合作金融组织演进"为研究对象，主要目的在于厘清中国农村合作金融组织的演进过程，并在此基础上探索其演进的基本特征及未来趋势，以为当前及未来中国农村合作金融组织的良性发展提供经验参考。为了实现这一目标，本书将从以下五个方面入手：

第一，明确基本概念。要想对农村合作金融组织演进过程进行分析，我们就必须清晰界定什么是合作金融，其具有哪些基本属性，与商业性金融、政策性金融有何区别与联系，合作金融异化该如何理解等。只有在弄清楚以上内容的前提下，我们才可能对合作金融组织的演进过程进行合理分析。

第二，构建农村合作金融组织演进的分析框架。构建起一个完整的理论分析框架是本书研究的重要目标，也是本书分析的工具基础。这里需要回答的是如何建立起一个能够科学分析组织演进的理论框架，并如何应用这一框架对农村合作金融组织的产生、发展全过程进行推演和研究。

第三，中国农村合作金融组织演进阶段的划分。这里需要回答的问题是如何通过对我国合作金融发展历程的回顾归纳出农村合作金融组织演进的主要阶段，并透过复杂的组织演进表象概括出演进的主要节点，为下一步对农村合作金融组织演进过程的分析提供明确而简化的研究对象。

第四，农村合作金融组织演进过程的分析是本书研究的核心问题和重点内容。这里需要解答如何应用所构建的分析框架研究农村合作金融组织演进的每一个主要阶段，如何在这一过程中总结出组织演进的规律和特征。

第五，农村合作金融组织演进特征总结、演进趋势把握及政策措施。对农村合作金融组织演进过程的研究不是为了研究过程而研究，而是要在这一基础上提炼出农村合作金融组织演进的基本特征，对农村合作金融组织的演进趋势做出预判，同时提出促进农村合作金融组织健康发展的政策建议。

根据上述思路，可以得出本书主要研究内容的基本框架，如图1.2所示。

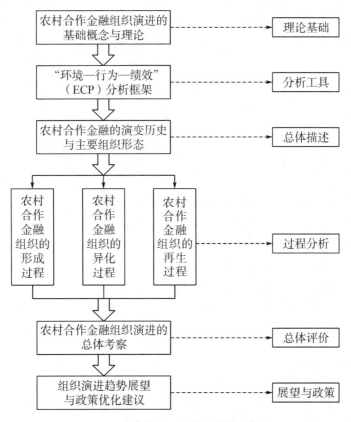

图 1.2　本书主要研究内容的基本框架

对上述思路和内容框架的细化，构成了本书如下八章的研究内容：

第1章绪论，主要分析本书的研究背景和研究意义、国内外相关研究综述、研究思路与主要内容、研究方法以及本书的创新与不足。

第2章农村合作金融组织演进：概念与理论。从三个方面展开分析：首先对"合作金融""合作金融与商业性金融、政策性金融的区别及联系""合作金融的基本属性""合作金融的异化""制度、组织与组织演进"等基本概念进行界定；其次对马克思列宁主义的合作经济思想、中国共产党的合作经济理论实践、西方的合作经济思想进行系统考察；最后对组织演进理论进行梳理和总结，具体涉及马克思主义经济学、新制度经济和演化经济学关于组织演进的思想和理论。

第3章农村合作金融组织演进的"环境—行为—绩效（ECP）"框架。其内容分为两个部分：第一部分是对ECP框架的构建缘起、核心逻辑与结构层次、分析内容进行全面呈现；第二部分是对我国农村合作金融的发展历程与主要组织形态的研究。其中，第二部分的相关内容在全书中起过渡作用。这两部分的分析，为后文提供了研究的分析工具和分析对象。

第4章到第6章是对ECP框架的具体应用。其中，第4章演进分析Ⅰ：中国农村合作金融组织的形成过程，通过对中国农村合作金融组织形成过程的制度与技术环境、组织利益主体的博弈过程以及农村合作金融组织形成后的绩效状况进行分析，实质上回答了两个问题：①中国农村合作金融组织为什么会形成？②中国农村合作金融组织形成后的绩效表现如何？

第5章演进分析Ⅱ：中国农村合作金融组织的异化过程，在对中国农村合作金融组织演进的技术与制度环境进行分析的基础上，研究了农村信用合作社内部人、地方政府、中央政府、中国农业银行和农民社员各自的行为动机以及它们之间的博弈如何导致了农村信用合作社的异化，最后分析了这一阶段组织演进的绩效。

第6章演进分析Ⅲ：中国农村合作金融组织的再生过程，首先分析了中国农村合作金融组织再生阶段的技术与制度环境；其次以"山东模式"为例，对中国农村合作金融组织再生阶段的行为主体进行了识别（包括异质性社员、农民专业合作社、第三方托管银行、以金融监管部门为代表的中央政府和地方政府），并分析了行为主体各自的行为特征，以及它们在合作社内部信用合作组织设立、运行过程中的博弈；最后分析了这一阶段组织演进的绩效状况。

第 7 章中国农村合作金融组织演进过程的总体考察，主要从中国农村合作金融组织演进的阶段及路径、动力机制和基本特征三个方面进行分析。

第 8 章中国农村合作金融组织演进：趋势展望与政策优化，具体内容包括对中国农村合作金融组织演进的未来趋势进行预判，提出促进农村合作金融组织健康发展的政策建议。

1.4 研究方法

本书以马克思主义为指导思想，广泛吸收演化经济学、制度经济学以及新古典经济学的理论知识和研究方法，对中国农村合作金融组织的演进过程进行系统研究。在分析过程中，本书始终坚持以马克思的辩证唯物主义为指导思想和方法论基础。在具体的研究方法层面，本书主要采用了历史与逻辑相结合的分析方法、博弈的分析方法、归纳与演绎相结合的分析方法。

1.4.1 方法论基础：辩证唯物主义

本书以马克思的辩证唯物主义（包括历史唯物主义）为方法论基础，在全书分析中，始终坚持以辩证唯物主义的基本思想研究中国农村合作金融组织及其演进过程。辩证唯物主义揭示了宇宙之间一切事物的一般规律及其本质特征，认为世界上的一切事物都是发展变化的，事物的发展变化是量变和质变的辩证统一，事物本身固有的内部矛盾是引起事物运动变化发展的内部动因，事物所处的一定的外部条件是事物运动发展的外部动因，内外因共同推动事物的发展变化。本书在对中国农村合作金融组织演进的研究过程中，始终坚持发展、动态、系统的基本观点，坚持内外因共同作用组织演进的思想，将农村合作金融组织形态和属性的演进视为农村合作金融组织演进的质变与量变，将主体行为与客观环境相联系，分析环境对行为的影响，以及环境、主体行为对组织演进的影响。这些内容都是辩证唯物主义基本思想的具体运用。

1.4.2　具体方法Ⅰ：历史与逻辑相结合的分析方法

本书运用历史分析方法对中国农村合作金融的演变历史以及农村合作金融组织的演进过程进行考察，在此基础上，总结出中国农村合作金融组织演进的主要阶段和演进轨迹，为逻辑分析提供历史起点；运用逻辑的分析方法对农村合作金融组织的演进过程进行推演，再现组织演进的历史过程。

1.4.3　具体方法Ⅱ：博弈的分析方法

本书运用完全信息静态博弈、完全信息动态博弈、演化博弈的方法对中国农村合作金融组织演进的形成过程、异化过程和再生过程中（主要在第4章、第5章和第6章中运用较多）不同组织利益主体的博弈行为进行研究，通过构建不同利益主体之间的博弈模型，分析各方在农村合作金融组织演进过程中的策略选择及其对农村合作金融组织演进的影响。

1.4.4　具体方法Ⅲ：归纳与演绎相结合的分析方法

归纳强调从个别到一般的认识过程，演绎则是认识一般到认识个别的过程。本书在对中国农村合作金融组织演进阶段、组织演化环境、行为主体特征的分析中采用了归纳法；而在主体行为对农村合作金融组织产生、异化、再生过程中的作用以及农村合作金融组织演进趋势的分析中采用了演绎的方法。

1.5　创新与不足

1.5.1　主要创新点

1.5.1.1　对合作金融（组织）的相关问题进行了重新认识

本书对合作金融的相关问题进行了重新认识，形成如下观点：

第一，合作金融作为合作经济的一种特殊形式，是合作经济的有机组成部分。对合作金融的分析，理应系统考察合作经济的思想。

第二，"合作金融"具有"金融"的一般性和"合作"的特殊性。其中，"金融"的一般性使其仍然具有"嫌贫爱富"的"逐利"天性。而

"合作"的特殊性不仅使其从本质上区分了在"金融"形态下与其处于一个平面维度的商业性金融和政策性金融等其他金融形态，而且正是因为合作金融"合作"的特殊性，使其成为一种有"温度"和人文价值的金融形态。

第三，从"主体—运行—目标"三要素出发，提出合作金融的基本属性：主体的同一性、运行的民主性、目标的非营利性和自我的服务性。合作金融的基本属性是合作金融组织的根本标志。

第四，合作金融的异化是一个过程，它是对农村合作金融基本属性的部分或彻底脱离，动因上可以把合作金融的异化区分为强制外力推动的"跳跃性异化"和合作金融产生的经济基础变化所引起的"渐进性异化"两种类型。

第五，合作金融组织本质上是基于合作金融基本属性所产生的一系列契约关系的总和，是以合作金融为实质内容的一种组织形式，是不同利益主体在与宏观意义上的制度环境的交互中不断博弈的均衡结果。

1.5.1.2 构建了中国农村合作金融组织演进的"环境—行为—绩效（ECP）"分析框架

在国内外关于农村合作金融（组织）及其演进的研究基础上，受博弈论、马克思主义经济学、新制度经济学、演化经济学、哈佛学派等不同经济学派和经济理论的启发，本书构建了一个以"环境—行为—绩效（ECP）"为主要内容的新的理论分析框架，并运用这一分析框架对中国农村合作金融组织的演进过程（形成过程、异化过程和再生过程）进行了分析。通过这一分析框架，本书对中国农村合作金融组织的演进过程做出了前后逻辑一致的阐释，进一步地，也有助于对中国农村合作金融组织演进的内在规律和基本特征做出归纳。

1.5.1.3 从大历史的视角系统梳理了中国农村合作金融的演变历史以及具体阐释了中国农村合作金融组织的演进过程

本书从大历史的角度对新中国成立前后农村合作金融的演变历史进行了系统、全面的梳理。在此基础上，基于合作金融的基本属性将中国农村合作金融的演进划分为形成、异化和再生三个阶段，并提出了不同阶段的代表性组织形态。同时，对中国农村合作金融组织演进过程的分析，也是从大历史的角度展开，而不是截取某一时间段或某一类合作金融组织展开割裂性的分析。

1.5.1.4 突出了组织利益主体博弈行为在中国农村合作金融组织演进
过程中的核心作用，中国农村合作金融组织的演进是组织
利益主体博弈行为的均衡解

在对中国农村合作金融组织形成、异化和再生过程的分析中，本书运用博弈模型，研究了在一定技术和制度环境条件下不同组织利益主体的行为特征，以及各主体之间的博弈关系对于中国农村合作金融组织演进的核心动力作用。中国农村合作金融组织演进的某一短暂"结果"都是组织利益主体博弈行为的均衡解。

1.5.1.5 归纳了中国农村合作金融组织演进的阶段、动力机制及基本
特征

通过对中国农村合作金融组织演进过程的总体考察，本书提出：①从演进的阶段及路径来看，中国农村合作金融组织演进过程包括形成、异化和再生三个阶段，以坚持合作金融的基本属性为基准参照，其演进呈现出"U"形轨迹特征。②从演进的动力来看，中国农村合作金融组织是组织利益主体的博弈与技术、制度环境的变化耦合推动所形成的。③从基本特征来看，中国农村合作金融组织的演进始终服从服务于农业农村现代化的需要，主体角色上存在农民社员的相对缺位和政府的相对越位，变迁方式上体现为强制性制度变迁与诱致性制度变迁的结合。它既是"路径依赖"与"适应性选择"共同作用的过程，也是农村合作金融组织功能价值不断拓展的过程。

1.5.1.6 合理预判了中国农村合作金融组织演进的三个未来趋势

本书立足于农村合作金融组织面临的基本环境、实践以及国际经验等，合理预判了中国农村合作金融组织演进的三个未来趋势：①农村合作金融组织将长期是农村金融体系的有机组成部分；②"三位一体"综合性合作金融组织发展空间充足；③农村"三维"金融组织的可通约性进一步增强。

1.5.2 研究的不足

1.5.2.1 中国农村合作金融组织演进的 ECP 框架仍需完善

本书所构建的 ECP 框架具有较为完整的内部逻辑结构，且能对中国农村合作金融组织的演进过程做出一定程度的解释。但是，由于这一框架涉及的知识内容较为综合，受限于作者的知识水平，ECP 框架仍需完善。例

如，对于中国农村合作金融组织演进绩效的评价，只是关照到了各项绩效评价的主要内容，未能构建起一个覆盖不同合作金融组织的完整分析指标体系。

1.5.2.2 绩效分析的统计数据支撑略显不力

中国农村合作金融组织演进绩效的精确分析需要适时、全面的权威统计数据作为支撑，但是农村合作金融组织异化后，由于组织形态的多样性，我国尚未发布关于合作社内部信用合作组织等农村合作金融组织的即时、全面统计数据。仅有的一些数据，如开展合作社内部信用合作的合作社数量、成员规模等，也具有滞后性、零散性。这在一定程度上造成了本书对中国农村合作金融组织演进绩效定量评价的不充分。后期，笔者将适时关注相关统计数据的发布，同时采用田野调查的方法获取一手调研数据，在两方面强化相应的研究：一是构建适合于农村合作金融组织不同典型组织形态的指标体系；二是通过运用数据包络分析（DEA）、随机前沿（SFA）、自由分布法（DFA）、q-范数距离等分析方法对中国农村合作金融组织演进的绩效进行评价与比较分析。

1.5.2.3 以"山东模式"分析组织再生过程的主体行为可能代表性不足

本书在对中国农村合作金融组织再生阶段的分析过程中，选择以"山东模式"为例，识别农村合作金融组织的主体类型及其行为特征。尽管山东是国务院批准试点合作社内部信用合作的唯一省份，但是在其他地方（如湖南等）仍然存在合作社内部信用合作的不少成功模式，并且这些模式与"山东模式"存在一定差异。因此，本书选择的"山东模式"可能存在代表性不足的缺陷。下一步，笔者将在比较、归纳不同成功模式的基础上，深化相应研究。

2 农村合作金融组织演进：概念与理论

2.1 核心概念分析

2.1.1 合作金融

如前，对合作金融概念认识的文献梳理已经表明，当前理论界对合作金融的认识主要有三种基础视角：业务观、组织观和制度观。在此基础上，还有学者从"业务观+组织观""组织观+业务观+制度观"等综合视角出发理解合作金融。综合前文对合作金融的这些研究，本书认为，理解"合作金融"可以从"一般性和特殊性""内容与形式"两对哲学概念出发进行认识。

第一，"合作金融"这一概念内生性地蕴含了对其进行理解和认识的两个视角：金融视角和合作视角。其中，金融视角表现的是"合作金融"的一般性，而合作视角体现的是"合作金融"的特殊性。从一般性来看，合作金融仍然是一种"金融"形态。因此，金融或者说资金天然具有的"嫌贫爱富"的"逐利性"特征也就必然会在合作金融上得到体现。但是，合作金融又具有"合作"的特殊性。这种"合作"所指向的即按照"合作经济原则"，尤其是基于金融/信用合作独有特点而产生的合作原则进行组织、规范和运行的金融行为，"合作"的内容则是"人合+资合"①。合作金融之"合作"这一特殊性的最大功能和价值则在于它从本质上区分了在"金融"形态下与其处于一个平面维度的商业性金融和政策性金融等其他金融形态，因为它对金融"逐利""嫌贫爱富"的天然属性进行了制度弱化。而且，也正是因为合作金融的"合作"这一特殊性，使其相对于完全"嗜利"的"冷性"和"残酷"，更具有人文关怀的"温度"和"暖性"。需要注意的是，这里的"合作"只是对金融"逐利性"行为方式和目标的弱化或者说一定程度的抑制，而不是完全"阉割"其"逐利"天性。这就是说，理解"合作金融"这一概念的重点和关键是把握"合作"的度，而非"金融"。实际上，从这一视角出发，也就自然可以合理解释合作金融的适度营利性及其与商业性金融等其他金融形态之间的区别等问题了。

第二，组织观视角下的合作金融事实上所指的就是合作金融组织。但是，"合作金融"与"合作金融组织"并不是同一个概念，两者之间既有深刻的内在联系也有实质上的区别，不能等同视之。本书认为，合作金融组织的"内核"是"合作金融"，合作金融是按照国际通行的（信用）合作经济原则进行规范、运行的一种资金融通形式，其组织载体就是一般意义上的"合作金融组织"。在实践中，表现为信用合作社、互助资金储金会等具体形式，两者之间体现为一种哲学意义上的"内容—形式"关系。换句话讲，"合作金融"这一"内容/灵魂"如果丢失了，那么相应的合作金融组织则不称其为真正意义上的"合作金融组织"，而是"异化的"合作金融组织，有其名而无其实。这也说明，理解和把握"合作金融"这一概念是正确认识合作金融组织的前提。

综上来看，本书认为，合作金融以合作经济思想为理论基础，是经济弱势主体按照国际通行的合作经济原则在一定地域或产业范围内建立起来的相互协作、互助互利式的"合作性"资金融通关系，是合作经济的有机组成部分。

---

① 何广文（2001）认为，合作金融是"资本+人"的联合，并以人的联合为主。张乐柱（2005）也认为，合作金融之合作"是资本基础上劳动的联合，它是劳动与资本两方面的共同联合与合作"。但是，李树生（2001）、周玉玺和王家传（2004）等认为，合作金融之"合作"的本质是人的结合（合作），而非资本的结合（合作）。参见：何广文. 合作金融发展模式及运行机制研究 [M]. 北京：中国金融出版社，2001：10；张乐柱. 农村合作金融制度研究 [M]. 北京：中国农业出版社，2005：78；李树生. 我国合作金融发展的一个理论偏差 [J]. 财贸经济，2001（3）：57-59；周玉玺，王家传. 合作金融制度绩效辨析 [J]. 济南金融，2004（5）：42-44.

2.1.2 合作金融、商业性金融与政策性金融的比较

差异比较是认识和了解客观事物的一种方式。为了从横向对比的角度厘清"什么是合作金融？"这一关乎全书的基础性问题，这里从合作金融的基本原则出发，对合作金融与商业性金融和政策性金融之间的异同进行比较。

2.1.2.1 合作金融的基本原则

从世界范围来看，第一个农村合作金融组织由 Friedrich Wilhelm Raiffeisen 于 1864 年在赫德塞多夫（Heddesdorf）创立①。从合作金融产生的经济基础来看，它是从西方发达的商品经济和市场经济国家产生出来的。但是，从整个社会的经济发展水平来看，合作金融的产生是在工农差别和城乡差别的存在，以及与此相适应的分散的农村经济发展的基础上，由经济上处于弱势地位的劳动群众为了改善生活和生产条件，谋取或维护自身经济利益，按照自愿互利原则联合组织起来而产生的②。这就是说，经济金融弱势者的金融需要提供了合作金融产生的原始诱因，而社会经济发展水平的巨大差异提供了经济基础。

19 世纪中叶世界第一个农村合作金融组织产生以来，伴随世界各国农村合作金融组织实践的不断发展，合作金融的原则也在不断完善。总结起来，比较成熟的合作金融原则主要有四种：Raiffeisen 原则、Schulze 原则、William haas 原则和世界信用社理事会原则（world council of credit unions，WCCU）。在这四种原则中，由于 Schulze 原则重点关注城市中的小手工业者等弱势群体，主要表达的是城市信用合作社的产生与发展宗旨。William haas 原则是在综合了 Raiffeisen 原则和 Schulze 原则的基础上产生的。因此，这三种都不是本书的研究重点。下面主要对关注农村中的弱势群体，表达了农村信用合作社产生与发展宗旨的 Raiffeisen 原则，尤其是基于世界各国信用合作实践产生，对各国合作金融组织都具有适用意义的 WCCU 原则进

---

① 比 Raiffeisen 合作金融组织更早的信用合作社由弗兰兹·赫尔曼·舒尔兹—德利奇（Franz Hermann Schulze-Delitzsch）于 19 世纪 50 年代在德国成立。但是，Schulze-Delitzsch 式信用合作社主要是服务于城市中的手工业者等弱势群体，即城市信用合作社。

② 参见：卢汉川. 合作金融组织存在的客观必然性及其本质特征 [J]. 金融研究，1985（1）：50-51；褚保金，陈涤非. 试论我国农村合作金融组织的改革与发展 [J]. 中国农村经济，2002（8）：20-25；吴晓灵. 有关合作金融发展的认识与政策支持问题 [J]. 金融研究，1997（2）：11-15.

行重点介绍及说明。

Raiffeisen 原则的重要内容由 Raiffeisen 在《储贷协会》一书中所倡导,其主要内容包括八个方面[①]:①自助,即通过信用合作社的业务经营对社员进行经济促进。②自我负责与自我负担风险,即社员对信用合作社债务负有无限责任。进入 2000 年以来,这一原则已经有所淡化,社员仅在一定程度上对信用合作社负有业务负责。③自我管理,目前主要体现为以社员大会和社员代表大会为主的民主管理。④立足本地发展,这一原则有利于充分了解社员的基本情况(如经济状况、信誉度等),从而建立起社员的集体意识和协作意识。⑤业务综合化,即合作金融组织不单经营货币业务,还可以是货币金融业务和商品业务的统一。⑥发展合作协会,设立垂直的合作金融组织体系。德国所建立的基层合作社、区域性中心合作社、联邦或国家中央合作社的三级组织体系就是基于这一原则而产生的。⑦自愿,即社员享有入(退)社自由。⑧社员以务农者为限、红利和公积金不分配、社员权利不得转卖、合作社向社员的贷款必须用于生产方面等。

WCCU 原则包括三个方面的内容:一是合作结构方面,主要是成员拥有(member owned),即合作金融机构由使用其服务的所有消费者拥有;成员民主控制(member democratic control),即合作金融组织由其成员按照一人一票的原则积极参与选举董事会代表和参与机构治理,而不考虑储蓄或存款数额或业务量。二是对成员服务方面,主要是普惠理念(financial inclusion),即合作金融组织是自愿、开放和不歧视(包括但不限于种族、国籍、性别、宗教和政治)的,合作金融组织为所有人提供负担得起的金融服务,包括服务不足的人;金融可持续性(financial sustainability),即建立财政实力,包括足够的储备和内部管制,以确保继续为社员服务;成员经济效益最大化(maximizing member economic benefit),即力求改善所有成员的经济福利和社会福利。三是社会责任方面,主要是提升金融素养(financial literacy),即合作金融组织为其成员、雇员等提供相关教育,以促进其经济、社会、民主和专业发展;网络合作(network cooperation),即地方、国家和国际各级的信用社、合作社及其协会相互合作,为其成员及其社区的利益提供最佳服务;社区责任(community responsibility),即合作金融组织基于所秉持自助、互助和经济赋权的合作精神以支持发展一个

---

① 参见:何广文. 合作金融发展模式及运行机制研究 [M]. 北京:中国金融出版社,2001:38-44;张乐柱. 农村合作金融制度研究 [M]. 北京:中国农业出版社,2005:67-74.

更广泛、公正、健康和繁荣的社区，让信用社及其成员居住在其中；全球视野（global vision），这一愿景体现了建设、倡导、捍卫和发展一个通过合作金融机构改善生活的全球社会①。

2.1.2.2　合作金融与商业性金融的比较

商业性金融通常是指由商业性金融机构（如商业银行、投资公司等）将资金作为商品，从事的以营利为唯一目的的资金融通活动。尽管都是从事资金融通，但商业性金融与合作金融在经营目标、服务范围和对象、入股要求及管理决策方式、利率决定、盈余分配方式等方面存在重要差别，见表2.1。

表 2.1　合作金融与商业性金融的区别

类型	合作金融	商业性金融
经营目标	不以营利为唯一目标，实现互助融资	利润最大化
资金来源与服务对象	资金来自社员股金和公积金等积累，以服务社员为主	资金来自社会公开募集，服务全体社会成员
入股要求及管理方式	是"资本+人"的联合，成员持股受最高额限制，实行"一人一票"的民主管理	是资本的联合，按入股份额的多少决定投票权，实行"一股一票"，持股越多，表决权越大
利率决定	主要取决于贷款成本，受管理费用、风险溢价、机会成本、红利和公积金等的影响	以平均利润率为基础，受制于信贷资金和资本的边际收益率
盈余分配	有限分红和积累资本金外，按参与者的交易量返还社员	按股（资）分配/分摊
价值理念	普惠包容，人文价值关怀强	资本嗜利，人文价值关怀弱

资料来源：何广文. 合作金融发展模式及运行机制研究［M］. 北京：中国金融出版社，2001：11-12；李树生. 合作金融［M］. 北京：中国经济出版社，2004：47-51.

如表2.1所示，合作金融与商业性金融之间确实在不少方面都表现出了重要区别，但这并不意味着两者之间是完全"排斥"的"对立"关系。实际上，两者之间本质上具有内在的联系。这种内在的联系不仅可以从前文对"合作金融"概念的哲学认识上得到阐释，还可以从"属—种"关系

---

① 参见：https://www.woccu.org/about/internationaloperatingprinciples.

上得以说明。

如果我们从"合作"与"金融"两个视角对"合作金融"这一概念进行认识，那么"合作金融"其本身就代表了"合作性"与"商业性"之间的统一和相互转化。因为合作金融以"人合+资合"为合作内容，随着外部环境尤其是经济发展水平的变化，"资合"与"人合"相互博弈的过程及其结果实质上就体现为合作金融与商业性金融之间的相互转化[①]。而从"属—种"关系来看，合作金融与商业性金融、政策性金融之间都从属于"金融"这一"属"，仅表现为不同的"种"。正是因为都具有"金融"同一的"属"，由此也决定了合作金融与商业性金融之间并不是完全排斥的两个概念，而具有相通相融性。两者只是在经济发展阶段所表现出来的不同金融行为方式及行为目标而已。

其实，合作金融组织的发展实践也表明了合作金融与商业性金融两者之间存在有机联系。中国人民银行代表团对法国最大合作金融机构——农业信贷银行（crdit agricole，CA）混合治理结构的考察发现，CA 的治理结构"说明合作制和商业化并非简单的非此即彼的不相容关系"。该考察团提出，合作制、政策性和商业性在本质上是统一的，三者之间体现的动态逻辑关系在于：①短期内，合作金融机构是政策性金融与合作制的统一，也是行政导向与农民需求的统一；②中期内，发展多样化经营，逐步实行商业化；③长期内，则形成农村合作金融机构在农村地区的垄断地位和在全国范围内的联合[②]。有研究指出，合作金融与商业性金融是"根据不同层次的经济主体的需要而产生的互为补充的金融形式，并且也可以进行相互的合作"[③]。但是，需要说明的问题是，合作金融与商业性金融之间的关系不同于合作金融商业化经营，两者存在根本性区别。可以认为，前者是两个概念之间的比较，后者是合作金融的目标问题。

2.1.2.3 合作金融与政策性金融的比较

政策性金融是由政府创立、参股、保证或扶持，专门从事某一方面的

[①] 张乐柱（2005）在分析合作金融的异化时也表达了类似的意思。参见：张乐柱. 农村合作金融制度研究［M］. 北京：中国农业出版社，2005：78-79.

[②] 中国人民银行代表团. 论合作金融的混合治理结构：从法国农业信贷银行的制度变迁看中国农村信用社体制改革［J］. 金融研究，2002（7）：1-9.

[③] 姜旭朝，杨杨. 合作金融的制度视角［J］. 山东大学学报（哲学社会科学版），2004（1）：75-80.

政策性货币信用业务，不以利润最大化为目标的金融活动①。它是"为贯彻、配合国家特定经济和社会发展政策而进行的一种特殊性资金融通行为②"；其与合作金融都是为弥补市场机制缺陷而存在和发展的，在经营宗旨上都不以利润最大化为目标，而且在运行过程中往往具有较高的相互依赖度。如在组织机构上，美国早期的农业信贷体系就体现为上层政策性银行与基层合作金融对接的模式，而在韩国和日本，合作金融本身就是政策性金融的模式③。

但是，政策性金融与合作金融之间的相融性并不代表两者之间没有区别。实际上，两者在设立方式、资金来源与服务对象、管理决策方式、盈余分配、社员互利等方面具有明显差异（见表2.2）。

表2.2　合作金融与政策性金融的区别

类型	合作金融	政策性金融
设立方式	由社员自发组织成立、自下而上的制度安排	体现国家政策意图，自上而下的制度安排
资金来源与服务对象	资金来自社员股金和公积金等积累，服务弱势社会群体，以社员为主，具有微观性	资金来源于国家财政资金、金融债券，服务于国家产业政策项目、社会公共利益项目，如农业、进出口贸易经济开发等宏观层面的特定领域
管理决策方式	实行"一人一票"的民主管理	由国家任命的管理层或董事会决策
盈余分配	除了有限分红和积累资本金外，还按参与者的交易量返还社员	盈余用于积累资本金

资料来源：汪小亚. 发展新型农村合作金融 [J]. 中国金融，2014（5）：22-24.

2.1.3　合作金融的基本属性

合作金融既是合作经济的有机组成部分，也是金融体系中的一环。因此，我们应该从合作经济和金融业相结合的角度出发去认识合作金融的基本属性。冷冰和周盛武（1996）认为，经济弱者的信用合作是合作金融的

---

① 徐孟洲. 金融法 [M]. 北京：高等教育出版社，2007：27.
② 白钦先. 政策性金融论 [J]. 经济学家，1998（3）：80-88.
③ 刘红，高海. 农地金融、合作金融与政策性金融的立法嫁接：基于"三位一体化"的分析框架 [J]. 南京农业大学学报（社会科学版），2012，12（1）：67-73.

本质属性①。这一认识有其合理之处，因为其强调了合作金融的主体是"经济弱者"。但是，他没有回答"经济弱者信用合作是如何运行的？""信用合作的目标是什么？"等问题。

鉴于此，本书基于合作金融的概念、原则及其区别于商业性金融、政策性金融等金融形态的根本特点，认为合作金融具有三大基本属性：主体的同一性、运行的民主性、目标的非营利性与自我服务性（见图2.1）。

图 2.1 合作金融的基本属性

其中，合作金融主体的同一性是指构成合作金融的主体具有"所有者与惠顾者同一"的特点，即成员拥有客户和所有者的双重身份。合作金融要实现这种身份的同一，内在要求社员之间存在较大程度的信任和信息对称，合作金融组织规模不能太大，具有社区性。如果从产权关系来看，其就要求社员作为农村合作金融的产权所有者，享有剩余索取权，而不被其他主体所占有。事实上，国外学者在定义合作金融组织时，都将所有者与惠顾者同一作为根本性特征加以处理。如 Rasmusen（1988）在区别包括信用社在内的互助银行（mutual banks）和股份银行（stock banks）的不同时，认为谁拥有银行组织的控制权并获取相应利润是两者差异所在。互助银行由"存款人"拥有，而股份制银行则由"股东"拥有，储户只是顾客而已②。Hart 和 Moore（1996）对成员合作社的一个简化定义是：资产社员所有，实施"一人一票"的民主决策③。从功能上看，合作金融的"同一性"，有助于破解奥尔森（Olson，1995）意义上的"集体行动困境"（集体理性与个人理性冲突）难题；而根据哈内尔（1992）的观点，同一性也是区分合作社与营利性资合公司以及合作社与公益性组织的关键④。

---

① 冷冰，周盛武. 发展合作金融是我国社会经济发展的必然 [J]. 金融研究，1996（10）：39.

② RASMUSEN. Mutual banks and stock banks [J]. The journal of law and economics，1988，31（2）：395-421.

③ HART，MOORE. The governance of exchanges：members' cooperatives versus outside ownership [J]. Oxford review of economic policy，1996，12（4）：53-69.

④ 国鲁来. 合作社制度及专业协会实践的制度经济学分析 [J]. 中国农村观察，2001（4）：36-48.

合作金融运行的民主性即民主管理，它是合作金融运行机制的主体，执行"三会制度"（社员代表大会、理事会、监事会），行使管理和监督的职责，实行"一人一票制"的民主管理。从决策权来看，合作金融的民主管理和决策意味着合作金融由成员拥有并受成员控制，且成员根据民主原则（主要是一人一票的平等投票权，而非按照出资额/股份多少）分配决策权。贯穿合作金融"主体—运行"之间的是自愿性，即合作金融组织成员自愿入（退）社，不带有政府等外部力量的强制干预，而这也是保证合作金融民主运行的基本条件。

合作金融目标的非营利性与自我服务性是指合作金融的经营导向不以商业化或利润最大化为目标，而是要对社员让利和服务以实现互助合作。但是，合作金融的非营利性是就其内部成员而言的，它并不意味着合作金融对外不追求利润；相反，在市场经济条件下，合作金融不仅可以进行商业化的经营，而且必须商业化才有可能获得较大发展，从而有利于合作制的巩固和扩大[1]。同样，合作金融分配上"按惠顾额返还"的原则也不能看作其本质属性。因为其背后仍然是"自我服务"本质规定性的体现，它仅是自我服务本质规定性的外在表现及派生特征，只是为了实现自我服务目的而进行的最优化选择[2]。此外，合作金融"主体—目标"之间具有内在的关联性，即合作金融"自我服务"的目标诉求也是其"所有者与惠顾者同一"的要求和体现。

对于合作金融目标的非营利性和自我服务性，这里借鉴陆磊和丁俊峰（2006）[3] 的分析思路，通过构建一个合作金融的目标函数予以进一步说明。

合作金融的目标函数：$\max\limits_{r_L,\ l,\ r,\ s} U = \sum\limits_{i=1}^{n} [u_i(l) + rs - r_L l]$

（1）预算约束条件：$r_L nl - rns - C(nl) \geq 0$。约束条件的经济含义是，虽然合作金融不以利润最大化为目标，但是为了合作金融组织的可持续运行和发展，至少应该满足信贷收益（$r_L nl$）大于分红（rns）和经营成本 [$C(nl)$] 的基本条件。这也体现了合作金融对外盈利与对内互助融资的基本特点。

---

① 廖运凤. 对合作制若干理论问题的思考 [J]. 中国农村经济, 2004（5）: 4-9.

② 蒋颖. 合作社规范、制度创新与合作机制评价 [J]. 农村经济, 2013（5）: 112-116.

③ 陆磊, 丁俊峰. 中国农村合作金融转型的理论分析 [J]. 金融研究, 2006（6）: 1-14.

（2）行为约束条件：$l > l_d$，其中社员的信贷需求不超过筹资总额：$\sum_{i=1}^{n} S_i \geqslant \sum_{i=1}^{n} l_d^l$。行为约束条件指向的经济含义在于，合作金融组织向社员提供的信贷总额应完全能够满足社员的信贷需求。

合作金融组织的效用函数可以表示为 n 个社员各自效用函数的加总，以第 i 个社员的效用表示所有社员的效用特征。

在合作金融的目标函数框架下，可以对合作金融的目标进行如下分解：

一是社员融资目标：$\sum_{i=1}^{n} u_i(l) - r_L l$，即每个社员通过合作金融组织获得的信贷净收益为信贷需求效用 $u_i(l)$ 和信贷成本 $r_L l$ 之差。这里假定社员具有同质性，即可以定义每个社员得到平均意义上相等的信贷 l。

二是盈利返还目标：合作金融的非营利性表明合作金融组织的所有盈余应当返还给社员，因此有分红得到的现金流量 rs。其中，r 是红利回报率，s 是股份额度。

2.1.4　合作金融的异化

"合作金融的异化"是被学者使用较多的一个概念。"异化"源于拉丁文"alienatio"，表示脱离、出卖、转让、疏远、受异己力量统治、让别人支配等含义。其在早期属于政治学用语和哲学用语，后来马克思将其拓展到经济学的研究中。在马克思的异化理论中，其表达了一种"人创造出来的物不受人支配，反而转过来成为支配人、奴役人的力量"的概念。这就是说，"异化"一词包含了一种价值评价，即人创造出来的东西应该为人所用①。理论界对农村合作金融异化的研究，如果按照不同合作金融组织对象来划分，主要涉及农村信用合作社的异化和农村资金互助社的异化两类。具体内容则涉及以下三个方面：

第一，农村合作金融的异化及其特征。随着经济社会的发展，合作金融制度因其内部条件和外部环境的共同作用而在结构、特性和功能等方面发生了与其原有宗旨的重大背离，这一现象被学界称为合作金融的异化

---

① 蒋永穆，杨少垒. 欧债危机：当代资本主义一体化异化噩梦 [J]. 政治经济学评论，2012，3（2）：84.

（盛学军 等，2010）①。对于农村合作金融异化的表现，谌赞雄（2002）认为体现为经营目标和经营理念、服务对象、管理决策方式、股权设置等八个方面②。丁伟国（2005）认为，行政指令推动下的非自愿入社、民主管理有名无实、社员服务的经营目标不显和单纯追求盈利目标是主要表现③。胡士华（2005）④、王彬（2008）⑤ 分析了农村合作金融在非互助性、非农化和非自愿性、非合作性等方面出现的功能性异化问题。盛学军等（2010）认为，产权制度不清晰所导致的治理结构与收益分配制度的扭曲是主要体现。陈立辉和刘西川（2016）分析了农村资金互助社在"目标—产权—管理—贷款"四个方面的异化表征⑥。王杨（2018）认为，新型农村合作金融在封闭性、互助性和民主性三个方面出现了异化⑦。

第二，农村合作金融异化的成因。对此，理论界主要形成了制度政策原因、内部治理缺陷原因两种观点。毋俊芝和安建平（2008）认为，政策性设计的缺陷、制度变迁的政府强制推动和农村经济发展需求的推动作用是原因⑧。姚会元等（2008）认为，农村信用合作社之所以发生异化，主要因为农村信用合作社制度变迁是强制性的变迁，行政色彩较重，在政策设计上不可避免地存在缺陷，而且农村信用合作社制度本身也存在缺陷⑨。盛学军等（2010）把农村合作金融发展过程中不断变化的合作金融政策作为合作金融异化的原因。陈东平等（2012）认为，经典互助社模式中的"一人一票""同票同权"等治理机制使社员的控制权与其提供的生产要素之间失去——对应的关系，无法保证社内信贷与盈余的合理分配，从而不

---

① 盛学军，于朝印. 中国农村合作金融异化语境下的法律制度重构 [J]. 社会科学，2010 （12）：105-113.

② 谌赞雄. 中国农村合作金融异化问题探析 [J]. 武汉金融，2002（11）：15-18.

③ 丁伟国. 试论农村合作金融在我国的异化问题 [J]. 哈尔滨商业大学学报（社会科学版），2005（1）：14-16.

④ 胡士华. 农村合作金融功能异化的制度分析 [J]. 重庆社会科学，2005（2）：39-43.

⑤ 王彬. 中国农村合作金融功能异化与重构 [J]. 华东理工大学学报（社会科学版），2008 （2）：33-36.

⑥ 陈立辉，刘西川. 农村资金互助社异化与治理制度重构 [J]. 南京农业大学学报（社会科学版），2016，16（3）：111-122.

⑦ 王杨. 新型农村合作金融的异化及法律规制 [J]. 农村经济，2018（10）：72-77.

⑧ 毋俊芝，安建平. 试论我国农村合作金融制度的异化 [J]. 农业经济问题，2008（2）：18-21.

⑨ 姚会元，陈俭. 农村信用社制度异化问题探析 [J]. 学术交流，2008（11）：109-113.

可避免地会出现异化①。陈立辉和刘西川（2016）从组织内部治理来探究农村资金互助社异化的原因，认为农村资金互助社发生异化的主要根源是净储蓄者—净借款者、小户—大户以及管理者—借款者之间未能实现激励相容。

第三，农村合作金融异化的治理。由于上述文献基本上都涉及对合作金融异化治理的分析，限于篇幅，这里不再赘述。

通过上述总结可知，理论界关于合作金融异化的认识主要都是从是否偏离合作金融原则、功能的角度进行分析的。这就是说，合作金融的异化实质上就是对合作金融基本原则和功能的偏离。本书赞同这一认识的基本思路，将"合作金融的异化"理解为对农村合作金融基本属性的部分或彻底脱离。同时，既有文献对我国农村合作金融异化动因的认识也十分具有启发意义。但本书认为，为理解清楚农村合作金融异化的实质，还有以下三个问题值得探讨和说明：

第一，从异化的动因上区分"跳跃性异化"与"渐进性异化"。"跳跃性异化"是指合作金融的异化是受到某种外力的强制性推动所形成的一种异化现象，表现为与农村合作金融产生的经济基础的"脱节"。因此，如果从"经济—金融"的关系来看，这种异化的结果将对"反哺/回馈"经济发展不具有正效应，尤其是对经济弱势群体的资金需求难题不会起到缓解作用。而"渐进性异化"是指合作金融的异化是随着农村合作金融产生的经济基础的发展变化而"自然"出现的一种异化现象。这种异化从"经济—金融"的关系来看，是其发展的一种良性状态，不仅能够使合作金融自身发展壮大，还能够有效破解经济弱势群体的资金需求困境。同时，合作金融的这种异化体现为一种内生性。

第二，合作金融"合作性"与"商业性"的关系问题。合作金融的商业性是合作金融内部自身经营导向和目标的问题，其与商业性金融是两个概念。从合作金融发展的"自然"路径来看，合作金融的商业性经营具有经济上的合理性。因为，一方面，合作金融产生的经济基础处于发展变化中；另一方面，合作金融自身也会涉及可持续成长的问题。因此，作为对

---

① 陈东平，周振. 农村资金互助社的内部治理机制缘何"异化"？：社员合作博弈的视角与来自浙南 M 镇的证据 [J]. 江苏社会科学，2012（2）：62-67.

合作金融基本属性的部分脱离，合作金融的商业性经营与合作金融的"合作性"并不矛盾，而是合乎经济自然发展逻辑的必然结果。从这个意义上讲，可以认为，合作金融具有"前商业性金融"的特点，商业性是合作金融的一个自然演进方向。

在此基础上，也就容易区分其与商业性金融的关系了。如果从构成合作金融基本属性"主体—行为—目标"的三个要素来看，那么当其对合作金融基本属性出现部分脱离，则表现为合作金融异化的"量变"，即合作金融原则的发展；而出现完全、彻底的脱离时，则意味着合作金融异化的"质变"，即变为商业性金融或者政策性金融等其他金融形态了，是异质的不同概念。

第三，合作金融的异化是一个过程。这就是说，理解合作金融的异化需要用一种时间上的"动态"思维。从"渐进性异化"来看，合作金融的异化过程表现为其产生的经济基础的渐进性变化。而从"跳跃性异化"来看，受路径依赖、历史惯性等因素的影响，合作金融的异化也必然会经历一个过程。如果从合作金融异化的内容来看则更好理解，因为其表现为构成合作金融属性的三个基本要素的部分，即一个要素或者两个要素的偏离，因此也必然是一个过程。当然，如果合作金融发生"质性"的异化，那么，此时的合作金融已不属于本书的研究对象了。换句话说，本书只研究作为过程的合作金融异化。

综上来看，合作金融的异化是一种世界现象，具有客观必然性，其实质是对合作金融基本属性的部分或全部脱离。从动因上可以把合作金融的异化区分为强制外力推动的"跳跃性异化"和合作金融产生的经济基础变化所引起的"渐进性异化"两种类型，异化的内容表现为合作金融原则的发展，异化的结果则是合作金融转变为商业性金融或政策性金融等其他具有本质区别的金融形态。因此，我们可以将"动因—内容—结果"视角下的合作金融异化表示为如图 2.2 所示。

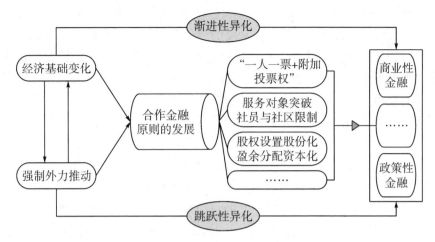

图 2.2 "动因—内容—结果"视角下的合作金融异化

2.1.5 制度、组织与组织演进

2.1.5.1 制度

或许由于学者分析目的的不同,经济学家关于"什么是制度?"的理解尚未达成一致。道格拉斯·C.诺思(D. C. North)在《制度、制度变迁与经济绩效》一书中认为,制度是一个社会的游戏规则,包括人类用来决定人们相互关系的任何形式的制约,由正规的成文规则和那些作为正规规则的基础与补充的典型非成文行为准则所组成[①]。同样基于"制度作为博弈规则"的基本认识,舒尔茨将制度定义为一种行为规则,这些规则涉及社会、政治及经济行为[②]。拉坦也将制度界定为一套行为规则,它们被用于支配特定的行为模式与相互关系[③]。不同于此,青木昌彦(Masahiko Aoki,2001)总结了博弈视角下对制度的三种不同认识:一是将制度等同于博弈的特定参与人,如行业协会、大学等(Nelson,1994);二是将制度视为博弈规则,以区别于它的参与人(North,1990;Hurwicz,1993;Hurwicz,1996);三是制度的博弈均衡观(Schotter,1981;Greif,1996;

---

① 诺思.制度、制度变迁与经济绩效 [M].刘守英,译.上海:三联书店,1994:3-5.

② 舒尔茨.制度与人的经济价值的不断提高 [A] //科斯,阿尔钦,诺思,等.财产权利与制度变迁:产权学派与新制度学派译文集 [M].刘守英,等译.上海:三联书店,1991:253-256.

③ 拉坦.诱致性制度变迁理论 [A] //科斯,阿尔钦,诺思.等.财产权利与制度变迁:产权学派与新制度学派译文集 [M].刘守英,等译.上海:三联书店,1991:329.

Bowles，2000）。在此基础上，青木昌彦认为，制度是关于博弈如何进行的共有信念的一个自我维系系统。制度的本质是对均衡博弈路径显著和固定特征的一种浓缩性表征，该表征被相关域①几乎所有参与人所感知，认为是与他们策略决策相关的。这样，制度就以一种自我实施的方式制约着参与人的策略互动，并反过来又被他们在连续变化的环境下的实际决策不断再生产出来②。作为一种综合，W. 理查德·斯科特（W. Richard Scott）给出了一个关于制度的定义，即"制度是由为社会行为提供稳定性和有意义的、认知的、规范的和管理的结构与行为组成的③"。黄凯南（2016）认为，制度是在参与者互动过程中形成的，用来协调、组织、约束和塑造参与者之间互动方式的包括共同遵循的行为规则，认知、信念和价值层面规则在内的规则系统④。由此可见，大多数学者都将法律、产权制度、规范、道德习俗、惯例、价值信念等一切约束社会中主体行为的内容视为制度。

本书遵循诺思和青木昌彦的基本认识及看法，认为制度本身包含了法律等正式制度和习俗、惯例等非正式制度内容，制度的形成是行为主体博弈的过程，制度的功能是提供了行为主体博弈的行为规范和规则。因此，我们可以将制度看作一个包含了博弈规则和博弈均衡的系统（Greif，2006）⑤。

2.1.5.2 组织与合作金融组织

组织既可以理解为一个过程（organize），也可以理解为一个实体结果（organization），即组织是"过程"与"结果"的统一。但出于同样的原因，经济学家对于"什么是组织？"的认识也未达成一致。新古典主义传统下的组织被视为一个"投入—产出"函数关系，组织是一个未被打开的"黑箱"。组织的目标在于实现利润最大化或者说成本最小化。以罗纳德·哈里·科斯（R. H. Coase）和张五常等为代表的新制度经济学派则选择打开"黑箱"，从交易费用、产权、契约等层面认识组织。如科斯（1937）

---

① 青木昌彦分析的基本单位是博弈的域（domain），其由参与人集合和每个参与人在随后各个时期所面临的技术上可行的行动集组成。他进一步将参与人博弈的域的类型划分为六种：共用资源、交易（经济交换）、组织、社会交换、政体和一般性组织领域。参见：青木昌彦. 比较制度分析 [M]. 周黎安，译. 上海：远东出版社，2001：12-14，23-27.

② 青木昌彦. 比较制度分析 [M]. 周黎安，译. 上海：远东出版社，2001：5-10，28.

③ 斯科特. 组织理论：理性、自然和开放系统 [M]. 黄洋，译. 北京：华夏出版社，2002：124.

④ 黄凯南. 制度演化经济学的理论发展与建构 [J]. 中国社会科学，2016（5）：65-78.

⑤ 聂辉华. 制度均衡：一个博弈论的视角 [J]. 管理世界，2008（8）：158-167.

将组织视为合约结构代替市场交易契约的结果，认为企业的显著特征就是作为价格机制的替代物①。对此，张五常（Chueng，1983）做了进一步补充，认为企业无非是以要素市场的交易合约替代了产品市场上的合约。周其仁（1996）在解释企业时，将企业理解成一个人力资本和非人力资本共同订立的特别市场合约②。邓宏图（2011）从实体意义上认识组织，将其定义为"利益高度相关者的合约选择，它能向作为一个整体的组织成员提供稳定的预期收入并足以补偿由于创生组织和运行组织带来的交易成本及管理成本③"。

除此之外，一些管理学相关的文献也涉及对组织的认识。如 Barnard（1938）将组织定义为"一种在有意识的、审慎的、有意图的人们之间的合作"。承接这一认识，斯科特从三个视角定义了组织：理性系统下的组织，"是有意图寻求具体目标并且结构形式化程度较高的社会结构集合体"。自然系统下的组织，是"一个集合体，参与者寻求着多种利益，无论是不同的还是相同的"。开放系统下的组织，是"参与者之间不断变化的关系相互联系、相互依赖的活动体系；该体系根植于其运行的环境之中，既依赖于与环境之间的交换，同时又由环境建构④"。Cyert 和 March（1963）在 A Behavioral Theory of the Firm 一书中将组织定义为一个由不同个人和团体所组成的适应性联盟，在这个联盟中，由于个体具有不同的利益诉求，因此，"冲突的存在是组织的一个显著特征。"⑤ 这就是说，组织目标的形成是参与者讨价还价的结果。关于组织的目的，奥尔森（Olson，1995）也进行了研究，认为组织的目的在于"增进其成员的利益"。哈罗德·拉斯基也强调组织的存在是为了实现"一个集团的成员共同拥有的"目的或利益⑥。在区分"制度"与"组织"的基础上，诺思同样认为，"组织是一种有目的的实体，创新者用它来使由社会制度结构赋予的机会

---

① COASE. The nature of the firm [J]. Economica, 1937, 4 (16)：386-405.

② 周其仁. 市场里的企业：一个人力资本与非人力资本的特别合约 [J]. 经济研究, 1996（6）：71-80.

③ 邓宏图. 组织与制度：基于历史主义经济学的逻辑解释 [M]. 北京：经济科学出版社, 2011：153.

④ 斯科特. 组织理论：理性、自然和开放系统 [M]. 黄洋, 译. 北京：华夏出版社, 2002：22-26.

⑤ AUGIER, MARCH. A retrospective look at a behavioral theory of the firm [J]. Journal of economic behavior and organization, 2008, 66 (1)：0-6.

⑥ 奥尔森. 集体行动的逻辑 [M]. 陈郁，等译. 上海：上海人民出版社, 1995：5-7.

所确定的财富、收入或其他目标最大化。"①

综上来看，尽管不同学者对组织的认识存在差异，但至少可以从中归纳出关于组织的三个内涵：一是组织本身作为一个实体，是一种契约关系的存在；二是组织的参与利益主体具有不同的利益诉求；三是组织是有目的的，这种目的的达成是不同利益主体博弈的结果。至此，我们对组织有了一个大致的认识，但就本书的研究来说，这还不足以给组织下一个明确的定义。本书认为，对组织进行合理定义还有赖于厘清"制度"与"组织"之间的关系。

就制度与组织两者之间的关系而言，经济学家的分歧仍然较大。制度经济学派的早期人物康芒斯（J. R. Commons）将从家庭、公司、工会、同业协会，直到国家本身这种组织称为"制度"②。拉坦认为，组织是实施对资源控制的一个决策单位，制度概念包含组织的含义。因此，一种特定组织行为的变化，以及组织与其环境之间相互关系的变化等都是制度发展③。诺思区分了组织与制度，认为制度是社会游戏规则，而组织是游戏规则下的参与者。制度的作用是提供游戏规则，组织则是在这些规则约束下有目的地创立的。这就好比运动规则的目的"是用来确定所进行的运动的方式，而在这些规则下，运动队的目的是要通过技能、战略和合作来赢得比赛的胜利"。组织的寻利推动了制度变迁，但制度变迁并不完全是由组织寻利推动的④。罗必良（2000）将组织和制度进行了如下区分：①由于组织具有自身的象征、信念、价值观念、行为准则和规范，因此从这个意义上讲，组织就是"一类制度安排"。②如果强调组织的角色、行为特点时，就是诺思意义上的"游戏参与者"，即"组织集团"或行动集团⑤。邓宏图（2011）从"宏观—微观"层次对两者进行了区分，他基于历史主义经济学的分析范式认为，组织是一种宏观视角下的"组织"；制度是一个宏观变量，是宪政及其宪政逻辑决定的一系列法律，构成作为经济主体的组

---

① 诺思. 制度、制度变迁与经济绩效 [M]. 刘守英，译. 上海：三联书店，1994：100.

② 康芒斯. 制度经济学：上册 [M]. 于树生，译. 北京：商务印书馆，1997：86.

③ 拉坦. 诱致性制度变迁理论 [A] //科斯，阿尔钦，诺思，等. 财产权利与制度变迁：产权学派与新制度学派译文集 [M]. 刘守英，等译. 上海：三联书店，1991：329.

④ 同①.

⑤ 罗必良. 经济组织的制度逻辑：一个理论框架及其对中国农民经济组织的应用研究 [M]. 太原：山西经济出版社，2000：26-27.

织的约束条件。政府、学校等"组织"则是微观化的"分析单元"①。

至此，结合前文对"制度""组织"及"制度与组织"的不同认识，本书得出理解这些概念的一些基本认识：①制度具有层次性。也就是说，包括法律、政策、社会道德观念、价值认知等内容的制度具有"宏观"属性；而由企业、行业协会、合作社等形成的内部规章、规范、文化、愿景等内容则属于"微观"层次的制度范畴。②组织本质上是一种契约关系，是微观意义上的制度。也就是说，组织自身也有信念、价值观念、行为准则和规范等"浓缩性表征"。而宏观层次上的制度形成了组织的约束规则。③组织是不同利益主体在与宏观意义上的制度环境的交互中不断博弈的均衡结果。这就是说，组织是有目的的实体，组织具有斯科特意义上的开放性，因而组织是动态变化的，这种动态性是由于参与利益主体在与环境的不断交互中，因为利益函数的变化而不断博弈的结果。博弈的"多重均衡解"实质上就体现为组织的演进。

基于上述认识的一个自然引申问题是：什么是合作金融组织？不同学者对于这一问题的回答也不尽相同。冰岛经济学家思拉恩·埃格特森从产权经济学的角度出发，认为合作金融组织可以理解为一种赋予其客户可重新赎回的剩余索取权的资金互助组织②。英国学者 N. Barou 把合作金融组织看成小生产者或工人自动组织之团体，这种团体对社员人数没有限制，资产为社员所共有，在民主的基础上经营业务，吸收社员储蓄并以最优惠条件放款给社员，盈余转为公共积累或分配给存款者、放款者和股东，在资金不足时则以社员连带责任担保向外借款③。中国台湾学者赖南冈认为，合作金融组织是一种具有平等地位的人的结合，具有以下特点：是人的结合而非财产的结合；无论贫富，所有社员均具有平等地位；结合的目的在于在集体中获取他们个人所不能获得的资金；仅向其社员贷款；谨慎地使其资金充作生产的或必需的用途④。卢汉川（1991）则认为，合作金融组织是劳动群众集体所有的金融组织，它由群众入股组成，社员既是它的股东也是它的顾客即业务对象，它是为社员服务的不以营利为目的的内向型

---

① 邓宏图. 组织与制度：基于历史主义经济学的逻辑解释 [M]. 北京：经济科学出版社，2011：158.

② 埃格特森. 新制度经济学 [M]. 北京：商务印书馆，1996：162.

③ BAROU. Cooperative banking [M]. London：London Press, 1932.

④ 赖南冈. 合作经济研究集 [M]. 台北：东峰出版社，1982：161.

金融组织①。董玄等（2018）将农村信用合作社视为混合型组织，而所谓混合型组织，其"兼具政府、企业或公益组织的性质和目标，但又不是其中任何一者"②。刘西川和钟觅琦（2018）从剩余控制权的视角将合作金融组织定义为"由成员入股、参与决策并管理，其收益由成员分享，主要通过成员经济产权关系来管理风险的金融组织"③。WCCU（2020）认为，信用合作社是客户/成员拥有，由其成员民主控制，其经营目的是通过以竞争性和公平的费率提供金融服务，使其成员的经济利益最大化的一种组织。其在"客户""治理""收益"三个方面与银行及其他金融机构存在明显差异④。

上述这些定义从产权、内容、主体等角度界定了合作金融组织，具有一定的合理性。但就前文对合作金融概念的认定和关于组织的基本认识来看，本书这样界定合作金融组织：合作金融组织本质上是基于合作金融基本属性所产生的一系列契约关系的总和，是以合作金融为实质内容的一种组织形式，是不同利益主体在与宏观意义上的制度环境的交互中不断博弈的均衡结果。

2.1.5.3 组织演进

理解了"什么是组织？"这一问题，我们也就容易解释"组织演进"这一概念了。邓宏图（2003，2011）基于对组织的认识，将组织演进定义为"一种或一整套合约安排替代（或代替）另一种或另一整套合约安排的过程"。他认为，如果从历史角度考察组织演进，则组织的"演进逻辑"应包含三个论点：①组织演进是一个"历史命题"；②组织演进具有"路径依赖性"；③组织演进是一种社会博弈⑤。基于前文对组织的基本认识，这里提供一个关于"组织演进"的精要描述。本书认为，组织演进至少应该包含以下三个方面的内涵和要点：

---

① 卢汉川. 合作金融概论 [M]. 北京：中国金融出版社，1991：79.
② 董玄，孟庆国，周立. 混合型组织治理：政府控制权视角：基于农村信用社等涉农金融机构的多案例研究 [J]. 公共管理学报，2018，15（4）：68.
③ 刘西川，钟觅琦. 合作金融组织剩余控制权安排的另一种可能：分权型及半阖村实例 [J]. 财贸经济，2018，39（10）：91.
④ 参见：https://www.woccu.org/about/credit_unions.
⑤ 参见：邓宏图. 组织、组织演进及制度变迁的经济解释：质疑"伪古典化"的"杨小凯范式"[J]. 南开经济研究，2003（1）：23-27；邓宏图. 组织与制度：基于历史主义经济学的逻辑解释 [M]. 北京：经济科学出版社，2011：165-169.

第一，组织演进的前提是组织的生成。因此，组织演进的研究至少应该包含"组织如何产生？"和"组织如何发展（演进）？"两个方面的内容。这就是说，在本书的研究中，组织演进是被作为一个"过程"进行看待的。

第二，组织作为一种契约关系的存在，组织演进的实质也就是组织契约关系的变化，包括组织自身信念、价值观念、行为准则和规范等"浓缩性表征"的变化，而这些变化构成了区别于组织形态演进的根本内容。这也意味着，组织形态的变化内在地包含于对组织演进的研究中。

第三，组织作为参与利益主体博弈的均衡，推动组织契约关系变化的动因也就来自参与利益主体的不断博弈。而这种博弈的产生则主要受到参与利益主体在与外部宏观层次的制度等环境的交互过程中所引起的利益函数变化的影响。这就是说，不同于将组织演进视同制度变迁的观点（拉坦，1991；邓宏图，2011），在本书的分析中，宏观意义上的制度及其变迁是作为组织演进的外部变量进行处理的。此外，由于环境不是"一成不变"的，因此从长期来看，利益主体的利益函数也处于一种变化之中，结果利益主体博弈存在多重均衡。换句话说，组织演进就是利益主体博弈多重均衡的外在表征。

对于组织演进多重均衡解的存在，这里利用赫什莱弗和赖利（2000）所提供的"演化动态机制"模型和邓宏图（2011）的分析①进行说明。

令（p_1，p_2，p_3）分别表示采取策略 a，b，c 的利益主体的比例，相应的支付矩阵如表2.3所示。

表2.3　组织主体的支付矩阵

采取策略	a	b	c
a	2, 2	0, 0	0, 0
b	0, 0	1, 1	0, 2
c	0, 0	2, 0	1, 1

①　参见：赫什莱弗，赖利. 不确定性与信息分析［M］. 刘广灵，李绍荣，译. 北京：中国社会科学出版社，2000：398-399，401-402；邓宏图. 组织与制度：基于历史主义经济学的逻辑解释［M］. 北京：经济科学出版社，2011：193-195. 限于篇幅，后文的相关证明过程亦省略。

现给定离散—世代动态公式：$\Delta p_a = k p_a(\bar{V}_a - V)$，对所有策略 $a = 1, \cdots,$ A，p_a 采取策略 a 的种群比例（$\sum_a p_a = 1$），$\bar{V}_a$ 是策略为 a 的参与者接受的期望支付，V 是整个种群的平均期望所得，k 表示动态过程的灵敏性。

可以证明，种群比例按照①②③式演化及其另外 5 个结论：

①$\Delta p_1 = k p_1(2 p_1 - V)$；②$\Delta p_2 = k p_2(2 p_2 - V)$；③$\Delta p_3 = k p_3(2 p_2 + p_3 - V)$；④$V = 2 p_1^2 + (1 - p_1)^2$；⑤当且仅当 $p_1 > 1/3$ 时，$\Delta p_1 > 0$；⑥对于所有 p_1，$V > 2/3$；⑦当 $p_2 < 2/3$，$\Delta p_2 < 0$；⑧当 $p_1 < 1/3$ 和 $p_3 \approx 0$，总有 $\Delta p_2 > 0$。

在图 2.3 中，令三角形内的任何点表示种群在三个策略点上的一个分布，水平坐标表示采用策略 a 的比例 p_1，垂直坐标表示采用策略 b 的比例 p_2，剩余的比例 p_3 则由到斜边的水平（或等价的垂直）距离来度量。如果 $\Delta p_1 > 0$（B 点向 O 点发散）、$\Delta p_2 > 0$（A 点向 O 点发散）、$\Delta p_3 > 0$，则分别表示采取策略 a，b，c 的种群比例越来越多；反之，如果 $\Delta p_1 < 0$、$\Delta p_2 < 0$、$\Delta p_3 < 0$，则表示采取策略 a，b，c 的种群比例越来越少。

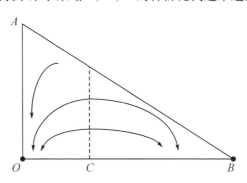

图 2.3　组织演进的多重均衡

由此，我们可得总的分析结论是：O 点和 B 点是演化的两个均衡点。也就是说，在 $p_1 < 1/3$（C 点向 O 点收敛）、$p_2 < 2/3$（AO 上的点向 O 点收敛）的情况下，组织将向 O 点代表的均衡状态演进，策略 c 不被参与人考虑；在 $p_1 > 1/3$（C 点向 B 点收敛）和 $p_3 \approx 0$ 的情况下，组织将向 B 点代表的均衡状态逼近，策略 b 不被参与人考虑。

上述模型描述了组织利益主体在采取不同行为策略，或者说采取不同策略的组织主体在不同比例条件下，组织演进存在多重均衡情况。

2.2 合作经济理论实践考察

合作金融作为合作经济的一种特殊形式，是合作经济的有机组成部分。如果从"属—种"的逻辑关系来看，那么合作经济是合作金融的"属"，而合作金融则是合作经济的"种"。因此，我们只要从合作经济与合作金融的关系出发，就容易发现考察合作经济理论实践的必要性。但这里的问题是，如何考察合作经济理论实践？由于新中国成立至改革开放前，指导我国合作经济组织当然也包括合作金融组织发展的主要是马克思列宁主义的合作经济思想，而改革开放以后，我国则引入了西方的合作经济思想。此后，这两种思想交织影响①。因此，本书从三个方面考察合作经济理论实践：一是马克思列宁主义的合作经济思想；二是中国共产党的合作经济理论实践；三是西方的合作经济思想。本书通过对这三个方面的简要考察，为后文分析合作金融理论和中国农村合作金融组织的演进做铺垫。

2.2.1 马克思列宁主义的合作经济思想

马克思列宁主义的合作经济思想主要是指马克思、恩格斯的合作经济思想和列宁的合作经济思想，下面分别对其进行介绍和论述。

2.2.1.1 马克思、恩格斯的合作经济思想

马克思、恩格斯合作经济思想是资本主义基本矛盾发展及伴随而生的工人运动的产物，它的形成受空想社会主义者合作社思想、历史遗留下来的乡村共同体（在俄国叫"米尔"）以及当时欧洲大陆信贷、生产、消费等合作社运动实践的影响。马克思、恩格斯把乡村共同体看作社会主义的萌芽，而把俄国的米尔看作未来集体组织的起点，把空想社会主义者看作前驱，但抛弃了他们的不科学内容②。马克思、恩格斯以工业和农业生产

---

① 孔祥智，片知恩. 新中国70年合作经济的发展 [J]. 华南师范大学学报（社会科学版），2019（6）：1-10.

② 屈内. 马克思关于公有经济的各种形式的基本概念 [A] //中共中央马克思恩格斯列宁斯大林著作编译局. 马列主义研究资料（1984年第4辑，总第34辑）[M]. 北京：人民出版社，1984：50.

合作作为合作运动的主要研究对象①，他们的合作经济思想和其对资本主义的批判以及关于未来社会的理想紧密联系在一起。归纳起来，其主要内容涉及以下四个方面：

（1）对合作改良主义的坚决批判。

合作改良主义者（包括英国的威廉·金，法国的菲利普·毕舍、路易·布朗和查理·季特、拉萨尔、蒲鲁东等小资产阶级合作改良主义者；欧文、傅立叶等空想社会主义者和法国的许尔志、莱佛艾森等自由资产阶级合作改良主义者）在不同程度上揭露了资本主义的剥削与不道德，提出合作社所有制不排斥小生产者的私有，两者融合，资本主义制度下的合作社已具有完全的社会主义性质，建立合作制应不使用暴力推翻资本主义制度②。对于合作改良主义者的这些论点，马克思、恩格斯进行了有力批判。此处仅举两例予以说明。

一是对空想社会主义者的合作社思想。马克思曾对此给予积极评价和高度赞扬，认为"在英国，合作制的种子是由罗伯特·欧文播下的③"。"罗伯特·欧文是合作工厂和合作商店之父。"④ 但马克思同时也指出，他们的合作社思想"是在无产阶级同资产阶级之间的斗争还不发展的最初时期出现的"，这些思想的发明家们"看不到无产阶级方面的任何历史主动性"及其"所特有的任何政治运动"，因而他们"也不可能看到无产阶级解放的物质条件"，结果，"这种对未来社会的幻想的描绘"也只能是一种"带有纯粹空想性质"的主张⑤。

二是对拉萨尔关于"依靠国家帮助建立生产合作社"的机会主义观点。1875 年，马克思在《对德国工人党纲领的几点意见》中指出，这些由"国家帮助"中"产生出来"而不是由工人"建立起来"的生产合作社，

---

① 1866 年，马克思在其起草的《临时中央委员会就若干问题给代表的指示》中指出，"工人们与其办合作商店，不如从事合作生产。前者只触及现代经济制度的表面，而后者却动摇它的基础。"参见：马克思，恩格斯. 马克思恩格斯全集：第二十一卷［M］. 中共中央马克思恩格斯列宁斯大林著作编译局，译. 北京：人民出版社，2003：271.

② 蒋玉珉. 合作经济思想史论［M］. 合肥：安徽人民出版社，2008：130-131.

③ 马克思，恩格斯. 马克思恩格斯选集：第三卷［M］. 中共中央马克思恩格斯列宁斯大林著作编译局，译. 北京：人民出版社，2012：9.

④ 马克思. 资本论：第一卷［M］. 中共中央马克思恩格斯列宁斯大林著作编译局，译. 北京：人民出版社，2004：577.

⑤ 马克思，恩格斯. 马克思恩格斯选集：第一卷［M］. 中共中央马克思恩格斯列宁斯大林著作编译局，译. 北京：人民出版社，2012：431-432.

"真不愧为拉萨尔的幻想"。现存的合作社，"只有它们是在工人自己独立创办，既不受政府保护也不受资产者保护的情况下，才有价值。"① 1886年，恩格斯在给奥古斯特·倍倍尔的信中谈到在国有土地上建立生产合作社的事情时，也认为应该"把合作社推行到现存的生产中去"，"将土地交给合作社"，这同舒尔采—德里奇或拉萨尔提出建立小合作社应不"占有现有的生产资料，而只是同现存的资本主义生产并列地建立新的合作生产"的观点毫无共同之处，存在巨大的差别②。

（2）合作生产向共产主义经济过渡的前提：无产阶级夺取政权。

马克思、恩格斯认为，合作生产把劳动者和生产资料结合起来，实现了对资本主义的积极扬弃，它在促进生产力发展的同时，也加速了资本主义生产关系的瓦解、社会主义社会的建立和共产主义社会的实现。1886年，恩格斯在致奥古斯特·倍倍尔的信中指出，"至于在向完全的共产主义经济过渡时，我们必须大规模地采用合作生产作为中间环节，这一点马克思和我从来没有怀疑过。"③ 对于合作工厂内的合作生产，1864年，马克思在《国际工人协会成立宣言》中给予了高度评价和赞扬，认为是"劳动的政治经济学对财产的政治经济学取得的一个更大的胜利"，"对这些伟大的社会试验的意义不论给予多么高的估价都不算过分"。因为在这些合作工厂内，工人的合作劳动事实上已经证明，大规模的生产"在没有利用雇佣工人阶级劳动的雇主阶级参加的条件下是能够进行的"，雇佣劳动"只是一种暂时的和低级的形式，它注定要让位于带着兴奋愉快心情自愿进行的联合劳动"④。但是，合作生产作为向共产主义经济过渡的中间环节，如何才能真正实现呢？马克思、恩格斯不仅批判了拉萨尔"依靠国家帮助建立生产合作社"的机会主义观点，而且从资本主义条件下合作劳动的历史局限性出发进行了说明，认为只有通过无产阶级掌握政权才能实现。

对于资本主义条件下合作劳动的历史局限性和工人阶级只有夺取政权后才能真正发展合作劳动的思想，马克思于1864年在《国际工人协会成立宣言》中对此进行了阐述。他说，1848—1864年这个时期的经验已经毫

---

① 马克思，恩格斯. 马克思恩格斯选集：第三卷［M］. 中共中央马克思恩格斯列宁斯大林著作编译局，译. 北京：人民出版社，2012：371-372.

② 马克思，恩格斯. 马克思恩格斯选集：第四卷［M］. 中共中央马克思恩格斯列宁斯大林著作编译局，译. 北京：人民出版社，2012：580-581.

③ 同②：581.

④ 同①：8-9.

无疑问地证明了，合作劳动"只要它仍然限于个别工人的偶人努力的狭隘范围，就始终既不能阻止垄断势力按照几何级数增长，也不能解放群众，甚至不能显著地减轻他们的贫困的重担"。而"要解放劳动群众，合作劳动必须在全国范围内发展，因而也必须依靠全国的财力"。因此，"夺取政权已成为工人阶级的伟大使命。"① 1866 年，马克思在《临时中央委员会就若干问题给代表的指示》中对此又做出了明确说明。他指出，"合作制度在单个的雇佣劳动奴隶靠个人的努力所能为它创造的狭小形式局限之下，决不能改造资本主义社会。为了把社会生产变为一个由合作的自由劳动构成的和谐的大整体，必须进行全面的社会变革，也就是社会的全面状况的变革。除非把社会的有组织的力量即国家政权从资本家和地主手中转移到生产者自己手中，否则这种变革决不可能实现。"② 实际上，工人阶级夺取政权才能使合作社在全国范围内普遍发展，解放群众的认识构成了马克思、恩格斯合作经济思想与欧文等空想社会主义合作经济思想的"分水岭"。

（3）合作社产生的客观条件：工厂制和信用制度。

马克思认为，资本主义生产方式下的工厂制度和信用制度是合作社产生的客观条件。他在分析信用在资本主义生产中的作用时指出，工人自己的合作工厂，如果"没有从资本主义生产方式中产生的工厂制度，合作工厂就不可能发展起来；同样，没有从资本主义生产方式中产生的信用制度，合作工厂也不可能发展起来"。合作工厂作为"在旧形式内对旧形式打开的第一个缺口"，资本和劳动的对立在这种工厂内不是"消极地扬弃的"，而是"积极地扬弃的"，虽然起初只是在"工人作为联合体是他们自己的资本家，也就是说，他们利用生产资料来使他们自己的劳动增值③"这种形式上被扬弃。

资本主义信用制度的发展使资本的所有权、使用权和经营权发生了分离，从而催生了资本主义股份制企业的产生。更重要的是，资本主义信用制度的发展又是转到另一种新生产方式的过渡形式，为工人阶级提供了方法论上的启示，他们将分散在工人手中的小额资金等生产生活资料汇集起

---

① 马克思，恩格斯. 马克思恩格斯选集：第三卷［M］. 中共中央马克思恩格斯列宁斯大林著作编译局，译. 北京：人民出版社，2012：9-10.

② 马克思，恩格斯. 马克思恩格斯全集：第二十一卷［M］. 中共中央马克思恩格斯列宁斯大林著作编译局，译. 北京：人民出版社，2003：271.

③ 马克思. 资本论：第三卷［M］. 中共中央马克思恩格斯列宁斯大林著作编译局，译. 北京：人民出版社，2004：499.

来，成立了消费的、生产的、信用的等各种形式的合作社。正如马克思所指出的，"信用制度是资本主义的私人企业逐渐转化为资本主义的股份公司的主要基础，同样，它又是按或大或小的国家规模逐渐扩大合作企业的手段。"①

（4）通过合作社改造小农的原则：示范、自愿与提供社会帮助。

工人运动的进一步发展，提出了如何正确对待、吸引小农，争取工人阶级同盟军的政治问题。对此，马克思、恩格斯深入考察和分析了农民问题。1894年，恩格斯在《法德农民问题》一文中的第二部分详细阐述了无产阶级取得政权后引导农民走向合作化的原则。他认为，"当我们掌握了国家权力的时候，我们对于小农的首要任务是把他们的私人生产和私人占有变为合作社的生产和占有，"但对于小农加入合作社的问题必须坚持自愿的原则，采用"示范"的办法，而不是"违反他们的意志而用强力干预他们的财产关系"，采用"暴力"改造小农。如果经过解释说服他们还不能下决心，那就应该给他们一些时间，"让他们在自己的小块土地上考虑考虑。"同时，必须对其"提供社会帮助"，如"由国家银行接受他们的一切抵押债务并将利率大大降低；从社会资金中抽拨贷款来建立大规模生产（贷款不一定或者不只是限于金钱，而且可以是必需的产品：机器、人工肥料等）及其他各种便利"。恩格斯指出，在这方面为了农民的利益而必须牺牲的一些社会资金，不是白费金钱，而是"善于投资，因为这种物质牺牲可能使花在整个社会改造上的费用节省9/10②"。

2.2.1.2 列宁的合作经济思想

列宁在继承马克思、恩格斯合作经济思想的基础上，提出了垄断资本主义时期和社会主义条件下的合作经济思想。对列宁合作经济思想的考察，我们可以以十月革命为大体时间界限，总体上分两个阶段对其进行认识：十月革命胜利前，列宁继承并进一步阐释了马克思、恩格斯合作经济思想，十月革命之后，列宁基于社会主义实践提出了社会主义条件下的合作经济思想。从具体内容上看，列宁的合作经济思想主要涉及三个方面。

----

① 马克思，恩格斯. 马克思恩格斯全集：第四十六卷［M］. 中共中央马克思恩格斯列宁斯大林著作编译局，译. 北京：人民出版社，2003：499.

② 马克思，恩格斯. 马克思恩格斯选集：第四卷［M］. 中共中央马克思恩格斯列宁斯大林著作编译局，译. 北京：人民出版社，2012：370-372.

（1）十月革命胜利前：辩证认识资本主义条件下的合作社。

列宁对资本主义条件下合作社的辩证认识包括对资产阶级合作社和资本主义条件下无产阶级合作社的辩证认识两个方面的内容。其中，对于资产阶级合作社的性质和作用，列宁指出，它们作为资本主义的附属物，起着发展和巩固资本主义生产关系的作用。它们作为"经济进步的一个环节"，是"向资本主义前进"而不是"向集体主义前进"①。对于资本主义条件下由无产阶级建立起来的合作社，列宁在《哥本哈根代表大会俄国社会民主党代表团关于合作社的决议草案》中对其重要意义进行了充分肯定，认为其能够减少中间剥削，使工人阶级有可能改善自己的生活状况；在"罢工、同盟歇业、政治迫害等期间提供帮助"，从而对于无产阶级开展群众性经济斗争和政治斗争具有重要意义；同时，能够"培养未来社会主义社会经济生活的组织者"，从而为社会主义建设准备了必要条件和因素②。此外，列宁也明确指出了资本主义条件下无产阶级建立的合作社的历史局限性，认为这些合作社仍然具有资本主义的社会性质，仍然以获取利润最大化为生产和经营原则。因为，只要"掌握生产资料的阶级还未被剥夺"，合作社所能争取到的一些改善就只能是微不足道的。并且，由于合作社不是同资本直接做斗争的组织，因而容易造成"单靠这些组织，不用进行阶级斗争和剥夺资产阶级，就可以解决社会问题"的错觉，作为纯粹商业性机构的合作社，其也有"蜕变为资产阶级股份公司的趋势"③。

（2）战时共产主义时期：消费公社与共耕制。

十月革命胜利后的苏联进入了社会主义，这为列宁实践马克思、恩格斯关于合作社是向社会主义过渡的中间环节等合作经济思想提供了条件。在当时的情况下，列宁在实践马克思、恩格斯合作经济思想的过程中主要采取了两大举措：一是利用和改造消费合作社为"消费公社"；二是实行共耕制④的农业生产制度，改造小农经济，使其直接过渡到社会主义。其

---

① 列宁. 列宁全集：第四卷［M］. 中共中央马克思恩格斯列宁斯大林著作编译局，译. 北京：人民出版社，2013：98.

② 列宁. 列宁全集：第十九卷［M］. 中共中央马克思恩格斯列宁斯大林著作编译局，译. 北京：人民出版社，2017：307.

③ 同②：343，12.

④ 所谓共耕制，就是土地公有、农具公有、牲畜公有，整个集体共同耕作、集中经营、统一分配的农业生产合作经济形式。参见：蒋玉珉. 合作经济思想史论［M］. 合肥：安徽人民出版社，2008：182.

中，关于利用和改造消费合作社，列宁于 1917 年起草了《关于消费公社的法令草案》，对消费合作社国有化以及全民都必须加入当地的消费合作社等做出了规定。1919 年 3 月，苏联政府公布的《关于消费公社的法令》，对消费公社的社员入社要求、性质、领导与监督机构等都做出了明确要求。对于实行共耕制，列宁认为，"如果我们仍然依靠小经济来生活，即使我们是自由土地上的自由公民，也不免要灭亡"。因此，我们"必须过渡到在大规模的示范农场中共同耕作"①。"只有共耕制才是一条真正可靠、真正能使农民群众更快地过上文明生活、真正能使他们同其他公民处在平等地位的出路。②"在具体组织形式上，共耕制有农业公社、劳动组合、共耕社三种基本形式。实质上，消费公社和共耕制两大举措反映了列宁全盘集体化计划，实行共产主义生产和分配制度的思想。然而，两大举措的实践效果并不理想，远未达到预期目的，共耕制也并不是改造农业的理想形式。这些都引起了列宁对合作社性质、原则等一系列问题的重新思考。

（3）新经济政策时期：国家资本主义合作制与社会主义合作制。

新经济政策时期列宁的合作经济思想主要包括提出国家资本主义合作制和全面论述社会主义合作制两方面的内容。其中，关于资本主义合作制，是在战时共产主义时期共耕制实践失败后，列宁反思如何把小资产阶级农民与社会主义国家利益有机联系起来，即如何将农民组织起来实现向社会主义过渡的过程中提出来的。他在《论粮食税》中指出，"既然我们还不能实现从小生产到社会主义的直接过渡，所以作为小生产和交换的自发产物的资本主义，在一定范围内是不可避免的。所以我们应该利用资本主义（特别是要把它纳入国家资本主义的轨道）作为小生产和社会主义之间的中间环节，作为提高生产力的手段、途径、方法和方式。"③ 而合作社作为资本主义的一种商业形式，"其便于把千百万居民以至全体居民联合起来，组织起来"，因而，"从国家资本主义进一步过渡到社会主义的观点来看，又是一大优点。"④

---

① 列宁. 列宁全集：第三十卷 [M]. 中共中央马克思恩格斯列宁斯大林著作编译局，译. 北京：人民出版社，2017：155-156.

② 列宁. 列宁全集：第三十五卷 [M]. 中共中央马克思恩格斯列宁斯大林著作编译局，译. 北京：人民出版社，2017：357.

③ 列宁. 列宁全集：第四十一卷 [M]. 中共中央马克思恩格斯列宁斯大林著作编译局，译. 北京：人民出版社，2017：217.

④ 同③：214.

列宁关于社会主义合作制的思想集中体现在《论合作社》①一文中，归纳起来，主要包括以下内容：①合作社的重要性。列宁在开篇中就指出，"我觉得我们对合作社注意得不够。"他认为，合作化使"我们发现了私人利益即私人买卖的利益与国家对这种利益的检查监督相结合的合适程度，发现了私人利益服从共同利益的合适程度"。"我们改行新经济政策时做得过头的地方，在于我们忘记了合作社，在于我们现在对合作社仍然估计不足"。合作社"在采用尽可能使农民感到简便易行和容易接受的方法过渡到新制度方面"具有重大意义。②合作社的性质是社会主义性质。他认为，"在生产资料公有制的条件下，在无产阶级对资产阶级取得了阶级胜利的条件下，文明的合作社工作者的制度就是社会主义制度。""在我国的条件下，合作社往往是同社会主义完全一致的，""合作社的发展也就等于社会主义的发展。"实际上，列宁对合作社性质的认识经历了由资本主义性质到国家资本主义性质再到社会主义性质的转变。③社会主义合作社的原则。列宁认为，建设社会主义合作社应注意坚持自愿、给予财政支持、体现社员物质利益、提高成员文化水平、掌握现代商品经济知识、长期过渡等策略原则。他指出，"在把农民联合成公社或劳动组合等方面，必须严格贯彻党的政策，不许有任何强迫行为。要完全让农民自己自由决定，有一点点强迫都要受到严厉惩办。"②"贷给合作社的国家资金，应该比贷给私人企业的多些，即使稍微多一点也好，甚至和给重工业等部门的一样多。任何社会制度，只有在一定阶级的财政支持下才会产生……目前我们应该特别加以支持的一种社会制度就是合作社制度，这一点我们现在必须认识到而且必须付诸行动。""完全合作化这一条件本身就包含有农民（正是人数众多的农民）的文化水平的问题，""要使我国居民'文明'到能够懂得人人参加合作社的一切好处，并参加进去。"但是，这并不是一个短期的过程，而须"经过整整一个历史时代，在最好的情况下，度过这个时代也要一二十年"。④发展流通领域的合作社。马克思、恩格斯重视生产领域的合作，但列宁在实践中发现，用共耕制这种生产合作形式使小

----

① 如无特别说明，本段的相关引述皆来自列宁的《论合作社》（1923年1月4日和6日）一文，参见：列宁. 列宁全集：第四十三卷［M］. 中共中央马克思恩格斯列宁斯大林著作编译局，译. 北京：人民出版社，2017：365-372.

② 列宁. 列宁全集：第三十七卷［M］. 中共中央马克思恩格斯列宁斯大林著作编译局，译. 北京：人民出版社，2017：335.

农直接过渡到社会主义经济的效果并不理想。因此，他将合作的范围由生产领域拓宽至流通领域。他认为，"曾被我们鄙视为做买卖的合作社……已是建成社会主义社会所必需而且足够的一切。"

2.2.2　中国共产党的合作经济理论实践

中国共产党的合作经济理论实践是以党的领导人对合作经济的相关论述为主要依据进行考察，但必要的时候，我们党关于合作经济的政策文件、法律等同时也会作为本部分论述的依据。从总体上讲，本部分以 20 世纪 80 年代为分水岭，对中国共产党的合作经济理论实践展开探索。

2.2.2.1　中国共产党的合作经济理论实践（20 世纪 80 年代以前）

以毛泽东同志为主要代表的中国共产党人在领导中国革命和早期社会主义建设实践的过程中，继承和发展了马克思列宁主义的合作经济思想。归纳起来，我们可以将毛泽东的合作经济思想概括为以下四个方面的内容要点：

（1）合作社的重要地位和作用。

早在 1927 年 3 月，毛泽东在《湖南农民运动考察报告》中就指出，"合作社，特别是消费、贩卖、信用三种合作社，确是农民所需要的。"[①]对于合作社的地位和作用，毛泽东认为：①合作社有利于推动生产关系的变革，是组织群众的重要形式。1943 年 11 月，他在《组织起来》中指出："目前我们在经济上组织群众的最重要形式，就是合作社。"克服几千年来农民群众都是个体经济状况的唯一办法，"就是逐渐地集体化；而达到集体化的唯一道路，依据列宁所说，就是经过合作社。"[②] 1949 年 3 月，毛泽东在党的七届二中全会上又说："单有国营经济而没有合作社经济，我们就不可能领导劳动人民的个体经济逐步走向集体化，就不可能由新民主主义社会发展到将来的社会主义社会，就不可能巩固无产阶级在国家政权中的领导权。[③]"②合作社有利于促进生产力的发展。毛泽东认为，"将个体经济为基础的劳动互助组织即农民的农业生产合作社加以发展，生产就可以大大提高，增加一倍或一倍以上。"[④] "帮助农民在自愿原则下，逐渐地

---

① 毛泽东. 毛泽东选集：第一卷［M］. 北京：人民出版社，1991：40.
② 毛泽东. 毛泽东选集：第三卷［M］. 北京：人民出版社，1991：931.
③ 毛泽东. 毛泽东选集：第四卷［M］. 北京：人民出版社，1991：1432.
④ 中共中央文献研究室，中央档案馆. 建党以来重要文献选编：第二十册［M］. 北京：中央文献出版社，2011：605.

组织在农业生产合作社及其他合作社之中，生产力就会发展起来。"① ③合作社是国民经济的重要组成部分。1934 年 1 月，毛泽东在《我们的经济政策》中指出，发展合作社是我们经济建设的一项中心工作，"现在我们的国民经济，是由国营事业、合作社事业和私人事业在三方面组成的。""合作社经济和国营经济配合起来，经过长期的发展，将成为经济方面的巨大力量。"② 1945 年 4 月，毛泽东在《论联合政府》中再次指出，"在现阶段上，中国的经济，必须是由国家经营、私人经营和合作社经营三者组成的。"③

（2）对不同阶段合作社性质的认识。

由于社会经济基础不同，合作社的性质也就因所有制基础的不同而演变。毛泽东对合作社性质的认识经历了一个变化的过程。1943 年，他在中共中央招待陕甘宁边区劳动英雄大会上的讲话中指出，"我们的经济是新民主主义的，我们的合作社目前还是建立在个体经济基础上（私有财产基础上）的集体劳动组织。"④ 1945 年 4 月，毛泽东在《论联合政府》中指出，"无产阶级领导下的国营经济和合作社经济，是社会主义的因素。""这种农业生产合作社，现在还只能是建立在农民个体经济基础上的（农民私有财产基础上的）集体的互助的劳动组织，例如变工队、互助组、换工班之类。"⑤ 1949 年 3 月，毛泽东在党的七届二中全会上说："这种合作社是以私有制为基础的在无产阶级领导的国家政权管理之下的劳动人民群众的集体经济组织。"⑥ 1955 年 7 月，毛泽东在《关于农业合作化问题》的报告中回顾了我国农业合作化运动的历史，他认为，新中国成立前，我们党就有"组织带有社会主义萌芽的农业生产互助团体的经验"，如江西的劳动互助社和耕田队，以及陕北的变工队、东北的互助组等。当时，"半社会主义和社会主义的农业生产合作社的组织，也已经个别的产生。"之后，毛泽东又指出，我们党对农业的社会主义改造是按照"具有社会主义萌芽的、几户为一起或者十几户为一起的农业生产互助组"到"带有半社会主义性质的农业生产合作社"再到"完全社会主义性质的农业生产合

---

① 毛泽东. 毛泽东选集：第三卷［M］. 北京：人民出版社，1991：1078.

② 毛泽东. 毛泽东选集：第一卷［M］. 北京：人民出版社，1991：133-134.

③ 同①：1058.

④ 同①：931.

⑤ 同①：1058，1078.

⑥ 毛泽东. 毛泽东选集：第四卷［M］. 北京：人民出版社，1991：1432.

作社"的步骤逐步前进的①。

（3）对如何发展合作社、政府与合作社关系的认识。

对于如何发展合作社及其与政府的关系问题，毛泽东在革命战争时期和社会主义建设时期都一以贯之地认为，应该坚持自愿、互利、示范引导、循序渐进的原则推进合作社的发展，不能采取命令的方式，要兼顾统筹两者的利益。1933 年 8 月，毛泽东在《必须注意经济工作》一文中指出，"实际上，命令主义地发展合作社，是不能成功的；暂时在形式上发展了，也是不能巩固的。结果是失去信用，妨碍了合作社的发展。"② 1943 年 11 月，毛泽东在《组织起来》中指出，"首先是按自愿的原则把群众组织到合作社里来。"③ 1955 年 7 月，毛泽东在《关于农业合作化问题》的报告中指出，"必须一开始就注重合作社的质量，反对单纯地追求数量的偏向。"农业生产合作社为了要增加农作物的产量，就必须坚持自愿、互利原则，这是巩固合作社和保证增产的必要条件。"我们对于一切暂时还不想加入合作社的人……要有一段向他们进行教育的时间，要耐心地等待他们的觉悟，不要违反自愿原则，勉强地把他们拉进来。④" 1956 年 4 月，毛泽东在《论十大关系》中强调，要处理好"国家和工厂、合作社的关系"，"在合作社的收入中，国家拿多少，合作社拿多少，农民拿多少，以及怎样拿法，都要规定得适当。""总之……国家和合作社，国家和农民，合作社和农民，都必须兼顾，不能只顾一头。" 1957 年 2 月，毛泽东在《关于正确处理人民内部矛盾的问题》的讲话中认为，"合作社经济要服从国家统一经济计划的领导，同时在不违背国家的统一计划和政策法令下保持自己一定的灵活性和独立性。"在分配问题上，我们"对于国家税收、合作社的积累、农民的个人收入这三方面的关系，必须处理适当⑤"。

（4）对信用合作社重要性、如何发展等问题的认识。

除了前面对合作社的一般认识之外（当然，这些认识大多数也都适用

---

① 中共中央文献研究室.建国以来重要文献选编：第七册［M］.北京：中央文献出版社，1993：60，76.

② 毛泽东.毛泽东选集：第一卷［M］.北京：人民出版社，1991：125.

③ 毛泽东.毛泽东选集：第三卷［M］.北京：人民出版社，1991：935.

④ 中共中央文献研究室.建国以来重要文献选编：第七册［M］.北京：中央文献出版社，1993：66，67-68，69.

⑤ 中共中央文献编辑委员会.毛泽东著作选读：下册［M］.北京：人民出版社，1986：726，728，729，775.

于信用合作社），毛泽东对信用合作社还有不少专门的论述，这些论述集中反映了他对信用合作社重要性、发展现状、如何发展等问题的认识和思考。1927年3月，毛泽东在《湖南农民运动考察报告》中指出，因"钱米借贷要受重利盘剥者的剥削"，信用合作社确是农民所需要的。当时，"地主'卡借'，农民因借钱而企图组织'借贷所'的，亦所在多有。"但"大问题，就是详细的正规的组织法没有。各地农民自动组织的，往往不合合作社的原则……假如有适当的指导，合作社的运动可以随农会的发展而发展到各地"①。1934年1月，毛泽东在《关于苏维埃的经济政策的报告》中又提出要发展信用合作社。他指出，"应该注意信用合作社的发展，使在打倒高利贷资本之后能够成为它的代替物。""合作社事业，乃是在极快的速度发展之中。"但是信用合作社"还在刚才开始的阶段上"②。1949年3月，毛泽东在党的七届二中全会上强调，"必须组织生产的、消费的和信用的合作社，和中央、省、市、县、区的合作社的领导机关。"③

2.2.2.2　中国共产党的合作经济理论实践（20世纪80年代以来）

20世纪80年代以来，以邓小平同志、江泽民同志、胡锦涛同志、习近平同志为主要代表的中国共产党人在推进农村经济改革和发展的伟大实践中，继承、发展了马克思、恩格斯、列宁、毛泽东的合作经济思想。概括起来，本书将20世纪80年代以来中国共产党的合作经济理论实践归纳为以下三个方面：

（1）对合作经济组织重要地位和作用的新认识。

2018年3月11日，第十三届全国人民代表大会第一次会议通过修订的《中华人民共和国宪法》明确规定，"农村中的生产、供销、信用、消费等各种形式的合作经济，是社会主义劳动群众集体所有制经济。"这表明，我国农村中各种形式的合作经济组织具有社会主义劳动群众集体所有制经济的性质。改革开放以来，我们党对合作经济组织作用的认识集中体现在两个方面：一是从"双层"经营体制"统"的方面强调合作经济组织价值，认为合作经济组织有助于完善统分结合的双层经营体制；二是从解决"小农户"与"大市场"矛盾的角度强调合作经济组织的意义，认为合

①　毛泽东. 毛泽东选集：第一卷［M］. 北京：人民出版社，1991：40-41.
②　中共中央文献研究室，中央档案馆. 建党以来重要文献选编：第十一册［M］. 北京：中央文献出版社，2011：123，137.
③　毛泽东. 毛泽东选集：第四卷［M］. 北京：人民出版社，1991：1432.

作经济组织有利于提高农民的组织化程度，实现农业产业化，带动农业增产、农民增收。1984 年发布的中央一号文件即《中共中央关于一九八四年农村工作的通知》指出，"为了完善统一经营和分散经营相结合的体制，一般应设置以土地公有为基础的地区性合作经济组织。"① 2005 年 10 月，党的十六届中央委员会第五次全体会议通过的《中共中央关于制定国民经济和社会发展第十一个五年规划的建议》指出，"鼓励和引导农民发展各类专业合作经济组织，提高农业的组织化程度。"② 2008 年 10 月，党的十七届三中全会要求，"统一经营要向发展农户联合与合作……的方向转变。"要"培育农民新型合作组织"，"扶持农民专业合作社加快发展，使之成为引领农民参与国内外市场竞争的现代农业经营组织。"③ 2013 年的中央一号文件即《中共中央 国务院关于加快发展现代农业进一步增强农村发展活力的若干意见》明确指出，"农民合作社是带动农户进入市场的基本主体，是发展农村集体经济的新型实体，是创新农村社会管理的有效载体。"④ 2018 年的中央一号文件即《中共中央 国务院关于实施乡村振兴战略的意见》进一步强调，要"发展多样化的联合与合作，提升小农户组织化程度"。

其实，对于合作经济组织在"统"的方面和提高农民组织化程度方面的重要性，1990 年 4 月，习近平在《走一条发展大农业的路子》一文中就指出，应从两方面重新肯定和认识家庭承包责任制，"一方面是摆正'统'与'分'的关系；另一方面就是如何继续稳定、完善、发展乡村合作经济组织的双层经营体制。"⑤ 2001 年，在《中国农村市场化建设研究》一书中，习近平认为，"只有将农民充分组织起来，才能使农民尽快安全、顺利地进入国内外市场，并能够有效地降低进入市场的成本，提高农产品的市场竞争力和市场占有率。"⑥

① 中共中央文献研究室，国务院发展研究中心. 新时期农业和农村工作重要文献选编 [M]. 北京：中央文献出版社，1992：227.
② 中共中央文献研究室. 十六大以来重要文献选编：中 [M]. 北京：中央文献出版社，2006：1067.
③ 中共中央文献研究室. 改革开放三十年重要文献选编：下 [M]. 北京：中央文献出版社，2008：1852.
④ 中共中央文献研究室. 十八大以来重要文献选编：上 [M]. 北京：中央文献出版社，2014：100.
⑤ 习近平. 摆脱贫困 [M]. 福州：福建人民出版社，1992：134-135.
⑥ 习近平. 关于社会主义市场经济的理论思考 [M]. 福州：福建人民出版社，2003：523.

（2）对发展合作经济组织基本原则、方式的认识。

在新的历史条件下，发展合作经济组织是否还有必要遵循马克思、恩格斯、列宁、毛泽东所倡导的自愿、互利、示范等基本原则？答案是肯定的。1980年5月，邓小平指出在总结新中国成立后农村政策的时候说道，"农业合作化，一两年一个高潮，一种组织形式还没有来得及巩固，很快又变了。从初级合作社到普遍办高级社就是如此。如果稳步前进，巩固一段时间再发展，就可能搞得更好一些。"[1] 1992年7月，邓小平在审阅党的十四大报告稿时也指出，"在一定条件下，走集体化集约化的道路是必要的，但是不要勉强，不要一股风。如果农民现在还没有提出这个问题，就不要着急。条件成熟了，农民自愿，也不要去阻碍。"[2] 1998年9月，江泽民在安徽考察工作时指出，"壮大集体经济实力，要探索新的形式和路子，再也不能搞那种剥夺农民利益、归大堆的所谓'集体经济'了。少数确实具备条件的地方，可以在提高农业集约化程度的基础上，发展多种形式的土地适度规模经营，但也要群众自愿。"[3] 2006年2月，胡锦涛在省部级主要领导干部建设社会主义新农村专题研讨班上指出，"支持农民按照自愿、民主的原则，发展多种形式的专业合作组织。"[4] 2017年12月，第十二届全国人民代表大会常务委员会第三十一次会议通过修订的《中华人民共和国农民专业合作社法》也对农民专业合作社应当遵循的原则做了明确规定。

那么，在这些原则的指导下，又该如何发展合作经济呢？对此，习近平基于对"三农"问题的长期思考和深切关怀，认为应该采用"纵横联合"和"三位一体"综合合作的发展方式。在《中国农村市场化研究》中，习近平认为，"要发展农民的横向与纵向联合，把农民的合作组织培育成为农产品流通的主渠道之一，提高其在农产品市场经营中的占有率；要强化农民合作经济组织的农产品销售职能，加强产后服务，把生产职能与流通职能融为一体；要在家庭联产承包责任制的基础上，发展跨乡、县的地区联合，组建大规模的中心合作社或农产品销售集团，提高农产品流

---

① 邓小平. 邓小平文选：第二卷 [M]. 北京：人民出版社，1994：316.
② 中共中央文献研究室. 邓小平年谱（一九七五——一九九七）：下 [M]. 北京：中央文献出版社，2004：1349.
③ 江泽民. 江泽民文选：第二卷 [M]. 北京：人民出版社，2006：213.
④ 胡锦涛. 胡锦涛文选：第二卷 [M]. 北京：人民出版社，2016：422.

通规模效益。"①"三位一体"综合合作的发展方式最早由习近平于2006年1月在浙江全省农村工作会议上提出;同年12月,他在全省发展农村新型合作经济工作现场会上进一步阐释了"三位一体"综合合作的内涵,认为其是三类合作组织的一体化,也是三重合作功能的一体化,又是三级合作体系的一体化②。2017年中央一号文件即《中共中央 国务院关于深入推进农业供给侧结构性改革加快培育农业农村发展新动能的若干意见》也提出,要积极发展包括生产合作、供销合作和信用合作的"三位一体"综合合作。

（3）对发展集体经济的认识。

合作经济与集体经济是一个具有紧密联系的概念。可以认为,集体经济③是合作经济发展的方向,合作经济是集体经济的重要实现形式④。

对于发展集体经济,20世纪80年代邓小平就有了深邃的思考。他在1980年5月指出,"我们总的方向是发展集体经济。"⑤ 1984年3月14日,在同胡乔木、邓力群谈到农村问题时,邓小平说:"在农村,我们终归还是要让农民搞集体经济。"1985年11月24日,他在同薄一波谈话时又谈道:"将来还是要引导到集体经济,最终要引导到集体经济。"⑥ 1990年3月,邓小平提出"两个飞跃"的论断更是明确了要发展集体经济。他认为,"中国社会主义农业的改革与发展,从长远的观点看,要有两个飞跃。第一个飞跃,是废除人民公社,实行家庭联产承包为主的责任制,这是一个很大的前进,要长期坚持不变。第二个飞跃,是适应科学种田和生产社会化的需要,发展适度规模经营,发展集体经济。"⑦ 江泽民继承了这一思想,1992年10月,江泽民在党的十四大上指出,要"从各地实际出发,

---

① 习近平. 中国农村市场化建设研究 [M]. 北京:人民出版社,2001:336.

② 陈林."三位一体"开创新型合作化道路 [N]. 农民日报,2014-01-15 (003).

③ 这里说的"集体经济"不是那种所谓的传统集体经济,如人民公社。传统集体经济强调财产的合并,否认私人产权,农户不仅不是一个独立的财产主体,还不是一个独立的经营主体。参见:韩俊. 关于农村集体经济与合作经济的若干理论与政策问题 [J]. 中国农村经济,1998 (12):11-19.

④ 参见:程恩富,张杨. 论新时代社会主义农业发展的若干问题:以马克思主义及其中国化理论为指引 [J]. 内蒙古社会科学（汉文版）,2019,40 (5):16;陈晓枫,李建平. 中国农民合作经济思想的发展与创新 [J]. 毛泽东邓小平理论研究,2019 (1):27.

⑤ 邓小平. 邓小平文选:第二卷 [M]. 北京:人民出版社,1994:315.

⑥ 中共中央文献研究室. 邓小平年谱（一九七五—一九九七）:下 [M]. 北京:中央文献出版社,2004:967,1096.

⑦ 邓小平. 邓小平文选:第三卷 [M]. 北京:人民出版社,1994:355.

逐步壮大集体经济实力"。1993 年 10 月,江泽民在中央农村工作会议上也指出,"完善集体统一经营……需要逐步壮大集体经济实力。"① 2012 年,胡锦涛在党的十八大报告中指出,要"壮大集体经济实力,发展农民专业合作和股份合作"②。习近平也十分重视集体经济的发展,1990 年 4 月,他在《走一条发展大农业的路子》《扶贫要注意增强乡村两级集体经济实力》中详细阐释了对发展集体经济的深入思考。习近平认为,加强集体经济实力是坚持社会主义方向、实现共同富裕的重要保证;发展集体经济实力是促进农村商品经济发展的推动力;集体经济实力是农村精神文明建设的坚强后盾。因此,"我们必须注意从逐步壮大集体经济抓起,不断增强集体统一经营的功能。"但是,如何发展和壮大集体经济实力呢?习近平认为,发展壮大集体经济需要有一个过程,不可以操之过急,不能靠削弱家庭经济来壮大集体经济,而是要在指导思想上确立"统"与"分"的辩证观,坚持因地制宜、分类制宜的原则,积极探索发展农村集体经济实力的具体形式和路子,建立、健全积累与投入机制,实行优惠政策,加强领导③。党的十八大以来,发展集体经济愈加受到重视。2013 年中央一号文件即《中共中央 国务院关于加快发展现代农业进一步增强农村发展活力的若干意见》要求,"因地制宜探索集体经济多种有效实现形式,不断壮大集体经济实力。"④ 2017 年 10 月,党的十九大明确提出,要"深化农村集体产权制度改革,保障农民财产收益,壮大集体经济"⑤。

2.2.3 西方的合作经济思想

西方合作经济思想关于合作经济基本原则的内容以及关于"什么是合作社?""合作社与政府的关系"等内容对我国合作事业包括合作金融组织的发展影响较大。因此,这部分也主要以此为线索展开论述。

2.2.3.1 合作经济的基本原则

一般来说,国际通行的合作经济组织原则由国际合作社联盟(interna-

---

① 中共中央文献研究室. 十四大以来重要文献选编:上 [M]. 北京:人民出版社,1996:24,426.

② 胡锦涛. 胡锦涛文选:第三卷 [M]. 北京:人民出版社,2016:631.

③ 习近平. 摆脱贫困 [M]. 福州:福建人民出版社,1992:123,142-148.

④ 中共中央文献研究室. 十八大以来重要文献选编:上 [M]. 北京:中央文献出版社,2014:103.

⑤ 《党的十九大报告辅导读本》编写组. 党的十九大报告辅导读本 [M]. 北京:人民出版社,2017:31-32.

tional cooperative alliance，ICA）提出和确立，它伴随国际合作社运动实践的推进而不断修订和完善。世界上最早的合作经济组织原则来源于1844年英格兰开夏郡成立的罗虚代尔公平先锋社，即罗虚代尔原则。1895年，ICA成立时，对罗虚代尔原则进行了确认，后又分别于1937年、1966年和1995年进行了完善，具体内容如表2.4所示。这些原则既反映了国际合作社界对合作社制度的基本共识，也反映了这些共识在合作社实践促动下的发展。

表2.4　ICA国际合作社原则的演变

罗虚代尔原则 （1895）	罗虚代尔原则 （1937）	合作社原则 （1966）	合作社原则 （1995）
①开放和入社自由； ②一人一票； ③现金交易； ④按市价售货； ⑤商品需货真量足； ⑥按业务交易量分配盈余； ⑦重视对成员的教育； ⑧政治与宗教中立	①成员资格开放； ②民主控制（一人一票）； ③盈余根据成员交易额按比例分配； ④资本利息有限； ⑤政治与宗教中立； ⑥现金交易； ⑦促进成员教育	①开放和自愿的成员资格； ②民主治理； ③资本报酬有限； ④盈余返还成员； ⑤对成员及公众的教育； ⑥合作社之间的合作	①自愿和开放的社员资格； ②民主的成员控制； ③成员经济参与； ④自治和独立； ⑤教育、培训和信息； ⑥合作社之间的合作； ⑦关心社区

资料来源：吴彬. 合作社究竟是什么？：基于对国际合作社原则及其流变的重新解读［A］// 仝志辉. 农民合作社本质论争［M］. 北京：社会科学文献出版社，2016：56.

除了ICA规定的国际通行的合作经济原则之外，还有不少学者提出了合作经济的原则。如Webb（1912）、Roy（1981）、Barton（1989）分别对罗虚代尔原则进行了重新归纳。又如Maurice Colombain提出了团结与相互协力等五项原则；华特金斯（W. P. Watkins）提出了团结与统一等七项原则；保罗·郎拜（Paul Lambert）在《合作学说》一书中提出了民主及服务的活动等七项原则；勃卡达（Emory. S. Bogardus）提出了民主、自愿等七项原则；Bartor提出了所有权、经营权、分享权应以交易额之多寡为比例的三原则学说[1]。但从总体来看，西方学者们对合作经济原则的认识都是基于不同国度的实际情况出发进行研究的，缺乏一般性和通行性，而ICA的原则更具有通行性。同时，尽管学者们对合作经济原则的认识存在

---

① 蒋玉珉. 合作经济思想史论［M］. 山西：山西经济出版社，1999：460-467.

一定差异，ICA 也在不同历史时期对合作经济原则进行了不同程度的修改，但是自愿入社、民主管理、盈余按照交易额进行分配等合作经济原则的"硬核"内容却未发生根本性的改变。

2.2.3.2 西方合作经济思想的主要流派

20 世纪前期，西方合作经济思想可以分为两个流派：改革派和进化派。改革派将合作视为对资本主义经济体系的改革，认为它是一种重新分配收入与财富，消除或协调劳动者与经营者、生产者与消费者之间利益冲突的手段，其最终目标是改造资本主义。以季特（Charles Gide）为代表的法国尼姆学派以及典型的德国汉堡学派、社会主义学派都属于改革派。进化派则将合作视为资本主义体系的一个有机组成部分，认为合作经济形势是资本主义内部的一种进化发展，其最终目标是完善资本主义制度，目前已经成为主流学派[①]。从理论观点来看，以艾德温·诺斯（E. G. Norse）等为主要代表的竞争标尺学派，以艾伦·萨皮罗（Aaron Sapiro）为主要代表的萨皮罗学派，以穆勒（J. S. Mill）、马歇尔（A. Marshall）为主要代表的新古典经济学派都属于进化学派。

以穆勒为例，他在《政治经济学原理》一书中认为，社会主义所有形态中最巧妙和最无懈可击的是傅立叶主义。傅立叶提出的合作制度，"至少在理论上不像共产主义那样要把现今社会中各种促进工作的动力全部去掉；相反，如果这个制度按照它的设计者的意图实施的话，甚至还会使这些动力得到加强。"穆勒肯定了合作社发展在提高社会生产力方面的作用，因为合作社使全体劳动者与其所做的工作发生密切联系，从而极大地刺激了劳动者的生产干劲[②]。穆勒认为，建立合作制本质上是一场社会道德革命，合作制是劳动阶级未来可能的理想社会。马歇尔在《经济学原理》中也对合作社多有论述，其认为，合作组织是"一种高度组织化的购入和售卖的经济组织，是企业"。合作制在农业中大有发展前途，它可以兼容一切租佃制的优点。马歇尔认为，合作社具有一种内在的监督机制，这种机制使得合作社每个人"对他自己或他的同事工作不力都感到厌恶"。他尤其推崇合作制的"利润返还"原理，认为这可以运用到各种企业的管理中去。对于合作社的创始人，马歇尔认为，他们的动机不在致富，而是"基

---

① 张晓山，苑鹏. 合作经济理论与中国农民合作社的实践［M］. 北京：首都经济贸易大学出版社，2009：33-36.

② 穆勒. 政治经济学原理［M］. 北京：商务印书馆，1964：241.

于伦理的动机"，合作社经营的困难在于经理缺少"最能干者所具备的敏捷、发明力和变通力"，解决的关键则在于"真正的合作主义知识的深化及传播以及一般教育的增进"①。可见，穆勒、马歇尔都重视合作社的价值，强调合作企业家和合作教育对合作社发展的意义。但是，作为主流学派的新古典经济学对合作社的分析并未有效解决合作社为什么存在、合作社规模边界等问题，这为新制度经济学派对合作社的研究提供了空间。

新制度经济学派利用"交易费用、契约"等概念对合作社进行研究，认为合作社之所以存在，最主要的原因在于它既利用了其成员固有的当地信息资源和信任资本，又利用了自我雇佣的优势，因而可以降低信息、监督和执行等交易费用，给社员带来更多利益。此外，新制度经济学派还认为，合作社同资本主义企业相比，其更容易产生"偷懒""搭便车"等造成更多交易费用的低效率行为。因此，合作社只能保持较小的规模，或者转化为资本主义企业②。

根据 Michael Cook、Fabio Chaddad、Constantine Hiopoulos 的研究和张晓山、苑鹏的总结③，在 20 世纪后半期，西方经济学关于"什么是合作社?"这一问题的认识，主要有三种观点：①运用新古典理论、产业组织理论将合作社视为一种独立的企业形式的学派。如 Sexton（1990）、Choi 和 Feinerman（1993）、Royer 和 Bhuyan（1995）、Albaek 和 Schultz（1998）的研究都属于此类。②运用契约理论、博弈论、寻租理论等将合作社视为一种联盟的学派。如 Zusman 和 Rausser（1994）、Hendrikse（1998）的研究就属于此类。③将合作社视为一组契约的集合的学派。这一学派将合作社利益相关者之间的业务关系视为契约关系。如 Eiler 和 Hanf（1999）运用委托—代理理论提出了农业合作社中的最佳契约设计；Hendrikse 和 Veerman（2001）运用不完全契约理论的产权形式研究了什么样的治理结构最能赢得投资的利益这一问题。

2.2.4 小结

本节通过对马克思列宁主义的合作经济思想、中国共产党的合作经济

---

① 马歇尔. 经济学原理：上卷 [M]. 北京：商务印书馆，1994：316-318.
② 谢元态. 合作经济理论与合作金融实践 [M]. 南昌：江西科学技术出版社，2007：126-127.
③ 张晓山，苑鹏. 合作经济理论与中国农民合作社的实践 [M]. 北京：首都经济贸易大学出版社，2009：50-53.

思想和西方的合作经济思想进行考察发现：①马克思、恩格斯、列宁的合作经济思想对中国共产党的合作经济理论实践起到了重要作用。如马克思、恩格斯、列宁关于合作社与国家的关系、通过合作社改造小农及其基本原则等内容都构成了中国共产党关于合作经济认识的直接思想来源。②中国共产党的合作经济理论实践在马克思、恩格斯、列宁的合作经济思想引导下，兼具继承性和发展性。这种继承性主要体现在对将合作社作为改造小农的基本手段，合作社在不同经济发展阶段具有不同的性质。而中国共产党提出"三位一体"综合合作发展模式，重视集体经济的发展等则体现了发展性。③马克思、恩格斯、列宁的合作经济思想与西方的合作经济思想存在本质上的区别。这主要体现在前者强调合作社是向社会主义、共产主义过渡的经济形式，是改造资本主义社会的工具，而后者是在完善资本主义制度的前提条件下对合作社进行的研究，将合作社视为资本主义的组成部分。但是，这并不是说两者之间没有关联。实际上，两者在如何发展合作社这一问题上，仍然存在诸多共通之处，如都认为合作经济的发展应该遵循成员自愿、民主、互利、互助的原则等。④中国农村合作金融的发展受到了来自前述三种合作经济思想的影响。正如孔祥智和片知恩（2019）所分析的那样，新中国成立至改革开放前，中国推行的是马克思主义合作社制度，而改革开放以后，农民同时接受了西方合作经济制度。此后，两种经济制度交织影响，并成为改革开放以来中国合作经济发展的重要特点。当然，作为新中国合作经济有机组成部分的合作金融，其在发展过程中自然也受到了上述三种思想的影响。

2.3 组织演进理论

基于对组织演进的上述理解和认识，本节主要就经济学不同流派关于组织（制度）① 演进的理论（思想②）进行文献综述式的梳理。但究竟梳理哪些经济学流派呢？从经济思想史来看，对企业理论进行系统化的研究

---

① 实际上，由于"制度"与"组织"的内涵与外延上的强关联性，经济学对组织演进的分析多与"制度变迁"联系在一起。因此，这里的文献梳理不免会涉及关于制度变迁的思想。

② 由于有的经济学流派并未形成关于组织演进的系统理论，因此这里称为"组织演进思想"。

还只是 20 世纪 70 年代以后的事情，尽管古典经济学和新古典经济学都对企业进行了描述，但都未构建起完整的企业理论体系（Foss et al.，2006）[①]。当然，马克思是个例外，他对资本主义企业做了深入和富有洞见的探讨。20 世纪 70 年代以后，企业契约理论和企业演化理论几乎同时受到经济学家的关注[②]。其中，前者主要从交易角度论述企业组织，以新制度经济学的研究为代表；后者则以演化经济学的研究为代表。因此，本书主要从马克思主义经济学、新制度经济学和演化经济学三个方面论述经济学的组织演进理论[③]。

2.3.1 马克思主义经济学的组织演进思想

熊彼特曾说："马克思经济学是这个时期产生的唯一真正演化的经济理论。[④]"可以认为，马克思关于社会制度变迁的分析本质上是"演化的"，但就本书的研究主题而言，这里主要对马克思关于资本主义生产组织形态发展和变化的内容进行分析。在《资本论》第一卷第四篇，马克思关于"相对剩余价值的生产"的分析蕴含了他对资本主义生产组织形态演进的思想。马克思将分工的发展和深化与资本主义生产组织形态的变迁结合起来，描述了从手工工场（包括以简单协作为基础的手工工场和以分工协作为基础的手工工场两个阶段）逐步演变为以机器大工业为基础的工厂制度的主导性生产组织演变过程[⑤]。

马克思认为，为了生产同一种商品，人数较多的工人在同一时间、同一空间（或者说同一劳动场所），在同一资本家的指挥下工作的"简单协作"在历史上和概念上都是资本主义生产的起点。它不仅提高了个人生产

[①] 古典经济学主要从分工的角度认识企业组织，这在亚当·斯密（Adam Smith）的《国富论》中体现较为充分，而新古典经济学的企业理论是典型的技术决定论，认为企业是一个投入—产出的"黑箱"。

[②] 黄凯南. 现代演化经济学基础理论研究 [M]. 杭州：浙江大学出版社，2010：99-100.

[③] 这里是以经济学关于企业的研究史作为参照的，因为企业是一种重要的经济组织。此外，还有学者从其他视角出发对组织演进理论进行了划分。如邓宏图和王雪梅从历史主义分析方法出发将组织演进的理论分析分为三个流派：古典学派（亚当·斯密、康芒斯等）、效率学派（科斯、张五常、德姆塞茨、威廉姆森、布坎南、奥尔森等）、演进学派（马尔萨斯、凡勃伦等）。参见：邓宏图，王雪梅. 组织演进与效率原则：文化类型与意识形态的决定性要素的相关阐释 [J]. 江苏社会科学，2010（2）：94-98.

[④] 熊彼特. 经济分析史：第 2 卷 [M]. 杨敬年，译. 北京：商务印书馆，2017：101.

[⑤] 谢富胜. 马克思主义经济学中生产组织理论的发展 [J]. 经济评论，2005（4）：40-49.

力，还创造了一种"集体力"，它"在那些大规模运用资本而分工或机器还不起重大作用的生产部门，始终是占统治的形式"。但是，这"并不构成资本主义生产方式的一个特殊发展时代的固定的具有特征的形式"。同时，在简单协作阶段，需要"把直接和经常监督单个工人和工人小组的职能交给特种的雇佣工人"①。这就是说，组织内部治理关系出现变化，现代意义上的职业经理人角色开始出现。

工场手工业阶段，以分工为基础的协作成为占统治地位的典型形态。在这一阶段，"商品从一个要完成许多种操作的独立手工业者的个人产品，转化为不断地只完成同一种局部操作的各个手工业者的联合体的社会产品。"工人成为"局部工人"，形成了混成的工场手工业和有机的工场手工业两种基本组织形式。对此，马克思指出，"工场手工业分工通过手工业活动的分解，劳动工具的专门化，局部工人的形成以及局部工人在一个总机构中的分组和结合，造成了社会生产过程的质的划分和量的比例，从而创立了社会劳动的一定组织，这样就同时发展了新的、社会的劳动生产力。"② 并且，工场手工业的分工还生产出劳动工具尤其是机器，这为机器大工业时代的来临奠定了基础。

机器大工业阶段产生了"工厂"这一新的组织形式。工厂是"一个由无数机械的和有自我意识的器官组成的庞大的自动机，这些器官为了生产同一个物品而协调地不间断地活动"。以机器分工协作为基础的工厂制度，消灭了"以手工业为基础的协作和以手工业分工为基础的协作"。在这种组织形式内，"创造了一种兵营式的纪律。"③ 因此，监督劳动和等级制度得到了充分发展。

此外，马克思也对资本主义企业之间的垄断与竞争关系进行了研究。他认为，垄断和竞争起源于价值规律和剩余价值规律的综合作用。资本家之间为获得剩余价值而展开的竞争引起了生产的集中和企业之间的兼并，通过资本的集聚和集中，产业由竞争向垄断发展，垄断组织的产生将成为必然趋势。

2.3.2　新制度经济学的组织演进思想

新制度经济学并未形成系统的组织演进理论，但科斯、阿曼·阿尔钦

---

① 马克思. 资本论：第一卷 [M]. 中共中央马克思恩格斯列宁斯大林著作编译局，译. 北京：人民出版社，2004：374，378，385，389.

② 同①：390，392，421-422，426.

③ 同①：482，488，529.

（Armen Albert Alchian）、哈罗德·德姆塞茨（Harold Demsetz）、约翰·威廉姆森（John Williamson）、诺思等新制度经济学的代表关于"企业存在""团队生产""制度变迁"等的研究仍然蕴含了组织及组织演进的思想。具体来看，新制度经济学的组织演进思想表现为三个方面：一是关于组织及组织何以形成的思想，这以科斯（1937）、阿尔钦和德姆塞茨（1972）、威廉姆森（2016）等的研究为代表，他们分别从交易成本、团队生产下的监督难题、治理机制出发解释了组织的形成。二是关于制度变迁和组织演进的思想。这主要以诺思（1990）的研究为代表，他的分析揭示了国家作为理性经济人，影响着组织形态和效率的演进以及组织演进受到制度影响的观点。三是组织演进的博弈思想，这以青木昌彦（2001）、萨缪·鲍尔斯（Bowles，1970）、安德鲁·肖特（Schotter，1981）的研究为代表，他们的分析采用了博弈论的工具，同时将信念、认知、偏好等加入了对组织与制度变迁的分析中。

2.3.2.1　组织与组织的生成

科斯（1937）借助"交易成本"这一核心概念，通过对"为什么在有的情况下价格机制是协调工具，而在另外的情况下则是'企业家'的工作？"和"为什么并非所有的生产都由一个大企业来完成？"两个问题的研究回答了"企业（组织）为什么存在"这一问题，从而打开了一直被新古典经济学视为投入—产出"黑盒子"的组织。科斯认为，建立一个企业之所以有利可图，原因在于利用价格机制时存在诸如发现相关价格、为每一项单独交易谈判和缔结合同、短期合同不能总令人满意等成本。因此，通过组建一个组织，并允许某个权威（企业家）来支配资源，就能节约某些市场运行成本[①]。这就是说，在科斯的分析中，企业（组织）之所以存在，是因为相比于市场"组织"交易的成本，企业"内部"组织同一笔交易所花费的成本更低。

阿尔钦和德姆塞茨在1972年发表的一篇文献中谈到[②]，仅用科斯意义上的交易成本概念来解释企业组织形式的多样性并不够，富兰克·H.奈特（Frank H. Netter）意义上的"风险分担"也不能有效地说明古典企业的存在及其组织形式。他们利用"团队生产"（team production）来解释企业与

---

① COASE. The nature of the firm [J]. Economica, 1937, 4（16）：386-405.

② ALCHIAN, DEMSETZ. Production, information costs, and economic organization [J]. The American economic review, 1972, 62（5）：777-795.

市场的不同和替代，认为资本主义古典企业之所以存在，是因为企业是"团队生产"性质的，面临着对成员努力程度难以有效监督和计量的难题。因此，从制度上赋予专职监工剩余索取权，通过监工的专业化和职业化这一有效监督装置来克服团队成员的偷懒和"投机取巧"便产生了企业（组织）。遵循这一思路，阿尔钦和德姆塞茨分析了非营利性企业以及追求利润的私有企业、工会、合作制企业、股份制企业等各种经济组织。但他们认为，互助储蓄银行、互助保险公司等共有的、不以营利为目的的企业，由于改善管理的结果并不会资本化为股东的现时财产，因此会有更多的投机取巧行为发生。

受阿尔钦和德姆塞茨对团队生产下监督难题分析的启发，詹森和麦克林（Meckling et al.，1976）提出了"委托—代理"理论。他们将企业的本质视为与劳动力、原材料、资本投入的所有者与产品消费者之间的复杂"合同关系"，不同组织之间的差别就表现为合同关系的不同[①]。

威廉姆森（2016）在关于组织治理成本与资产专用性的关系以及契约关系治理的三层次框架模型的分析中（见图2.4）体现了他的组织演进思想。关于组织治理成本与资产专用性的关系，威廉姆森证明，如果将治理成本表示为专用性资产和一组外生变量的函数，那么在不同的资产专用性条件下，组织的治理成本就不相同，结果组织治理形式的选择也就不一样[②]。在契约关系治理的"制度环境—治理—个体"三层次框架模型中，威廉姆森认为，治理的各种备择模式的比较绩效，一方面随着产权、合同法、规范、习俗等制度环境的变化而变化，另一方面也随着经济行动者的特性（个人的"有限理性"和"机会主义"）而变化。并且，"制度环境—治理—个体"之间并不是一种单向影响的逻辑关系；相反，他认为，治理到制度环境的反馈效应，可能是工具性的也可能是策略性的，"个人也受环境的影响，因为内生偏好是社会调节的产物。"[③] 这就是说，在威廉姆森的分析中，制度环境的变化和个人行为会引起组织治理比较成本的变化，

---

① MECKLING, JENSEN. Theory of the firm: managerial behavior, agency costs and ownership structure [J]. Journal of financial economics, 1976, 3 (4): 305-360.

② 如果用 $M = M(k; \theta)$、$H = H(k; \theta)$、$X = X(k; \theta)$ 分别表示作为资产专用性 (k) 和转移参数向量 (θ) 的函数的市场治理成本、层级制治理成本和混合制治理成本，结果有 $M(0) < X(0) < H(0)$ 以及 $M' > X' > H' > 0$。参见：威廉姆森. 治理机制 [M]. 石烁，译. 北京：机械工业出版社，2016：109-110。

③ 威廉姆森. 治理机制 [M]. 石烁，译. 北京：机械工业出版社，2016：226，228。

从而引起组织的重组；同时，组织治理结构的变化也会对制度环境及个人行为特性产生影响。

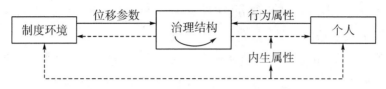

图2.4　威廉姆森组织演进的三层次框架模型

遵循科斯交易费用的观点和威廉姆森从有限理性、资产专用性、机会主义行为的核心概念出发对组织（企业）存在原因的解释逻辑，本杰明·克莱因（B. Klein）、罗伯特·克劳福德（R. Crawford）和阿尔茨（1978）以可占用的专用性准租分析了纵向一体化和大企业联合的合理性。他们认为，当资产专用性越强而产生更多准租时，机会主义行为将更为现实，此时签订契约的费用增加将超过纵向一体化的成本。因此，纵向一体化应予以更多考虑①。

2.3.2.2　组织演进与制度变迁

阿尔茨（1950）在《不确定性、演化与经济理论》一文中提出了组织演进的效率替代思想。他认为，在长期的历史发展过程中，非效率的组织将会被社会进程所淘汰，而有效率的组织将会存留下来。因此，组织的演进就表征为高效率组织对低效率或无效率组织进行替代的过程②。

诺思的组织演进思想蕴含于其对制度变迁的分析中，而诺思对制度变迁的分析又以产权理论、国家理论和意识形态理论为基石③。因此，挖掘诺思关于组织演进的思想也必须结合这些理论来认识。诺思指出，为分析经济组织，必须结合国家理论来运用交易费用理论。他认为，组织之所以存在，是由于其相对于市场能够降低交易费用，在稀缺和竞争无处不在的环境条件下，有效率的组织形式将替代无效率的组织形式。但是，如果结合国家理论来看，那么，组织的演进则并不总是有效率的，并且具有非自发性的可能性。正如他所分析的，"假如对统治者来说是有利可图的话，

---

① KLEIN, CRAWFORD, ALCHIAN. Vertical integration, appropriable rents, and the competitive contracting process [J]. The journal of law and economics, 1978, 21（2）: 297-326.

② ALCHIAN. Uncertainty, evolution, and economic theory [J]. Journal of political economy, 1950, 58（3）: 211-221.

③ 韦森. 经济理论与市场秩序 [M]. 上海: 格致出版社, 2009: 200.

那么非自发的组织形式将出现。假如来自内部或外部较有效率的组织形式对统治者的生存产生威胁的话，那么相对无效率的组织形式将存在下来。"[①] 这就是说，在诺思的分析中，国家作为理性的经济人，影响着组织形态和效率的演进。

诺思在后期的研究中，将认知、信念、心智等加入了对制度变迁的分析中。在区分制度和组织的基础上，他认为制度是博弈的规则，而组织是博弈的"玩家"，组织的演进受制度的制约，组织与制度的交互是通过感知进行传导的。正如诺思所指出的，"什么样的组织能存在下去，以及它们是如何演进的，这两方面都会受到制度框架的根本影响。"[②] 特定的制度结构产生了特定的组织，制度矩阵提供的机会决定了即将存在的组织类型。稀缺经济世界中普遍存在的竞争促使组织不断对技能和知识进行投资以维持其存续。而制度框架提供的激励规定了哪些种类的技能和知识能够带来最大报酬。同时，这些技能和知识将会塑造人们关于机会和选择的不断演化的感知，这将会逐渐地改变制度[③]。可见，诺思的分析显示出，组织的类型及其演进受到制度的影响。

2.3.2.3 组织演进的博弈思想

青木昌彦（2001）吸收了诺思后期研究中对制度变迁的认识，认为制度是博弈参与人关于博弈重复进行的共有信念系统，是博弈均衡的概要表征或信息浓缩。在青木昌彦的分析中，博弈参与人对于博弈结构只拥有个人的不完备观点（主观博弈模型），博弈规则是由博弈参与人的策略互动内生的，存在于参与人的意识中，并且是可自我实施的（self-enforcing）。因此，制度变迁伴随着参与人行动决策规则和他们对于制度共同认知表征（信念）的系统性变化而变化。即是说，制度的变迁是由于共有信念系统的变化引起的，制度的演化过程也就是博弈参与人共享信念体系不断再生的过程。而博弈参与人的共有信念系统会受到对外开放、技术进步、法规等外部环境的影响[④]。青木昌彦的主观制度变迁模型对于组织及其演进分

---

① 诺思. 经济史中的结构与变迁 [M]. 陈郁，罗华平，等，译. 上海：三联书店，1994：45.

② 诺思. 制度、制度变迁与经济绩效 [M]. 刘守英，译. 上海：三联书店，1994：6.

③ 诺思. 理解经济变迁过程 [M]. 钟正生，等，译. 北京：中国人民大学出版社，2007：55-59.

④ 青木昌彦. 比较制度分析 [M]. 周黎安，译. 上海：远东出版社，2001：243-247.

析的价值在于，其把心智、信念纳入对制度变迁的分析中，同时运用了博弈论的方法进行研究。

青木昌彦的主观制度博弈模型没有考虑个体的偏好异质性和历时变化问题，鲍尔斯（2004）对偏好与制度的共生演化问题给出了初步分析。他认为，制度的变迁包括个体间、组群内、组群间三个互动过程，人类通过基因遗传和文化学习获得的偏好均受经济或其他制度的影响，同时行动者的偏好又影响制度变迁过程。因此，制度与偏好是一个类似于生物的种群竞争的演化过程。

肖特运用博弈论的方法解释了 Hayek 式"自发制度"的生成及其演化。他认为，制度的形成是为了避免"囚徒困境"弈局引起的无效率均衡。制度的创生表现为一个马尔科夫式的扩散过程，其状态空间是所有可能的规范空间，其均衡是该随机过程的收敛点，对应着稳定的社会制度[1]。对于这一随机、自发过程，肖特将其表示为一个多次重复博弈而形成的超博弈，在无限次的重复博弈过程中，博弈参与者的行为方式受到历史数据和偏离共同行为可能受到的惩罚的影响，当每个人的预期与他人的实际行为趋于一致并稳定下来，个体的预期转变为社会的共同知识时，个体认知便上升为共同认知，从而引导参与者形成惯例，此时稳定的社会制度就出现了[2]。

2.3.3 演化经济学的组织演进理论

演化经济学是一个复杂的理论体系，根据贾根良（2002，2004）、黄凯南（2009）的分析，由于在本体论和方法论上的差异，现代演化经济学还处于"范式之争"的阶段，尚未进入范式统一的成熟阶段。演化经济学不同流派分类及其主要代表如表 2.5 所示。本书以奥地利学派和新熊彼特主义对组织演进的分析为代表，对演化经济学派的组织演进理论进行概要介绍。

---

① 韦森. 经济理论与市场秩序［M］. 上海：格致出版社，2009：55-84.
② 丰雷，江丽，郑文博. 认知、非正式约束与制度变迁：基于演化博弈视角［J］. 经济社会体制比较，2019（2）：165-177.

表 2.5　演化经济学不同流派分类及其主要代表

方法论	本体论		
	生物演化和经济演化是否属于同一本体领域?		
		√	×
是否运用达尔文主义"遗传、变异和选择"的演化原则来解释经济演化过程	√	普遍达尔文主义：Veblen (1898)、Dawkins (1983)、Hodgson (1999，2002)	新熊彼特主义：Nelson 和 Winter (1982)
	×	奥地利学派：Hayek (1987)、Henrich (2003)	Schumpeter (1934)

注："√"代表同意，"×"代表不同意。

资料来源：黄凯南. 演化博弈与演化经济学［J］. 经济研究，2009，44（2）：132-145.

2.3.3.1　奥地利学派

奥地利学派对经济演化的分析具有较强的个人主义、知识的主观性和新奇性等特征。就对组织演进的认识而言，奥地利学派的代表性分析主要有三种，即分别基于"企业家精神""知识"和"协调"的组织演进研究。需要说明的是，这三种认识并不是完全独立的；相反，三者之间存在互通性。

第一，"企业家精神"是奥地利学派分析组织演进的核心概念，也是奥地利学派的传统，奈特、熊彼特、科兹纳等人将企业家精神看作一种职能、活动或过程，包括判断力（Netter，1921）、破坏性创新（Schumpeter，1947）、创造性（Mises，1949）以及警觉性（Kirzner，1992）等。彭罗斯（Penrose，1959；Penrose，1995）认为，组织的成长实际上是对不断变化的生产机会的考察。显然，生产机会是否受限制取决于组织是否发现了"生产机会"，是否愿意采取行动，是否对生产机会反应灵敏。而在这一过程中，"企业家精神"具有关键性意义。基于此，Kirzner（1973，1985）提出了"创业发现"这一概念，他肯定了企业家发现或者说企业家警觉在组织扩张和经济增长中的作用。Witt（1998）则认为，企业家的中心任务就是调整感知、理解和目标[1]。总之，强调企业家精神的奥地利代表认为，市场是一种动态过程，长期处于非均衡的不确定性状态，组织演进是由企业家根本推动的，表现为对不确定性外部环境的主动适应。面对不确定的

---

① WITT. Imagination and leadership-the neglected dimension of an evolutionary theory of the firm ［J］. Journal of economic behavior & organization，1998，35（2）：161-177.

外部环境，企业家凭借个人认知持续不断地感知外部条件的变化，并做出相应的选择以推动组织在更大程度上适应外部环境。

第二，基于"知识"的组织演进分析，以 Foss 为代表。知识是人们在与社会环境和物质环境交互作用下发展起来的心理范畴（Nooteboom，2005）。Hayek（1937）认为，知识具有分散性、主观性、个体性、意会性和场景性等特点。组织的存在能够通过权威协调和塑造不同个体之间的共同认识，缩短认知距离，降低知识分散性所引起的不确定性，实现组织目标①。

第三，基于"协调"的组织演进分析。这种观点认为，组织的本质是一种协调制度，组织的成长是通过降低协调成本实现的。Yu（1999）基于韦伯—米塞斯（Weber-Mises）的行为理论、Schutz 的现象理论、拉什曼（Lachmann）的资本结构理论、柯兹纳（Kirzner）的企业家警觉和发现理论认为，由于个体认知的差异和信息的不完整性，人们面临很多不确定性问题，企业的产生是为解决协调问题，减少不确定性而构建的一种共享结构，它为组织成员提供了一个共同交流的环境；并且，组织的成长依赖于企业家对获利机会的探索和发现②。Ioannides（1999）则在 Kirzner 关于创业行为和 Hayek 关于秩序认识的基础上，引入外向创业和内向创业的概念，认为外向创业是企业家对市场机会点的探索和利用，内向创业则是企业家对组织内部成员之间的协调，企业是一个警觉的实体，组织的存在是内向创业与外向创业共同作用的结果，组织的发展是一个自发性秩序与目的性活动相结合的演化过程③。

2.3.3.2 新熊彼特主义

熊彼特主义的理论核心是"创新"。熊彼特（1934，1942）认为，创新推动了演化，堪称"无创新，不演化"。创新是一种不确定性的过程，创新的动力来自对超额垄断利润的追求；但是，创新仍然会受到来自社会习惯、生产惯例、传统文化等"创新惰性"的约束。这就是说，在熊彼特那里，创新推动了组织演进。创新主要是基于企业家的判断力和领导力。

---

① 黄凯南，黄少安. 企业的性质：契约理论和演化理论的比较和融合 [J]. 求索，2008（4）：1-5.

② YU. Toward a praxeological theory of the firm [J]. The review of austrian economics, 1999, 12（1）：25-41.

③ IOANNIDES. Towards an Austrian perspective on the firm [J]. The review of Austrian economics, 1999, 11（1-2）：77-97.

到了后期，熊彼特认为，创新通常出现在大企业的 R&D 团队中，而且呈现出一种惯例化的行为。

新熊彼特（New-Schumpeterian）主义继承了熊彼特关于"创新"的洞见，在新熊彼特者那里，"创新"的地位类似于新古典经济学中的"价格"。新熊彼特学派广泛探讨了创新收益率、企业规模、市场结构、技术、制度等"熊彼特竞争"的各种问题，发展了企业能力理论，以研究知识经济和创新体系著称。新熊彼特主义强调知识与组织之间的内在联系，以企业专有知识积累的不同解释了同一产业中不同企业之间在生产率上存在的巨大差异，认为企业能力（特别是核心能力）的形成是企业专有的知识积累形态①。他们认为，经济组织要经历"变异—选择—发展"的演化过程，选择意味着多样性的减少，发展过程则意味着多样性的产生，两者的相互依赖共同推动组织的演化。

新熊彼特主义的主要代表 Nelson 和 Winter（1982）继承了熊彼特后期的观点，并结合组织行为学，将创新活动视为一种组织的学习惯例，即一种搜寻新技术的惯例，这种学习过程体现在企业的 R&D 活动中。同时，他们还在马克思那里找到了演化的源头。他们认为，马克思的经济理论有许多是演化的，并且他们"自己的某些思想与马克思的思想是很一致的"，如都认为，"资本主义的生产组织界定一种动态的演化体系，企业的规模和利润的分布也必须从演化体系的角度来理解。"② Winter 和 Nelson 的组织演化思想集中体现在《经济变迁的演化理论》一书中，在他们的分析中，"惯例（routine）"是一个核心概念，包括企业的各种特点，从明确规定的生产物品的技术惯例规程，到雇佣和解雇、订购新商品或逐步增加高度需求的物品的生产程序，再到关于投资、研究与开发或做广告的政策，以及关于产品多样化和海外投资的商业战略。惯例相当于生物进化论中的"基因"，具有可继承的特点，是有机体的持久不变的特点，并决定它可能有的行为（实际的行为也由环境决定）③。组织就是在绩效反馈基础上演化的一系列相互依赖的运作与管理惯例。Nelson 和 Winter 认为，组织的演化来自企业组织内部，这种演化是与自然选择中的"复制"和"变异"机制有关，它们将通过企业的"惯例"行为发挥作用。在自然选择和适应性学习

---

① 贾根良. 演化经济学 [M]. 太原：山西人民出版社，2004：10-11，123.
② 纳尔逊. 经济变迁的演化理论 [M]. 胡世凯，译. 北京：商务印书馆，1997：52.
③ 同②：19.

中，惯例类似基因被复制到企业组织中，如果这种复制不能实现惯例的优化时，"变异"就发生了，而这就是企业组织创新的过程①。Massini 等（2002）探讨了日本和西方大型企业组织惯例的演变，认为组织惯例的变化既与技术创新有关也与国家环境有关②。

2.3.4 小结

本小节从"制度、组织与组织演进"的概念出发，考察了不同经济学流派关于组织演进的思想（理论）。通过研究，本书发现：

（1）"制度"与"组织"是两个紧密相关的概念，两者在内涵上具有深度的关联性。组织本质上是一种契约关系，是微观意义上的制度。组织是不同利益主体在与宏观意义上的制度环境的交互中不断博弈的均衡结果。

（2）组织演进的实质是青木昌彦所阐述观点的意义上组织自身信念、行为准则和规范等"浓缩性表征"的变化，而这显著区别于组织形态的演进。但这并不意味着组织形态演进不重要；相反，就本书而言，对组织演进的分析不仅包括对组织契约关系等实质内容演进的分析，也包括对组织形态演进的考察。

（3）目前，尚未形成一个完整的、被普遍接受的组织演进理论。就本书分析所涉及的经济学流派而言，他们之间及其本身关于组织演进的认识存在差异和分歧。Foss（1997）就认为企业存在的"契约主义"解释具有强有力的知识假设、合同执行过程也是最优的等缺点③。Hodgson（1998）也认为，"科斯—威廉姆森"基于交易成本对企业存在的解释忽视了企业内部（组织）的学习以及生产过程的各个方面④。而奥地利学派关于组织演进的认识就有"企业家精神""知识"和"协调"三种代表性观点，演化经济学关于组织演进的认识如同其自身一样，也处于"范式之争"阶段，面临"创造性综合"的任务。

---

① 邓向荣. 企业组织演化理论评析［J］. 经济学动态，2004（8）：108-111.

② MASSINI, LEWIN, NUMAGAMI, et al. The evolution of organizational routines among large western and Japanese firms［J］. Research policy, 2002, 31（8-9）：1333-1348.

③ FOSS. Austrian insights and the theory of the firm［J］. Advances in Austrian economics, 1997, 4（97）：175-198.

④ HODGSON. Competence and contract in the theory of the firm［J］. Journal of economic behavior & organization, 1998, 35（2）：179-201.

但是，不同学派之间及其内部的观点之争并不代表他们的分析对于本书的研究毫无价值；相反，这些学派关于组织演进的洞见为本书的分析提供了十分有益的启示。如新制度经济学从"交易成本""团队生产""治理机制"等角度对组织形成的解释以及运用博弈的方法分析制度变迁的思想，极大地拓展了本书对组织的相关认识。青木昌彦、鲍尔斯、肖特采用博弈的分析工具，将认知、信念、偏好引入对制度变迁的分析中，给组织演进的分析也提供了一种方法论上的启示；同时，组织作为微观意义上的制度，他们的分析在一定程度上也适用于对组织的分析。演化经济学本身关注"动态""演进"等问题，其提出的"知识""不确定性""惯例""企业家精神""创新"等概念对本书分析组织演进也颇有启发。事实上，正是由于当前这些经济学流派关于组织演进的认识尚未形成统一，以及他们关于组织演进分析的"灼见"为本书后面构建农村合作金融组织演进的理论分析框架提供了研究空间和思想上、方法上的启示。

3 农村合作金融组织演进的 "环境—行为—绩效（ECP）" 框架

本书以中国农村合作金融组织演进作为研究对象，系统考察其动态发展的过程，目的在于总结中国农村合作金融组织演进的内在规律与基本特征。要实现这一研究目标，就必须构建一个逻辑完整的理论框架作为分析基础。本章在前文分析的基础上，借鉴吸收产业组织理论、制度经济学、演化经济学等相关理论知识，构建了一个"环境—行为—绩效（ECP）"框架。下面将按照"为什么是这个框架？""这个框架的核心逻辑和结构层次是什么？""具体如何应用这个框架？"亦即"在运用这一框架进行分析时需要研究哪些内容？"的逻辑思路展开对 ECP 框架的全面讨论。

3.1 ECP 框架的构建缘起

本书构建的"环境—行为—绩效（ECP）"框架是基于马克思主义的基本观点出发，在突破 SCP 范式、SSP 范式不足的基础上而构建的。

3.1.1 ECP 框架的思想基础：辩证唯物主义①

毛泽东曾指出，"马克思主义有几门学问：马克思主义的哲学，马克

---

① 这里所指的辩证唯物主义，是对辩证唯物主义和历史唯物主义的统称。参见：王伟光. 辩证唯物主义世界观方法论是中国共产党全部理论与实践的思想基础 [J]. 哲学研究，2019（3）：3-13.

思主义的经济学，马克思主义的社会主义——阶级斗争学说，但基础的东西是马克思主义哲学。"① 马克思主义哲学阐明了马克思主义的基本立场、观点和方法，其揭示了宇宙之间一切事物的一般规律及其本质特征，是对自然、社会和思维最一般规律及其本质特征的科学概括②。

不同于形而上学或庸俗进化论用孤立的、静止的和片面的观点去看世界的宇宙观，辩证唯物主义的基本观点认为，世界上的一切事物都是发展变化的，并把发展理解为量变和质变的辩证统一。对于事物运动发展的动因，辩证唯物主义认为，事物本身固有的内部矛盾是引起事物运动变化发展的内部动因，事物所处的一定的外部条件是事物运动发展的外部原因。恩格斯曾指出，"相互作用是事物的真正的终极原因。我们不能追溯到比对这个相互作用的认识更远的地方，因为正是在它背后没有什么要认识的了。"③ 列宁认为，"有两种基本的（或两种可能的，或两种在历史上常见的）发展（进化）观点：认为发展是减少和增加，是重复；以及认为发展是对立面的统一（统一之物分为两个互相排斥的对立面以及它们之间的相互关系）。按照第一种运动观点，自己运动，它的动力、它的泉源、它的动因都被忽视了（或者这个泉源被移到外部——移到上帝、主体等那里去了）；按第二种观点，主要的注意力正是放在认识'自己'运动的泉源上……只有第二种观点才提供理解一切现存事物的'自己运动'的钥匙，才提供理解'飞跃'、'渐进过程的中断'、'向对立面的转化'、旧东西的消灭和新东西的产生的钥匙。"④ 其实，列宁所分析的就是形而上学和辩证法两种相互对立的宇宙观。对于辩证唯物主义关于事物运动发展的动因，毛泽东在《矛盾论》中也有过精彩论述，他指出，辩证唯物主义主张从事物的内部、从一事物对其他事物的关系去研究事物的发展，即把事物的发展看作事物内部的必然的自己的运动，而每一事物的运动都和周围它的其他事物互相联系着和相互影响着。事物发展的根本原因，不是在事物的外部而是在事物的内部，在于事物内部的矛盾性。事物内部的这种矛盾性是

---

① 毛泽东. 毛泽东文集：第六卷 [M]. 北京：人民出版社，1999：396.

② 王伟光. 辩证唯物主义世界观方法论是中国共产党全部理论与实践的思想基础 [J]. 哲学研究，2019 (3)：3-13.

③ 恩格斯. 自然辩证法 [M]. 中共中央马克思恩格斯列宁斯大林著作编译局，译. 北京：人民出版社，1971：209.

④ 列宁. 列宁全集：第五十卷 [M]. 中共中央马克思恩格斯列宁斯大林著作编译局，译. 北京：人民出版社，2017：306.

事物发展的根本原因，一事物和其他事物的互相联系及互相影响则是事物发展第二位的原因①。

从历史唯物主义来看，马克思通过"生产力—生产关系"框架，对资本主义生产方式及人类社会的发展规律进行了深刻剖析。马克思强调历史发展的连续性和演进性，将人类社会发展的历史视为"一种自然史的过程"②。恩格斯在致弗洛伦斯·凯利—威士涅维茨基的信中也指出，"我们的理论不是教条，而是对包含着一连串相互衔接的阶段的那种发展过程的阐明。"③ 在对"生产力—生产关系"问题的分析中，马克思并没有脱离人和人的行为而抽象地对生产力和生产关系进行分析；相反，在具体分析过程中，他特别重视对人及人的行为的分析，强调人与环境、主观意识与客观条件之间的辩证关系④。马克思认为，人是社会性的，社会中的人的行为受到其所处物质条件、社会制度等外部环境的影响，"不管个人在主观上怎样超脱各种关系，他在社会意义上总是这些关系的产物⑤"。在《资本论》中，马克思系统分析了资本主义生产方式的运行特征及规律，指出资本对劳动的支配是资本主义生产方式的核心，资本家和工人的行为代表了其所处的社会阶层的特征，资本家是人格化的资本，其行为体现了资本的逐利性；工人是劳动力的所有者，在失去生产资料后只能依靠出卖自身的劳动力获得生存机会，其行为也只能是在资本家命令下从事生产活动。

辩证唯物主义和历史唯物主义是研究人类社会运行规律的科学方法和有效工具，为后世包括演化经济学、新制度经济学等对新古典经济学进行批评、修正或补充的诸多学派的创立和发展提供了思想源泉和理论基础。基于此，本书以马克思的辩证唯物主义方法论为思想基础，在对农村合作金融组织演进的研究过程中，始终坚持内外因共同作用组织演进的思想，将主体行为与客观环境相联系，分析环境对行为的影响以及环境、主体行为对组织演进的作用，以期寻找到决定农村合作金融组织演进的深层次、内在性的规律。

---

① 中共中央文献研究室，中央档案馆.建党以来重要文献选编：第十四册［M］.北京：中央文献出版社，2011：433.

② 马克思，恩格斯.马克思恩格斯选集：第二卷［M］.中共中央马克思恩格斯列宁斯大林著作编译局，译.北京：人民出版社，2012：84.

③ 马克思，恩格斯.马克思恩格斯选集：第四卷［M］.中共中央马克思恩格斯列宁斯大林著作编译局，译.北京：人民出版社，2012.586.

④ 高杰.中国农业产业化经营组织演进研究［M］.北京：科学出版社，2017：45.

⑤ 同②：84.

3.1.2 SCP 范式、SSP 范式的基本内容及评价、突破与 ECP 框架构建

3.1.2.1 SCP 范式的基本内容及评价

SCP 是市场结构（structure）—市场行为（conduct）—市场绩效（performance）的简写，其由以梅森（E. Mason）、乔·贝恩（J. S. Bain）、谢勒（Scherer）等为代表的哈佛学派于 20 世纪中叶提出，是分析产业组织的经典框架。在成熟的 SCP 范式中，"S"主要通过买卖双方的市场集中度、产品差异化程度、进入壁垒、厂商的成本结构以及政府管制等来表示；"C"主要包括企业的定价、广告、研究与开发、纵向合并、进入/退出市场等策略性行为；"P"则一般使用盈利性指标（如利润率）、技术效率等来予以反映。从三者之间的关系来看，哈佛学派认为，"S"在短期内难以发生较大变化，因而具有外生性。三者之间存在单向的决定关系，即市场结构决定企业行为，企业行为产生市场绩效。这就是说，在哈佛学派看来，市场结构对于市场绩效具有决定性作用。因此，哈佛学派的产业组织理论也被称为"结构主义"。

但随着西方自由主义的抬头以及产业组织实践的发展，哈佛学派的 SCP 范式遭到了以斯蒂格勒（G. J. Stigler）、弗里德曼（M. Friedman）、德姆塞茨和鲍莫尔（W. Baumol）等为代表的芝加哥学派的批判。芝加哥学派批判了哈佛学派基于市场结构决定市场绩效的观点，认为从长期来看，企业的研发行为等也可能影响市场结构，即市场结构并不是外生的，而具有内生的特点；并且市场绩效可能才是决定市场结构真正起作用的变量，如高效率的企业能够不断扩大市场占有率，并导致高集中度市场结构的出现，即绩效会影响结构。因此，就"S-C-P"三者之间的关系来看，芝加哥学派认为其是一种互为因果的关系，而不是哈佛学派认为的单向因果关系（见图 3.1）。

图 3.1 SCP 范式及其发展

注："→"代表早期由哈佛学派的贝恩等人发展起来的 SCP 范式；"--►"则代表芝加哥学派的斯蒂格勒等人对早期哈佛学派 SCP 范式的发展。

由哈佛学派创建并经芝加哥学派发展的 SCP 范式为分析产业组织问题提供了一个经典的框架。但是，SCP 范式仍然有三方面不足：①从思想史的角度来看，SCP 范式继承了斯密、马歇尔"市场竞争完全配置资源是有效的"的思想，遵循的仍然是一种新古典主义的分析思路。因此，无论是经典的还是发展的 SCP 范式，都未考虑到"制度"变量的重要性。在斯密和马歇尔的分析中，制度作为一个无关紧要的常量被剔除或省略掉了，但对于产业组织的行为与绩效而言，制度显然是重要的。②从时间来看，SCP 范式在给定的条件下讨论产业组织问题，主要关注中短期。如哈佛学派的 SCP 范式强调市场结构的外生性（静态视角）。就本书对农村合作金融组织演进的分析而言，显然需要从一种动态的视角进行研究。事实上，由于银行业在不对称信息、委托—代理等问题上相对于一般行业表现得更为突出，因此直接运用 SCP 范式对合作金融组织进行分析也并不适宜①。③更为重要的是，SCP 范式是一种递进的关系，体现为"结构影响行为，行为影响绩效"的单向、线性逻辑，而本书所构建的框架关注的是内外因共同作用。

尽管这一框架不完美，但为后来的学者提供了一个充满弹性和可供修改的基础分析框架。如在 SCP 范式的基础上提出的 ICP 框架、ISCP 框架、ESCP 框架、R-SCP 框架等②。本书分析框架的构建也受到了 SCP 范式对"组织行为""绩效"分析的影响。同时，无论是经典的 SCP 范式还是发展中的 SCP 范式，其实质都隐含着组织演进的思想。根据哈佛学派的经典 SCP 范式，产业组织的演进主要表现为产业组织结构的变化。产业组织自发演进的结果是由有效率的竞争向低效率的垄断发展。而由芝加哥学派发展的 SCP 范式所隐含的产业组织演进思想则体现为一种理性演化过程。其认为，在市场环境中，只要遵循市场自由原则的过程都可视为合理的演化

---

① 黄志豪，于蓉. 银行产业组织理论研究综述 [J]. 经济学动态，2005（2）：91-94.

② 参见：谢佩洪，王在峰. 基于制度基础观的 ICP 范式的构建及其分析：对我国企业多元化经营的剖析 [J]. 财经科学，2008（2）：65-72；杨永忠，雷琼. 提升竞争力的产业制度及其传导：基于 ISCP 分析框架 [J]. 云南财经大学学报，2008（1）：38-44；刘广生，吴启亮. 基于 ESCP 范式的中国电信业基础运营市场分析 [J]. 中国软科学，2011（4）：34-35；范玉仙，袁晓玲. R-SCP 框架下政府规制改革对中国电力行业技术效率的影响 [J]. 大连理工大学学报（社会科学版），2016，37（3）：27-33.

过程，演化是自发的，外部的干预会破坏这一过程，最终影响经济绩效①。

3.1.2.2　SSP 范式的基本内容与评价

SSP 是状态（situation）—结构（structure）—绩效（performance）的简写，由美国经济学者斯密德（Schmid）教授提出，其是研究制度与绩效之间关系，意在解释不同产权和谁获得什么的绩效结果之间逻辑关系的一种分析范式。Schmid 在《制度与行为经济学》《财产、权力和公共选择：对法和经济学的进一步思考》两本著作②中对这一分析范式进行了系统阐释。

在 SSP 范式中，"与制度变量相互影响有关的一系列自变量中包含的制约人们相互依赖性的环境的那些方面"定义为"状态"（注：这里的自变量即可供选择的制度）。"状态"包括个人、团体和物品的特性。其中，与个人有关的特性，主要包括偏好、价值观、追求的最终目标、有关规则和生产函数的知识以及信息处理和决策策略。团体属性包括参与决策的人数以及个人特性呈现的程度。需要注意的是，这里所运用的状态分类不是根据个人的特性而是根据物品的特性来划分的。SSP 范式认为，物品的特性是产生"人类相互依赖性的根源"。根据 Schmid 的分析，这里的物品特性包括非相容性使用、排他性、规模经济、共享性、占先性、交易成本、剩余以及波动性供求等。他认为，这些状态特性是物品所固有的物理特性和生物学特性，尽管在长期的技术变革中会发生变化，但在 SSP 范式中，它们是给定的，即是说，状态变量是固定的。

SSP 范式的"结构"主要由制度或权利的选择构成，包括权利的类别及其归属和分配问题，即结构决定了谁有机会参与资源使用的决策。"结构"描述了人们之间的相互关系，界定了他们的相对机会束。Schmid 总结了"结构"的内容，包括使用权与交换权，交易类型（谈判型、管理型和身份—捐赠型），个人和集体的行动，私人和公共的所有权，管制和私人财产，禁止的、允许的或被要求的集体行动，所有权的分配，市场竞争的程度，合同规则，有条件的和无条件的权利，影响合约成本的规则，影响

---

①　高杰. 中国农业产业化经营组织演进研究［M］. 北京：科学出版社，2017：21-22.

②　如无特别说明，本部分对 SSP 范式内容的介绍主要参见：斯密德. 制度与行为经济学［M］. 刘璨，吴水荣，译. 北京：中国人民大学出版社，2004；斯密德. 财产、权力和公共选择：对法和经济学的进一步思考［M］. 黄祖辉，等译. 上海：上海人民出版社，2006.

信息和不确定性成本的规则，税收和公共开支条例，边界问题，制定规则的规则，加总规则。

SSP 范式的"绩效"是既定状态下权利选择的函数，它衡量的是财富和机会在特定利益群体之间分配的"实际"绩效，而不是自由、效率等过于抽象的指标。SSP 范式认为，由于现实世界中利益冲突的存在，对绩效的谈论必须表明所指的自由、效率和国民生产总值（GNP）增长是对谁或对哪个团体有利，现实中不可能存在一种不偏袒任何一方的权利结构。因此，探究哪种制度有更高的绩效，不如更明确地探讨对谁更有利。也可以说，SSP 范式的"绩效"要回答的问题是：在制度 A 和制度 B 的比较中，谁的利益得到满足。

就"状态""结构"和"绩效"三者的关系来看，在 SSP 范式中，"状态"会带来人类的相互依赖性，是固定的；而权利结构是一个人类的选择问题，即"结构"是选择的；在由"状态"所决定的人类相互依存的秩序中，决定相互依存各方机会集的是"权利"的选择结构。从影响的关系来看，三者的关系可以表示为"状态→制度结构→绩效"，即绩效＝在给定技术（或状态）的情况下，制度 X 或制度 Y 的函数。从变迁的关系来看，三者的关系则表现为"状态→结构→绩效→伴随新制度（绩效）反馈、包括角色思维过程和导致持续演化的技术状态变化"。总之，在 Schmid 的 SSP 范式中，其基于物品特性之上的人类相互依赖性，以人类的相互依赖性和不同的产权如何影响经济结果为关注的焦点，强调了不同的物品特性和状态对制度绩效的重要性。

依据前文所述，SSP 范式至少在三个方面对本书分析框架的构建具有参考价值：①"环境"的重要性。在 Schmid 的 SSP 范式中，"状态"揭示了人类之间是相互依赖的这一基本和客观的事实。用来说明"状态"的则是基于物品的各种特性。这里，由物品的各种特性所表示的"状态"可以视为对"环境"重要性的一种认识。这其实也已经从 Schmid 关于"状态"与"结构"关系的分析中体现出来了，即"状态"为"结构"提供了一个选择的"场景"，对"结构"产生约束作用。②行为主体选择的重要性。在 Schmid 构建的分析"制度与绩效"关系的 SSP 范式中，链接"制度"和"绩效"的中介/桥梁变量是通过"结构"产生，即通过人们之间相互的权利选择所引起的。这就是说，人们在一定的"状态"下进行权利选择的结果体现为"绩效"。这里，Schmid 强调了行为主体权利选择的"能动性"对绩效的影响。此外，这种传递关系在 Schmid 那里是具有反馈性的，而不是单向的。③SSP 范式重视"绩效"的实际性，而不是一些抽象的指标。这为构建绩效的测度提供了一种方法论上的启示。但同时需要指出的是，SSP 范式研究的是制度与绩效的关系，而不是研究组织及其绩效的关系。因此，对本书的研究而言，Schmid 分析只能是提供一种分析思路上的启示和对"环境""主体行为"等变量的重视。

3.1.2.3 SCP 范式、SSP 范式的突破与 ECP 框架的构建

在马克思辩证唯物主义、历史唯物主义方法论和基本观点的启发下，同时在广泛借鉴吸收制度经济学、博弈论、产业组织理论、演化经济学等理论内容和国内外学者关于组织演进相关研究成果的基础上，本书尝试构建一个分析农村合作金融组织演进的"环境—行为—绩效（ECP）"框架。这一框架的构建，一方面受到了 SCP 范式、SSP 范式在本书框架构建思路上的启发，另一方面则更多的是对 SCP 范式、SSP 范式的一种超越和突破。具体来看：

就 SCP 范式和 SSP 范式的分析框架对本书分析框架构建的启示意义而言，其主要体现为一种分析思路上的启发。其中，SCP 范式对"市场结构"的分析，实际上是一种中观意义上的"市场环境"概念，而对"组织行为"的分析，则为本书提供了运用博弈论进行主体行为分析的启发。SSP 范式的"状态"分析所揭示出来的"人类相互依赖性"事实，实际上也就是对技术环境和环境依赖性的强调，即组织的利益主体与环境是相互依赖的。而"结构"的分析说明了行为主体选择的重要性和对制度环境的认识。SCP 范式与 SSP 范式中对"绩效"的分析则为本书提供了如何衡量绩效的方法论启示。SCP 范式与 SSP 范式对本书 ECP 框架构建的启示可以通过图 3.2 予以说明。其中，图中的"〇〇"表示 ECP 框架构建受到SCP 范式、SSP 范式启发的具体内容。

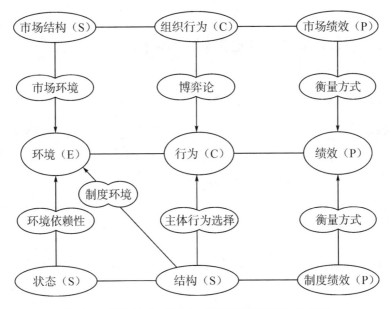

图 3.2　SCP 范式、SSP 范式对 ECP 框架构建的启示

　　但是，ECP 框架的构建并不是对 SCP 范式、SSP 范式的完全照搬，而是对其的一种突破。这主要体现在：就 SCP 范式而言，ECP 框架突破了 SCP 范式对"制度"这一变量的忽视，突破了 SCP 范式"结构决定行为、行为决定绩效"的线性、递进分析逻辑，突破了 SCP 范式中"行为"变量的内涵。就 SSP 范式而言，ECP 框架突破了 SSP 范式单一关注"制度与绩效"之间的关系，突破了其对"制度"变量的过分重视。总之，在马克思辩证唯物主义、历史唯物主义方法论和基本观点的启发下，ECP 框架不仅重视组织演进的内因，也重视组织演进的外因，将组织演进视为一个内外因共同起作用的结果，而不是照搬 SCP 范式的分析逻辑，按照外因决定内因、内因决定组织演进绩效的逻辑进路进行研究。即是说，ECP 框架是 E、C 共同决定 P，而不是 SCP 范式下的"S→C→P"逻辑。同时，ECP 框架将"行为"的内涵聚焦于组织利益主体的博弈行为，而不是 SCP 范式下的定价、广告、垄断等市场行为，也不是像 SSP 范式下的主体行为选择。

3.2　ECP框架的核心逻辑与结构层次

3.2.1　ECP框架的核心逻辑

农村合作金融组织演进的"环境—行为—绩效"（ECP）框架的核心逻辑是：环境影响组织主体的行为选择，组织主体的博弈行为推动组织演进，组织演进的绩效测量组织目标的实现程度。这一逻辑不仅描述了合作金融组织演进在某一阶段或者某一时间"点"上所存在的单向关系，还描述了合作金融组织在长期发展过程中所存在的动态演进过程（见图3.3）。

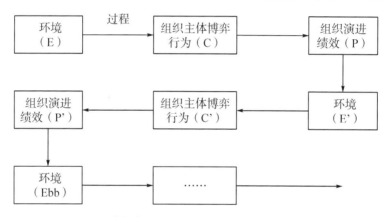

图3.3　农村合作金融组织演进的ECP框架及逻辑

第一，环境影响组织主体的行为选择。环境界定了组织主体策略行为的方式，为组织主体的行为选择提供了一个"场域"范围。在不同的外部制度和技术环境条件下，组织主体的效用目标和利益函数不一样。环境影响组织主体行为选择的传导路径正是通过改变组织主体的利益函数实现的。

第二，组织主体的博弈行为推动组织演进。组织演进是组织主体博弈行为的一个"均衡解"。由于组织面临的外部技术和制度环境处于变动之中，因此组织主体的利益函数也会不断变化，从而存在多重均衡解；相应地，组织也就跟随组织主体不断的博弈行为而处于"演进—稳定—演进"的过程中。

第三，组织演进的绩效测量组织目标的实现程度。组织目标与组织主体目标之间既有叠合性，也有差异性。正是两者之间的差异性，导致组织演进绩效并不总是符合组织目标预期，从而导致组织异化和再生。

第四，长期来看，组织演进绩效影响组织环境。尤其是当组织目标与组织主体目标出现重大、持续偏离时，组织演进的绩效将促使组织环境发生改变。这意味着，组织演进绩效与组织环境之间具有"互动性"。随之而来的是，ECP框架的上述核心逻辑将进入下一轮过程中，推动组织演进动态发展。

总之，在农村合作金融组织演进的"环境—行为—绩效（ECP）"框架中，环境是组织演进的外部因素，组织主体的博弈行为是组织演进的内部动因，环境和（或）行为推动组织演进，描述的是组织演进的"过程"，而组织演进绩效衡量的是组织演进的"结果"。因此，ECP框架实质上解释了农村合作金融组织演进的"内因"与"外因"以及"过程"与"结果"。一言概之，组织演进是组织利益主体在一定的制度与技术环境下博弈均衡的结果。

3.2.2 ECP框架的结构层次

3.2.2.1 层次Ⅰ："环境—行为"分析

"环境—行为"分析层次实质上是对ECP框架"环境影响组织主体的行为选择"这一核心逻辑的解释和对应，其分析的核心指向是组织面临的环境如何影响组织组织利益主体的策略选择。我们可以将这一过程概述如下：

第一，环境是组织利益主体活动的基本"场域"，组织利益主体的任何认知、信念、偏好、心智模式等都是在一定的环境中产生和形成的，并能通过"学习"过程得以调整和完善。从动态来看，组织利益主体的信念、认知等也具有环境依赖性，即当环境变化后，组织利益主体的认知、信念、偏好、心智模式等都会发生变化。对组织利益主体环境依赖性的一个简要数学描述是：

假设 ω_i 是一个表示状态 i 的向量，它是可能状态集合 Ω 的一个元素，$U_i(\omega_i)$ 是状态 $\omega_i \in \Omega$ 对于一个目前正在经历状态 ω_i 的个人而言的效用。令 $U_i(\omega)$ 表示当一个人处于状态 i 时对于所有可能状态的偏好排序。于是，如果存在一定的 i 和 k，对于相同的个人而言，他在另一个不同状态下的排序 $U_k(\omega)$ 和由 $U_i(\omega)$ 给出的排序不同，那么我们就说这个人的偏好是环境依存的。

第二，当外部环境发生变化时，作为组织利益主体在特定环境状态下采取何种行动及行动方向基础的信念、认知会感知到要素相对价格、行动约束等各方面的变化并对此进行理解和价值判断，以权衡变化后的环境对自己利益函数和目标的影响，进而确定采取何种行动策略进行应对。这就是说，外部环境变化对自身利益函数的改变是组织利益主体关注的核心变量。因此，我们可以将外部环境变化对组织利益主体策略行为影响的过程或传导路径归结为：环境变化→主体基于信念认知判断对自身利益的影响→行为策略选择（见图3.4）。

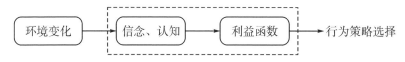

图 3.4 ECP 框架的"环境—行为"传导路径

对于环境变化与组织利益主体策略行为变化之间的关系，这里借鉴鲍尔斯（2006）的行为演化模型和高杰（2013）[①] 的分析对此进行说明。在他们的分析模型中，环境变化体现为某种外部冲击，如组织成员数量的变化等，而组织成员的行动被简化为对某种"特性"的复制或者抛弃。

假设在某一组织中存在两种相互排斥的特性 x 和 y，每一个组织成员都携带其中一种初始特性，其行为变化即从一种特性向另一种特性转换的过程。如果参与人随机配对，在一个对称的双人博弈中进行交往，那么，每个参与人的支付可以表示为 $\pi(i, j)$，其中 i 为参与人自身特性，j 为与参与人配对的其他参与人的特性，$\pi(i, j)$ 为根据特性 i 和参与人 j 进行博弈时获得的支付。对于特性 x 的任一个体群频数 $p \in [0, 1]$，每一个成员的期望支付为

$$b_x(p) = p\pi(x, x) + (1 - p)\pi(x, x)$$
$$b_y(p) = p\pi(y, x) + (1 - p)\pi(y, y)$$

对于 x 型成员而言，当 $b_x(p) \geqslant b_y(p)$ 时，保留既有特性；当 $b_x(p) < b_y(p)$ 时，以 $\beta(b_y - b_x)$ 的概率转换为 y 型成员。如果 y 型参与人的支付超过 x 型参与人，则令 $\rho_{y>x} = 1$；否则，$\rho_{y>x} = 0$。那么，在下一期（$t+1$ 期），

---

① 参见：鲍尔斯. 微观经济学：行为，制度和演化 [M]. 江艇，等译. 北京：中国人民大学出版社，2006：52-55；高杰. 中国农业产业化经营组织演进论 [D]. 成都：四川大学，2013.

组织中 x 特性的期望个体群频数，即成员比例 p' 可以表示为

$$p' = p - \omega p(1 - p)\rho_{y>x}\beta(b_y - b_x) + \omega p(1 - p)(1 - \rho_{y>x})\beta(b_x - b_y)$$

$$\Delta p = p' - p = \omega p(1 - p)\beta(b_x - b_y)$$

其中，ω 为处于更新状态成员的比例。当 $\Delta p = 0$ 时，相应的 $p = p^*$ 为组织均衡状态对应的 x 型成员的比例。

处于均衡状态的组织保持稳定状态的要求为

$$\frac{\mathrm{d}\Delta p}{\mathrm{d}p} < 0, \ \text{即} \ \pi(y, \ x) - \pi(y, \ y) > \pi(x, \ x) - \pi(x, \ y)$$

此时，如果组织中 x 型成员数量受到外部冲击发生变化，组织会自动趋于稳定状态；相反，如果 $\dfrac{\mathrm{d}\Delta p}{\mathrm{d}p} > 0$，那么当组织受到外部冲击时，组织将逐渐偏离稳定态，直到 $p^* = 0$ 或 $p^* = 1$，即组织成员全部转化为某种类型。

上述模型简化描述和说明了"外部环境变化→组织主体行为"之间的关系及其作用过程，即当外部环境变化后，组织主体会根据个人偏好、认知等形成对自己支付的预期判断，并基于这种判断形成策略行动。

3.2.2.2 层次Ⅱ："行为—组织演进"分析

"行为—组织演进"分析层次实质上是对 ECP 框架"组织主体的博弈行为推动组织演进"这一核心逻辑的解释和对应。这一层次的分析是将组织演进作为被解释变量，重点研究组织利益主体如何通过博弈行为推动组织演进。下面对组织利益主体博弈行为对组织演进的影响过程做进一步说明。

如前分析，在一定的环境状态下，组织利益主体会基于自身的认知、信念对该环境条件下自身利益函数进行价值判断，从而形成自己的策略行为选择。各组织利益主体则基于自身的利益函数或行为目标展开策略博弈，结果形成组织均衡，达到"帕累托最优"。但由于组织利益主体的策略行为会跟随环境的变化而变化，因此 t 时期的组织均衡并不意味着 $t + 1$ 时期仍然是均衡的，即这里的组织均衡只能是相对稳定的均衡，而不是长期稳定的均衡。当外部环境受到如经济体制变迁、知识信息或技术结构变化、市场规模和结构变化等事件的冲击时，组织利益主体将展开新一轮的博弈，并形成新的组织均衡。即是说，在历史的条件下和受环境依赖性的影响，组织演进存在多重均衡解。

3.2.2.3　层次Ⅲ：“组织演进—绩效”分析

“组织演进—绩效”分析层次实质上是对 ECP 框架“组织演进绩效测量组织目标的实现程度”核心逻辑的解释和对应。这一层次要分析的内容意在通过组织演进绩效的测度分析组织目标的实现程度及其对组织未来演进的影响。

在“行为—组织演进”层次的分析中已经指明，组织利益主体利益函数的变化受环境变化的影响而存在组织演进的多重均衡情况。但是，组织多重均衡的存在并不代表组织目标的实现。由于组织目标与组织主体目标具有一定的差异性，因此组织的演进并不总是按照组织目标的要求为唯一方向进行。而组织有没有按照组织目标的方向进行演进，却可以通过对组织演进绩效的衡量得以确认。只有在满足一定的绩效标准下，才能认为组织利益主体的博弈均衡结果实现了组织演进；否则，组织就是出现了倒退或“异化”。

一方面，由于组织目标与组织利益主体目标之间存在差异性，因此在组织的演进过程中，可能会出现偏离组织目标的现象，即发生组织的“异化”。组织“异化”的存在，使得组织演进陷入停滞或低效率的路径之中，最终结果往往是次优的。结果，“失望”的组织演进绩效会作用于组织环境，在与组织环境的“互动”中，推动组织演进朝着组织目标的“效率”方向演进。在这一过程中，外部力量的强制干预可能也会发生作用。另一方面，如果组织演进朝着组织目标的方向发展，那么组织演进绩效与组织环境之间的“互动”将会强化组织利益主体既有的行为选择，从而推动组织良性发展。

总之，在“组织演进—绩效”的分析中，主要是从结果层面检视组织演进的实际效果如何，它是组织演进“中继”的基础。

综上所述，结合结构层次Ⅱ的“行为—组织演进”分析和结构层次Ⅲ的“组织演进—绩效”分析来看，可以将 ECP 框架中主体的博弈行为与组织演进绩效之间的关系用图 3.5 进行表示。在图 3.5 中，主体 A 代表组织内部的利益主体，如组织内部社员、内部管理者等，主体 B、主体 C 代表组织外部的利益主体，如政府、行业竞争者等。双向箭头代表主体之间的博弈行为。组织 a（A）代表同一个组织内部契约关系发生的质性变化，组织 B 则代表新生的组织，两者都是组织利益主体博弈行为的均衡结果，即组织利益主体博弈的结果存在多重均衡。但是，这一多重均衡并不代表组织实现了按照组织目标要求的"真正"演进,组织有可能出现了"异化"。结果,在组织演进绩效与组织环境的"交互"作用及可能外部强制力量的干预下,出现了"再生"性组织。而这体现在图 3.5 中,就是出现了组织a(A)、组织 B 等具有不同实质内容和形态的组织。

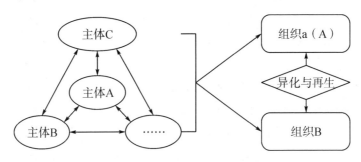

图 3.5 ECP 框架主体博弈行为与组织演进绩效的关系

3.3 ECP 框架的分析内容

根据 ECP 框架的核心逻辑和分析的三个结构层次:"环境—行为""行为—组织演进""组织演进—绩效"可知,利用 ECP 框架进行问题研究时,实质上就是要分析三个基本内容:环境分析、行为分析和绩效分析。

3.3.1 环境(E):制度环境与技术环境

组织总是"嵌入"一定环境之中并受环境的持续影响。任何组织都不能离开外部环境而存在,都必须在一定的环境下生存和发展,因为其必须与外部环境进行能量、物质和信息的交换。正如斯科特所说的,"每个组织都存在于某一特定的并且必须适应的物质、科技、文化和社会环境中。没有一个组织是自给自足的,所有组织的存在都有赖于与其所处的更大体系的关系。"①

那么,究竟什么是环境呢?又该如何对其进行分类呢?由于研究对象和任务的不同,不同学者对环境的分类标准并不一致。如有的将组织环境

---

① 斯科特. 组织理论:理性、自然和开放系统 [M]. 黄洋,译. 北京:华夏出版社,2002:19-20.

分为内部环境和外部环境两类（Duncan，1972）[1]。Hunt（1974）则将环境分为宏观、集聚（aggregation）和任务（task）环境三类[2]。罗必良（2004）认为，经济组织依存的交易环境至少包括制度环境（如法律环境、政治体制、经济体制、意识形态、宏观政策等）、资源环境和市场环境三个方面的内容[3]。本书借鉴斯科特（1981，1998）以及高杰（2017）的分类方法，将合作金融组织面临的外部环境分为制度环境和技术环境两个层次。

3.3.1.1　制度环境

制度环境决定了经济主体的行为准则、行为方式，划定了组织运行的边界，影响组织演进的方向；通过对外部已经确定的制度依赖，能够减少组织的动荡和维持组织的稳定[4]。诺思曾指出，"什么样的组织能存在下去，以及它们是如何演进的，这两方面都会受到制度框架的根本影响。"[5]约翰·迈耶（John W. Meyer）和布莱恩·罗文（Brian Rowan）认为，组织必须服从制度环境确立的规则和规定，才能获得环境中的技术和认可[6]。沃尔特·W. 鲍威尔（Wallter W. Powell）和保罗·J. 迪马吉奥（Paul J. DiMaggio）也认为，制度环境中的强迫机制、模仿机制和社会规范机制共同导致组织形式和行为的趋同性[7]。

但是，何为制度环境呢？兰斯·E. 戴维斯（Lance E. Davis）和诺思认为，制度环境是一系列用来建立生产、交换与分配基础的基本的政治、社会和法律基础规则[8]。斯科特和迈耶认为，制度环境是指那些以具有完善的

---

① DUNCAN. Characteristics of organizational environments and perceived environmental uncertainty [J]. Administrative science quarterly, 1972, 17（3）：313-327.

② HUNT. Environment and organizational effectiveness [J]. Administrative science quarterly, 1974, 19（2）：231-246.

③ 罗必良. 农业经济组织的效率决定：一个理论模型及其实证研究 [J]. 学术研究, 2004（8）：50.

④ 鲍威尔，迪马吉奥. 组织分析的新制度主义 [M]. 姚伟，译. 上海：上海人民出版社, 2008：45-57.

⑤ 诺思. 制度、制度变迁与经济绩效 [M]. 刘守英，译. 上海：三联书店, 1994：6.

⑥ MEYER, ROWAN. Institutionalized organizations: formal structure as myth and ceremony [J]. American journal of sociology, 1977, 83（2）：340-363.

⑦ POWELL. The iron cage revisited: institutional isomorphism and collective rationality in organizational fields [J]. American sociological review, 1983, 48（2）：147-160.

⑧ 戴维斯，诺思. 制度变迁的理论：概念与原因 [A] //科斯，阿尔钦，诺思，等. 财产权利与制度变迁：产权学派与新制度学派译文集 [M]. 刘守英，等译. 上海：三联书店, 1991：270.

规则和要求（如果其中的个体组织要想获得支持和合法性，就必须遵守这些规则和要求）为特征的环境。这些规则和要求可能来源于民族国家—政府授权的调节机构，来源于专业协会或行业协会，来源于界定各种具体组织应如何行事的一般信仰系统，以及其他类似的事物①。由此可见，学者们主要将制度环境理解为是一种宏观意义上的规范的、正式的制度。基于2.3.2 节对"制度"的理解，本书认为，首先，制度环境是合作金融组织博弈主体面临的包括正式制度（如经济体制、法律、政府政策等）和非正式制度（如价值信念、社会规范、惯例、道德准则、文化习俗等）在内的一系列制度的总和，这些制度对参与的博弈主体起到了认知性、规范性和规制性的作用；其次，制度环境也包括合作金融组织内部所形成的包括产权、成员价值观念等在内的微观意义上的制度。

3.3.1.2　技术环境

相比于制度环境对组织演进的影响，早期的相关研究更加重视技术环境变迁对组织演进的影响。如钱德勒（1962）把事业部型组织在美国出现的原因归结为19 世纪末铁路交通、电话通信和机器制造等新技术的推广和应用。威廉姆森（1975）也认为，大企业事业部型组织和混合组织的出现是技术环境变化引起交易成本和管理费用降低所致②。对于技术环境的内涵，斯科特和迈耶认为，技术环境是这样一些环境，在其中组织的一种产品和服务得以生产并在一个市场中进行交换，这样的组织因为对其生产系统有效的且充分的控制而获得回报。在最纯粹的情况下，这样的环境与新古典经济学家的竞争市场十分一致③。这就是说，斯科特和迈耶所指的技术环境主要是市场结构环境。吴彬和徐旭初（2013）在分析合作社的状态特性时，将技术环境界定为包括资源条件、产业和产品特性、交易市场状态（如市场的完全程度、市场竞争的激烈性及参与市场的交易成本大小等）、交易特性（如资产专用性、自然风险与不确定性、交易频率、交易

---

① 鲍威尔，迪马吉奥. 组织分析的新制度主义［M］. 姚伟，译. 上海：上海人民出版社，2008：133.

② 白景坤，罗仲伟. 组织的变与不变："目标—结构"框架下的组织演进研究［J］. 经济与管理研究，2015，36（12）：113-122.

③ 同①.

规模、交易外部性等）等在内的内容①。高杰（2017）用技术环境表示人对物质要素的利用能力，包括一切反映人和物质要素相关的内容②。

在这些研究的基础上，本书从技术意义和经济意义上定义技术环境，即既从单纯意义上的技术视角理解技术环境，也从提高生产力、改变生产函数关系的经济学视角理解技术环境。一是纯粹技术意义上的技术环境，主要是信贷技术，如信用评分、资产价值评估、信贷合约与产品设计等方面的技术。这些技术的发展主要取决于通常意义上的信息技术、数字技术等的进步。如钱德勒所指的交通、通信与制造技术，以及当前的人工智能（AI）、区块链、大数据、云计算等技术就属于此类。二是经济学意义上的技术环境，主要是与生产力发展水平有关的技术，具体如经济形态（如自然经济、商品经济、市场经济等）、经济发展状况（如经济的货币化程度、市场化水平等）、居民收入水平、农村金融市场的结构与特征（如竞争、垄断竞争、寡头、资金的市场供求情况、农户的资金借贷结构与特征、资金的用途结构等）、农业生产技术特性（如风险性、周期性等）、行业生态、成员结构特征（如异质性等）、资产特性（如可抵押程度等）等内容。

就制度环境与技术环境的特征及其关系来看：首先，由技术环境和制度环境所构成的环境总体是处于变动之中的，即合作金融组织面临的只能是一种相对稳定的环境状态。环境的这种变化既可以是一种渐进性的变化，也可以是一种激进性的变化；既可以是技术环境的变化，也可以是制度环境的变化，还可以是制度环境和技术环境的同时变化。其次，一般来说，环境变动的初始原因往往是由表征生产力的技术环境所引起的，而制度环境往往由于路径依赖、历史惯性等的作用而表现出一定的滞后性。最后，制度环境反映的是对组织产生影响的一些规制性、规范性和认知性内容，而技术环境则显示出更加物质的、以资源和交易为基础的特征。两者实质上是生产关系与生产力的关系。因此，技术环境决定制度环境，制度环境是技术环境内在要求的生产关系表征。

3.3.2 行为（C）：组织利益主体的博弈行为

组织主体的博弈行为推动组织演进。因此，分析组织利益主体的博弈

---

① 吴彬，徐旭初. 合作社的状态特性对治理结构类型的影响研究：基于中国3省80县266家农民专业合作社的调查［J］. 农业技术经济，2013（1）：107-119.

② 高杰. 中国农业产业化经营组织演进研究［M］. 北京：科学出版社，2017：34.

行为就是要回答清楚三个问题：一是何谓组织利益主体？二是组织利益主体的利益函数或行为目标是什么？三是组织利益主体的博弈行为是如何进行的？

3.3.2.1 组织利益主体：一个利益相关者理论的解释

利益相关者作为一个理论概念最早由斯坦福研究所（stanford research institute，SRI）于1963年提出，后经 eric（1964）、Igor（1965）、Freeman（1984）、Blair（1995，1996）、Mitchell（1997）等人的研究，逐渐形成了一个较为完善的利益相关者理论体系。

究竟谁是利益相关者？这是利益相关者理论首要回答的问题。对此，主要有狭义和广义两种分类法。其中，前者将那些"没有其支持，组织就不能存在的个体或群体"称为利益相关者（SRI，1963；O'Connor，1993）；后者认为，"任何能够影响组织目标的实现或受这种实现影响的个人或群体"都是利益相关者（Freeman，1984；Evan et al.，1993；Post et al.，2002）①。当然，也有学者按照相关利益群体与企业是否存在交易性合同关系，将利益相关者分为契约型利益相关者和公众型利益相关者（Charkham，1992）。Mitchell等（1997）则将利益相关者分为六种类型。总体来讲，这些研究只是划分的角度具有差异性，但都可以归入广义利益相关者和狭义利益相关者的范畴中去。

本书采用广义的利益相关者概念，认为不仅与农村合作金融组织直接、紧密相关的个体，如社员、内部管理者等是组织的利益主体，而且将影响农村合作金融组织发展和目标实现的群体，如中央政府和地方政府、社区、监管主体、行业竞争者等也认为是利益相关者。这就是说，农村合作金融组织的内部成员主体和外部主体都属于利益相关者，都是本书所指的组织利益主体。

3.3.2.2 组织利益主体行为假设

1776年，亚当·斯密在《国富论》中对以"利己心"为本性的"经济人"假设进行了精彩描述，他说："我们每天所需的食物和饮料，不是出自屠户、酿酒家或烙面师的恩惠，而是出自他们自利的打算。②"此后，

---

① 李维安，王世权. 利益相关者治理理论研究脉络及其进展探析［J］. 外国经济与管理，2007（4）：10-17.

② 斯密. 国民财富的性质和原因的研究［M］. 郭大力，王亚楠，译. 北京：商务印书馆，2008：14.

"经济人"这一经典假设在西方经济理论中得以不断修正和发展①。穆勒（1844）认为，"经济人"是精于计算、有创造性并能获得最大利益的人。在《不完全竞争经济学》一书中，罗宾逊阐明其分析的基本假设是"各人在他所处的环境中都根据他自己的经济利益来有理智的行动"②。总之，在古典、新古典经济学的学者那里，个人完全理性、效用最大化和信息完全是"经济人"假设的基本内容。

但是，完全理性的经济人假设遭到了来自赫伯特·西蒙的修正。他认为，"经济人"中所包含的"完全理性"是不现实的；相反，"有限的理性"比"完全理性"更接近于现实，追求令人满意的利润比追求最大利润更接近于现实。由此，他提出了"有限理性"和"寻找满意的人"的假说。

新制度经济学派的代表威廉姆森在西蒙"有限理性"的基础上认为，由于信息的不对称，一些人具有向对方说谎和欺骗的机会主义倾向和行为，即认为人是有限理性并具有机会主义行为的。该学派的另一位代表——诺思在《制度、制度变迁与经济绩效》一书中认为，人类行为比经济学家模型中的个人效用函数所包含的内容更为复杂。有许多情况不仅是一种财富最大化行为，还是利他的和自我施加的约束，它们会根本改变人们实际做出选择的结果③。于是，诺思将利他主义、意识形态和自愿负担约束等其他非财富最大化行为引入个人预期效用函数，从而建立了更加复杂的、更接近现实的人性假设。在他的分析中，"经济人"只能在特定的制度环境约束中最大化自己的效用。

由此看来，自从亚当·斯密表达了"经济人"思想以来，主流经济学就围绕"理性与信息"的完全程度展开了对"经济人"假设的不断修正和完善。即由完全理性到有限理性，再到机会主义行为以及诺思提出的在个人预期效用函数中加入意识形态等非财富因素的过程，实际上都强调了人具有追求自身效用最大化的内在特点。这种特点表明，人是理性的，即"理性经济人"。

本书认为，组织利益主体也具有"理性经济人"的特点。在这一行为假设条件下，组织的利益主体如社员、政府等都有自己的利益目标函数。

---

① 徐传谌，张万成. "经济人"假设的发展 [J]. 当代经济研究，2004（2）：27-31.
② 罗宾逊. 不完全竞争经济学 [M]. 陈良璧，译. 北京：商务印书馆，1961：12.
③ 诺思. 制度、制度变迁与经济绩效 [M]. 刘守英，译. 上海：三联书店，1994：27.

但正如组织面临的外部技术和（或）制度环境会处于变化之中一样，组织利益主体的目标函数也会随着环境的变化而变化，会在环境的变化中不断调整自己的行为目标，以追求自身利益的最大化。这就是说，组织利益主体具有"适应性理性"的特点。组织利益主体的这种"适应性理性"源于主体的环境依存性。

3.3.2.3 组织利益主体的博弈行为分析

前面已对组织利益主体及其行为假设做了分析，这里主要回答组织利益主体博弈行为的进行过程。本书认为，组织利益主体的博弈行为产生于组织利益主体利益函数的改变，组织利益主体博弈的均衡推动了组织演进。

第一，组织利益主体利益函数的改变取决于组织利益主体面临的外部技术和（或）制度环境的变化以及组织利益主体对外部环境变化的信念认知和理解判断。信念认知是组织利益主体在特定环境下采取何种行动及行动方向的基础。当外部环境发生变化时，组织利益主体会对变化后的环境对自己利益函数的影响进行理解和价值判断，并据此确定自己的行动策略。

第二，组织利益主体在选择的策略行动基础上展开合作或非合作博弈，博弈的均衡推动组织演进。由于组织利益主体的利益函数会随着环境的改变而变化，因此组织利益主体博弈行为的结果存在多重均衡解。组织利益主体博弈的这种多重均衡解，就表征为组织在形态和内容实质上的演进。

综上所述，在本书的分析中，组织利益主体不仅包括与组织发展紧密相关的组织内部的成员主体，还包括影响组织发展的外部主体，属于广义的利益相关者范畴。组织利益主体都有自己的利益函数，并随着外部环境的变化而变化。外部环境通过改变组织利益主体的目标函数使组织利益主体策略行为发生变化，组织演进正是组织各利益主体博弈行为的均衡解或结果。

3.3.3 绩效（P）：经营性绩效与社会性绩效

一般认为，绩效（performance）是指立足于组织长远发展，以提高个人绩效和组织绩效为基本目标，以组织功能的实现度、组织运营的有效性和组织服务对象的满意度为基本衡量指标，对组织的运营效果和功能发挥的一种综合性衡量（浙江省农业厅课题组，2008）①。对于农村合作金融组织的绩效及其评价而言，已有文献主要关注了农村合作金融组织的制度性绩效、"支农"绩效、财务绩效、社会绩效、运行绩效等内容。何广文（1999，2007）对农村信用合作社和农村资金互助社的制度性绩效进行了评价。陈东平和周振（2012）认为，"解决农户融资难问题、改善农户的融资条件、提升农户的信贷供给是评价互助社支农绩效的出发点和基本标准。"② 周治富和郭梅亮（2011）运用 Yaron 评价指标法，从目标客户的覆盖面和金融机构本身的可持续性两个方面评价了农村信用合作社的业绩③。曲小刚和罗剑朝（2013）认为，农村资金互助社运行绩效的评价包括业务绩效评价和财务绩效评价④。叶李伟和施佰发（2019）从财务绩效和社会绩效两个方面评价我国农村资金互助社的绩效⑤。国外的一些学者如 Hartarska（2005）、Tchakoute-Tchuigou（2009）、Mersland（2011）等，则主要关注了资金互助社的财务绩效和社会绩效。

应该说，这些文献对于本书的研究都提供了很好的参考价值和借鉴价值。但笔者也发现，这些研究主要是抓住合作金融组织的某个方面如制度性绩效、财务性绩效等进行评价，而未能从合作金融组织自身相异于商业性金融和政策性金融的基本特点出发进行综合考虑和权衡进行绩效评价。正如 Fried、Lovell 和 Eeckaut（1993）所分析的，合作金融组织的绩效分析既要考虑其自身的基本特点，如其是合作性的，以最大化服务成员而不是利润最大化的组织目标等，又要考虑其与外部其他金融中介的竞争关系⑥。

因此，在上述研究的基础上，同时结合合作金融的基本原则尤其是WCCU原则，以及合作金融的基本属性，本书用"经营性绩效+社会性绩

---

① 浙江省农业厅课题组. 农民专业合作社绩效评价体系初探 [J]. 农村经营管理，2008（10）：31-35.

② 陈东平，周振. 组织场域对新型农村合作金融机构支农绩效的影响：以盐城市试点为例的实证研究 [J]. 农业经济问题，2012，33（2）：50-56.

③ 周治富，郭梅亮. 中国农村信用社改革绩效评价：基于 Yaron 农村金融机构业绩评估指标的研究 [J]. 经济问题探索，2011（10）：59-65.

④ 曲小刚，罗剑朝. 农村资金互助社的运行绩效和影响因素：以内蒙古通宁市辽河镇融达农村资金互助社为例 [J]. 农村经济，2013（4）：61-65.

⑤ 叶李伟，施佰发. 金融扶贫背景下我国农村资金互助社绩效评价：基于福建省南安市助民合作社资金互助部的调研与案例分析 [J]. 福建论坛（人文社会科学版），2019（1）：195-202.

⑥ FRIED, LOVELL, EECKAUT. Evaluating the performance of US credit unions [J]. Journal of banking & finance, 1993, 17（2-3）：251-265.

效"来对农村合作金融组织的演进绩效进行分析。

3.3.3.1 经营性绩效

经营性绩效衡量的是农村合作金融组织演进的"可持续性"问题。从合作金融的基本属性出发，合作金融在目标上具有"非营利性"，但是，其本身作为一个组织，仍然需要生存和发展。如果一个合作金融组织长期、持续亏损，始终需要政府救助才能存活，那么，这样的合作金融组织实际上是没有实现演进绩效的。Mckillop 在其 2005 年主编的《公共与合作经济学年鉴》第 76 卷汇集的七篇论文中也认为，"合作金融组织不仅是商业效率的拥护者，而且是民主和成员参与的拥护者。"① 这就是说，合作金融组织仍然要关注"商业可持续性"问题。因此，我们对合作金融组织经营性绩效的衡量就显得尤为重要。

本书在对中国农村合作金融组织演进绩效中的经营性绩效进行评价时，将重点关注但不限于四方面内容：一是合作金融组织基本属性的坚持情况；二是合作金融组织的数量及规模，如吸纳社员的人数、兼并情况、组织体系建设和发展情况等；三是合作金融组织的不良贷款和不良资产等情况；四是合作金融组织的亏损率、盈利状况等。

这里必须指出的是，合作金融组织"优异"的经营性绩效也并不代表合作金融组织就实现了演进；相反，这可能是合作金融组织出现了"异化"的结果。因为，合作金融组织这种"优异"的经营性绩效表现可能是由于其自身以"利益最大化"为目标，一味地追求"商业化"的结果。因此，从这个角度上讲，此时的合作金融组织并未实现组织目标意义上的组织演进。

3.3.3.2 社会性绩效

社会性绩效衡量的是合作金融组织演进在服从服务于国家战略、地区经济发展、农村产业结构优化、打击高利贷等方面的情况。1995 年，国际档案理事会（ICA）将"关心社区"作为国际通行合作社通行原则的内容。WCCU 认为，信用合作社在社会责任方面的原则应该包括为合作金融组织成员提供教育，以促进其金融专业素养的提升，以及支持发展一个更广泛、公正、健康和繁荣的社区等内容。这就是说，合作金融组织自身仍然肩负了一定的社会性责任。因此，对合作金融组织社会性绩效的衡量理应成

---

① MCKILLOP. Financial cooperatives: structure, conduct and performance [J]. Annals of public & cooperative economics, 2010, 76 (3): 301-305.

为合作金融组织演进绩效的内容之一。但是，合作金融组织演进的社会性绩效并不是合作金融组织演进绩效的主要内容。

值得说明的是，本书对中国农村合作金融组织演进绩效的评价并不打算给出一个统一的指标体系，这主要是由于合作金融组织演进本身意味着合作金融组织形态和实质的变化，不同的合作金融组织以及同一合作金融组织不同时期的绩效在当前并未有相对权威、全面的统计数据。也正是由于这个原因，本书对合作金融组织演进绩效评价将不全部用"量化"的指标进行衡量，一些绩效的考察只进行"定性"描述。

至此，本书构建了一个研究中国农村合作金融组织演进的"环境—行为—绩效（ECP）"框架。这一框架的完整内容如图3.6所示。

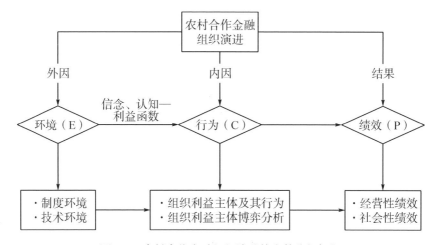

图 3.6　农村合作金融组织演进的完整分析框架

这一框架的核心逻辑是：环境影响组织主体的行为选择，组织主体的博弈行为推动组织演进，组织演进的绩效测量组织目标的实现程度。其中，环境是组织演进的外部因素，组织主体的博弈行为是组织演进的内部动因，组织演进绩效衡量的则是农村合作金融组织演进的"结果"。

在结构层次方面，ECP框架体现为三个逻辑紧密的结构层次。层次Ⅰ："环境—行为"分析。这一层次解释了组织利益主体基于信念认知判断对自身利益函数的影响是外部环境变化影响组织利益主体策略行为的传导路径。层次Ⅱ："行为—组织演进"分析。这一层次解释了组织利益主体如何通过博弈行为推动组织演进。层次Ⅲ："组织演进—绩效"分析。这一层次则意在通过组织演进绩效的测度分析组织目标的实现程度及其对组织未来演进的影响。

在具体分析内容上，ECP框架主要包括三个方面：①环境方面，主要包括制度环境和技术环境。其中，制度环境是合作金融组织博弈主体面临的包括正式制度和非正式制度在内的一系列制度的总和；技术环境既包括纯粹技术意义上的技术环境，也包括经济学意义上的技术环境。②行为方面，主要是指组织利益主体的博弈行为，分析内容涉及组织利益主体判别、组织利益主体行为目标分析以及组织利益主体的博弈行为分析三个内容。③绩效方面，涵盖农村合作金融组织演进的经营性绩效和社会性绩效两个内容。其中，经营性绩效衡量的是农村合作金融组织演进的"可持续性"问题；社会性绩效则主要研究农村合作金融组织演进在服从服务于国家战略、地区经济发展等方面的情况。

3.4　中国农村合作金融的发展历程与主要组织形态

恰如诺思在《制度、制度变迁与经济绩效》一书的前言中所说的那样，"历史是至关重要的。它的重要性不仅在于我们可以向过去取经，还因为现在和未来是通过一个社会制度的连续性与过去连接起来的。"①

本节主要针对中国农村合作金融的发展历程进行描述，并总结出中国农村合作金融组织演进过程中的主要组织形态及其演进方向。由于新中国成立以前我国已有发展农村合作金融的历史，因此基于内容完整性的考虑，本书对中国农村合作金融发展历程的分析主要从新中国成立前农村合作金融的发展历程和新中国成立以来农村合作金融的发展历程两个方面展开。但由于新中国成立以前农村合作金融的发展历程不构成后文研究的内容，因此这里对其的分析尤其是对在中国共产党领导下的革命根据地的农村合作金融发展的分析相较于新中国成立以来的农村合作金融发展历程的分析更为详细，不仅描述了发展的内容、政策等，还涉及对其的评价。后文对农村合作金融组织演进过程中主要组织形态的分析，也就不涉及新中国成立以前农村合作金融发展过程中的组织形态了。

---

① 诺思. 制度、制度变迁与经济绩效 [M]. 刘守英, 译. 上海：三联书店, 1994: 1.

3.4.1 新中国成立前农村合作金融的发展历程

根据农村合作金融发展主导力量的差异，可将新中国成立前农村合作金融的发展历程分为4个部分：民间自发形成的传统合作金融、社会力量主导的农村合作金融、国民党统治地区的农村合作金融和革命根据地的农村合作金融。

3.4.1.1 民间自发形成的传统合作金融

民间自发形成的传统合作金融主要是指以"合会"为主的民间资金互助组织。作为早期[①]民间自发形成的、松散的合作金融的雏形，合会主要盛行于自然经济逐步解体、商品经济尚不发达的时期和地区。

根据收会方式的不同，有三种典型的合会形态：轮会、摇会和标会[②]。其中，轮会预先由会首指定或各会脚预先认定收会次序，确定会友的二会、三会等，轮次得会；摇会采用抓阄摇骰或抽签的方法决定得会次序；标会采用投标竞争的方法，出利息多者得会。但会首不参与投标，不得息，亦不付息。

从运行方式来看，合会一般包括"邀会—圆会—得会—满会"4个步骤（见图3.7）。其中，邀会即发起人（会首）邀请数人（一般不超过40人，较为流行的是10人），如亲戚、邻居充当会脚，发起组织设立合会。圆会即指集中所有成员召开合会成立大会，就会名、会期（集会的日期、次数）、会金（合会成员每期应缴纳金额）、会息、会额（会首、会脚每次收会时所得总金额）、入会责任等进行说明。一般来讲，首期所有成员汇集的会金先由会首使用。得会是指成员在规定的时间间隔内将缴纳的会金以一定方式（抽签或投标等）交给得会的会脚。满会是指最后一个未得会的会脚得会后即宣告合会结束。

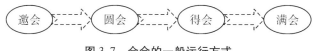

图 3.7　合会的一般运行方式

---

① 对于我国合会具体的起源时间，当前尚无定论，有的学者认为源于南北朝时期，有的学者认为"起于隋代，较为可信"，也有的学者认为"似在唐宋之间"，还有的学者认为"雏形于汉代，成型于唐代，初步发展于宋代"。参见：郑启福. 中国合会起源之考辨 [J]. 湖北经济学院学报，2011，9（2）：19-23，76.

② 关于"合会"，印度尼西亚称其为"arisan"，越南称其为"ho"，日本称其为"ko"，约鲁巴称其为"esusu"。参见：GEERTZ, CLIFFORD. The rotating credit association: a "Middle Rung" in development [J]. Economic development and cultural change, 1962, 10 (3): 241-263.

合会主要依靠血缘、亲缘、地缘等"熟人社会"的在地化优势和较少人数进行组织组建，其运行范围一般限于本村村民和邻近的亲戚、朋友之间。合会的功能一般不在于营利，而是以解决困难家庭突发性的紧急资金需要（如治病、还贷等），普通家庭修房子、婚嫁、子女上学、投资生意等为主。胡必亮（2004）在对浙江温州项东村的调查中发现，分别有50%、40%的会员属于第一种类型和第二种类型[1]。扈映和毛玉芬（2011）对温州、台州、宁波标会的调查同样显示，有51.2%的会员入会的原因在于帮助别人[2]。在正式金融不能或不愿意给贫困群体提供金融服务的特定时空领域，合会能够提供一种补充的且最为现实的融资方式，具有经济合理性[3]，同时也具备了合作金融的一些基本特征。

但是，作为一种民间自发形成的、松散的资金互助组织，合会的参与人数多少、会期长短、金额大小等都由参加者协议决定，组织形式简单，资金规模总体较小，运行缺乏规范性。尤其是合会资金使用的风险控制主要借助"口头"信用和道德等"软性"力量进行约束，容易形成社会不稳定的因素。总之，以合会为主的民间传统合作金融为我国现代合作金融的发展提供了参照。

3.4.1.2 社会力量主导的农村合作金融

社会力量主导的农村合作金融主要是指由中国华洋义赈救灾总会（以下简称"华洋义赈会"或"义赈会"）[4] 以及一些社会人士所开展的农村合作金融，其活跃时间跨度为 20 世纪 20 年代初期到 20 世纪 30 年代后期（抗日战争前）。地域范围主要集中在河北、山东两省。这一时期社会人士所开展的农村合作金融总体规模不大，截至 1936 年 12 月底，梁漱溟在邹平办的信用合作社数量仅 48 个，社员数为 1 055 人；截至 1935 年 4 月底，

---

① 胡必亮. 村庄信任与标会 [J]. 经济研究, 2004 (10)：115-125.

② 扈映, 毛玉芬. 民间标会何以盛行不衰 [J]. 西北农林科技大学学报（社会科学版），2011, 11 (4)：155-160.

③ 岳志. 现代合作金融制度研究 [M]. 北京：中国金融出版社, 2002：18-20.

④ 1920 年，北方省省大旱，中外人士在各省组织义赈团体募集资金、赈粮救济灾民，但各类义赈团体各行其是，互不联络，造成救灾效果大减。为缓解这一情况，1921 年 11 月 16 日，上海华洋义赈会、山东华洋义赈会、河南华洋义赈会、山西华洋义赈会、天津华北洋义赈会、汉口中国华洋义赈会湖北分会、北京国际统一救灾总会 7 个团体在上海成立了旨在救灾的慈善团体，即"中国华洋义赈救灾总会"。参见：龚关, 等. 国民政府与中国农村金融制度的演变 [M]. 天津：南开大学出版社, 2016：82.

晏阳初在定县建立的信用合作社也仅 78 个[①]。因此,这里主要就华洋义赈会所倡导的农村合作金融进行介绍。

1923 年 6 月,华洋义赈会在河北香河县城福音堂创立了我国最早的农村信用合作社——香河县第一信用合作社。华洋义赈会遵循德国合作金融的"Raiffeisen 原则",要求社员入社需认购社股至少一股,合作社放款限于本社社员。合作社最高权力机关为社员全体会议,下设执行委员会和监察会,召开社员大会时,社员需到场且每人一票。华洋义赈会对合作社的放款实行独有的承认及考成制度,即合作社若想得到华洋义赈会的资助,需要经过义赈会的严格考核,获得该会的承认。义赈会对于承认社的放款数额及利率高低等,都与华洋义赈会对合作社社务考核的结果和承认的时间长短相关。华洋义赈会还通过开办合作讲习会、刊行定期刊物《合作讯》等措施不断强化对农民合作认知的教育和培训。《合作讯》自 1924 年6 月创刊以来,截至 1934 年年底共发行了 144 期,发行量达到 9 000 份以上。伴随各地信用合作社发展规模的不断壮大,1934 年 2 月,河北省深泽县建立了中国第一个县级合作社联合会。

华洋义赈会所倡导的农村信用合作事业在我国早期的合作金融发展中起到了重要作用。首先,其第一次将发源于德国的雷法哭式农村信用合作社的基本做法在中国大地上进行了实践和具体运用。在这之前,中国农村并无现代意义的合作社产生,更无合作经验可谈。其次,其为后来信用合作事业的发展提供了示范,奠定了合作社组织运行的技术基础。如华洋义赈会创立的承认及考成制度,先办信用合作社再办其他合作社等做法对后来信用合作事业的发展都是有益的探索。最后,训练了民治精神,培养了民众的合作认知,并在一定程度上抑制了农村盛行的高利贷。但是,华洋义赈会在一个军阀混战的年代里倡导农村合作金融,显然难以取得实际成效,同时,其倡导的农村合作金融也存在"嫌贫爱富"、放款数额较小、期限较短等不足之处。

3.4.1.3 国民党统治地区的农村合作金融

1927 年,蒋介石在南京成立国民政府,一改北洋政府对合作社"限制""禁止"的态度,转而积极重视对合作社运动的推行、扶持和控制。这主要体现为国民政府针对信用合作出台了一系列政策、法规,设立专门

---

① 尹志超. 信用合作组织:理论与实践 [M]. 成都:西南财经大学出版社,2007:93-94.

的合作行政管理机构，建立了信用合作社的各级联合组织及其资金调剂组织等方面。

在信用合作的政策及法规方面，1928年，国民政府先后颁布的《合作运动纲领》《农村合作运动宣传大纲》都提出要举办信用合作社①。1931年5月，《中华民国训政时期约法》第三十四条提出设立农业金融机关，奖励农村合作事业。1934年3月，实业部②颁布《合作社法》和《农村信用合作规范章程》等③。在设立专门的合作行政管理机构方面，1936年，实业部下设合作司，掌管全国合作行政。1939年5月，实业部下设合作事业管理局。此外，国民政府还建立了信用合作社的各级联合组织及其资金调剂组织——合作金库体系。1936年9月，实业部组建农本局，其使命在于辅助合作金库以期形成系统的合作金融制度。1946年11月，作为合作社资金调剂和融通中心的中央合作金库正式建立。同时，国民政府还建立了中国合作协会等学术研究机构和中央合作学院等教育培训基地。如1935年，国民党中央党部组织委员会开办"中央合作人员训练所"；1936年，国民党"中央政治学校"专门设立了"合作学院"等。

国民政府针对信用合作所采取的一系列措施，推动了农村信用合作数量的增长。据统计，1932年以前，国民党统治地区的信用合作社占合作社总数的比例保持在80%以上。抗战期间，信用合作社数量相对减少，到1943年占48.1%。截至1949年2月底，国民党统治地区内共有合作社17万多个，其中信用合作社约5万多个，占比在30%左右，但仍居多数。从全国分布来看，国民党统治地区的信用合作社最初只存在于河北、江苏等少数省份，1937年分布于17个省份，1947年则扩展至23个省份。同时，全国还有信用合作社区联社604个、县联社855个、省联社27个④。

尽管国民党统治地区的农村合作金融发展取得了一定成绩，但是我们仍应清醒地认识到国民党推动农村合作运动的相关问题。首先，国民党推动农村合作金融的发展主要是为了巩固统治地位，其与早期华洋义赈会倡导的农村合作金融在目的、推进速度、与合作社关系等方面都存在较大差

---

① 李树生. 合作金融［M］. 北京：中国经济出版社，2004：128-129.
② 1912年，南京临时政府始设。
③ 龚关，等. 国民政府与中国农村金融制度的演变［M］. 天津：南开大学出版社，2016：116-117，273.
④ 同①：129.

异。其次，农村合作金融是国民政府反共反人民、实施"剿匪"的工具，实为镇压革命。再次，国民党统治地区的农村合作金融采取行政力量强制推动，违背了合作金融入社自愿、民主管理的基本原则。如国民政府制定的《合作社法》中规定了"破产者不得入社"，这事实上将贫苦农民排除在外，从根本上违背了自愿原则[1]。最后，国民党推进农村合作金融过于重视数量和形式，而忽视了对农民"互助、自助、自立"合作精神实质的培育，从而也使得国民党统治地区的农村合作金融制度缺乏灵魂基础，容易滋生操纵借款等弊端。

3.4.1.4　革命根据地的农村合作金融

革命根据地农村合作金融的发展基本上伴随中国共产党的成立就得以逐步开展。十月革命胜利后，马克思、恩格斯和列宁的合作思想在中国迅速传播开来，并被中国共产党接受。1922 年 7 月，中国共产党第二次全国代表大会通过的《关于"工会运动与共产党"的决议案》明确指出，"工人消费合作社是工人利益自卫的组织，共产党须注意和活动此种组织。"[2]此后，信用合作社在中国共产党的领导和组织下不断发展壮大。

解放战争时期，革命根据地的信用合作事业基本上延续了抗日战争时期的金融体系，因此这里主要分国内革命战争时期和抗日战争时期两个阶段对新中国成立前中国共产党领导的农村合作金融发展状况进行介绍。

（1）国内革命战争时期根据地的农村合作金融发展。

国内革命战争时期，中国共产党将领导的农民运动、工人运动与合作运动相结合，十分重视对信用合作思想的宣传和实践的开展。1925 年6月13 日，中共广东区执行委员会发表的《中国共产党对于广东时局宣言》就明确要求广东工农兵方面的工友们和农友们"扶助工农经济合作事业之发展"[3]。总体来看，这一时期农村合作金融的发展又可以分为第一次国内革命战争时期（1924 年 1 月至 1927 年 7 月）和第二次国内革命战争时期（1927 年 8 月至 1937 年 7 月）两个阶段。其中，第一次国内革命战争时期农村合作金融的发展主要表现为对组建信用合作社的重视（见表 3.1），而

---

① 李恩慈，牛素鸽. 合作金融通论 [M]. 北京：中国经济出版社，1991：64.

② 中共中央文献研究室，中央档案馆. 建党以来重要文献选编：第一册 [M]. 北京：中央文献出版社，2011：155.

③ 中共中央文献研究室，中央档案馆. 建党以来重要文献选编：第二册 [M]. 北京：中央文献出版社，2011：384.

未能真正开始开展信用合作社的活动①。同时，虽然这一阶段广大农民发展信用合作社的热情很高，但发展起来的信用合作社（包括贫困借贷所、低利借贷所等）往往规范性不够。正如1927年3月，毛泽东在《湖南农民运动考察报告》中指出的，"地主'卡借'，农民因借钱而企图组织'借贷所'的，亦所在多有。"但是，"大问题，就是详细的正规的组织法没有。各地农民自动组织的，往往不合合作社的原则。"② 因此，在第二次国内革命战争时期，农村合作金融的发展主要表现为根据地各级政府通过颁布关于信用合作社的组织条例、工作纲要和发展大纲，对信用合作社的宗旨、原则、性质、作用、与私人银行的区别等进行明确规范和要求（见表3.1）。1933年9月，湘赣省苏维埃临时中央政府颁布的《信用合作社标准章程》，规定信用合作社"以便利与帮助工农群众发展生产，实行低利借款，抵制高利贷为宗旨"；社员"以工农劳苦群众为限，富农、资本家、商人及其他剥削者不得入社"；社员数量不受限制，但要经过社员大会通过；股金定为"每股一元大洋"，以家为单位，一家人也可入数股，凡缴足股金的社员，均有选举权、被选举权、表决权，但每一社员（代表一家）不论入股多少，"均以一权为限"；信用合作社"应以极低利息贷款给社员，社员借款用途应以发展生产的临时周转为限"，资金富裕时也可对非社员借款③。

这一时期的信用合作社从业务范围来看，主要涉及存款、放款、代理和贴现四种。通过这些业务的发展，中央革命根据地（苏区）的信用合作事业有了初步发展，也为壮大根据地经济力量，打破国民党反动派的经济封锁，打击高利贷，支持人民群众发展生产、解决生活困难等起到了重要作用。但是，1934年10月，随着第五次反"围剿"的失败，中国工农红军被迫撤离南方各根据地，实施战略转移，根据地建立起来的信用合作事业也遭到重创。后来，红军经过长征到达陕北后，根据地的信用合作事业才又在抗日战争时期陕甘宁边区恢复并发展起来。

---

① 1934年1月，毛泽东在第一次全国工农代表大会上做《我们的经济政策》的报告时指出，"合作社事业，是在极迅速的发展中。"但是，"信用合作社的活动刚才开始。"参见：毛泽东.毛泽东选集：第一卷［M］.北京：人民出版社，1991：133.

② 毛泽东.毛泽东选集：第一卷［M］.北京：人民出版社，1991：41.

③ 卢汉川.当代中国的信用合作事业［M］.北京：当代中国出版社，2001：39-40.

表 3.1　国内革命战争时期根据地关于合作金融发展的部分文件

第一次国内革命战争时期（1924 年 1 月至 1927 年 7 月）			
时间	会议/颁布单位	文件名	相关内容
1926 年 5 月	广东省第二次农民代表大会	《农民合作运动决议案》	在农民中组织信用合作社、消费合作社和贩卖合作社
1926 年 12 月	湖南省第一次农民代表大会	《农村合作社问题决议案》	贫苦的农民，为免除高利贷的盘剥，应组织信用合作
1927 年 4 月	中国共产党第五次全国代表大会	《土地问题决议案》	建立国家农业银行及农民的消费、生产、信用合作社
1927 年 8 月	—	《中央通告农字第八号——农运策略的说明》	从速创办协作社以补助农民的经济斗争——尤其是信用合作社
第二次国内革命战争时期（1927 年 8 月至 1937 年 7 月）			
1932 年 4 月	中华苏维埃共和国临时中央政府	《合作社暂行组织条例的决议》	信用合作社系由工农劳动群众集资所组织的，富农资本家及剥削者，均无权组织和参加，信用合作社的目标是便利工农群众经济周转和借贷以地址私人的高利剥削
1933 年 6 月	中央经济人民委员会	《发展合作社大纲》	信用合作与私人的银行绝不相同，私人银行的目标在于剥削借贷者以取得利润，信用合作社的目标是为社员全体谋利益。其所得利润为全体社员所有
1933 年 9 月	湘赣省苏维埃临时中央政府	《信用合作社标准章程》	见文内

资料来源：李树生. 合作金融 [M]. 北京：中国经济出版社，2004：131-132，135；中共中央文献研究室，中央档案馆. 建党以来重要文献选编：第四册 [M]. 2011：194，327-328；刘克祥，吴太. 中国近代经济史（1927—1937）：上册 [M]. 北京：人民出版社，2010：189；卢汉川. 当代中国的信用合作事业 [M]. 北京：当代中国出版社，2001：39-40.

（2）抗日战争时期根据地的农村合作金融发展。

抗日战争时期革命根据地的农村合作金融发展最先在陕甘宁边区兴起。陕甘宁边区是革命老区，在土地革命时期就基本上解决了农民的土地问题，抗日战争初期，又进行了减租减息，农民生产积极性得到极大提高。但受国家银行机构偏少以及高利贷和传统"请会"重新抬头的影响，农民普遍要求实行信用合作。1943 年 3 月，陕甘宁边区第一个信用合作社即延安南区沟门信用合作社成立①。1943 年 11 月，《解放日报》介绍了沟门信用合作社的办社经验后，各地陆续仿效试办。截至 1944 年年底，陕甘宁边区的信用合作社发展到 86 个，资产达 5 亿元，1945 年增加到 15 亿元。晋冀鲁豫边区的信用合作社在 1945 年以后才获得较大发展，这个边区把信用合作社作为开展农村金融的助手，最先在太行地区发展信用合作运动；截至 1946 年年底，其共建立了 56 个信用合作组织。晋冀鲁豫边区由于农村货币信用关系不发达，加之物价不稳定，除了少数进行独立经营的信用合作社以外，其他大部分都是供销合作社内的信用部，即"混合经营"。据统计，截至 1947 年年底，太行、太岳两个地区共建立有信用合作社（部）526 个，部分县一半左右的行政村都建有信用合作组织。同年，全国解放区共有信用合作组织 880 多个。

相比于国内革命战争时期，抗日战争时期的农村信用合作社具有统一战线性质，所有农民、工人、地主、资本家均可加入合作社，它是政府领导、各层人民联合经营的合作经济组织，其业务是综合性的。建立涵盖生产、运输、信用、消费等在内的综合性合作社，不仅方便经营，还能有效契合边区地广人稀、交通不便、货币信用关系不发达的现实情况，满足人民的需要。其资本金在创建初期受到政府的帮助，或政府机关入股，实行公私结合、民办公助、公私两利。总之，抗日战争时期陕甘宁边区的农村合作金融发展对于打击高利贷、扶助生产和发展农村经济、支持革命战争等起到了积极作用。

总体来看，根据地的农村合作金融发展始终受到中国共产党的鼓励和支持，初步建立了包括基层社、县（区）联社在内的组织体系，为打击农村高利贷，帮助贫苦农民解决生产、生活困难，促进革命事业的成功发挥了重要作用。更为重要的是，中国共产党早期领导信用合作社发展的实践经验为后来时期，尤其是新中国成立后领导大规模的信用合作事业奠定了基础。

---

① 该信用合作社成立于 1938 年，当时是作为消费合作社兼营信贷业务，1943 年改为独立的信用合作社，专门经营信贷业务，其也是延安南区综合性合作社［包括生产合作、消费合作、运输合作（运盐）、信用合作的综合性合作社］的所属单位。参见：卢汉川. 当代中国的信用合作事业［M］. 北京：当代中国出版社，2001：42；毛泽东. 毛泽东选集：第三卷［M］. 北京：人民出版社，1991：931-932.

一是关于自愿入股的问题①。自愿性是合作社的基本原则之一，但在革命根据地的信用合作实践过程中，存在部分强制摊派的问题，如延安南区沟门信用合作社采取了自由入股和限定存款、放款入股两种办法，股金一年内不能提取，这些做法虽引起了群众的反对但得到了及时纠正。

二是民主管理、民办公助的问题。民主管理也是合作社的一项基本原则。根据地信用合作社在实践中总结出关于民主管理的内容包括：社员选举主任，主任不称职时，社员有罢免之权利；民主公议社务；入（退）社（股）自由；按期算账，按期公布社务情况，按期分红，按股分红；无论股金大小，社员一律平等。对于信用合作社的创办，陕甘宁边区探索出来的经验是：先由老百姓办起来，银行再给予一些帮助，即所谓的"民办公助"。

三是坚持合作性质，克服单纯营利的问题。非营利性是合作社的重要原则之一。根据地信用合作社的发展实践证明，发展信用合作事业必须加强对合作社知识的宣传和普及教育，建立严格的规章制度确保合作社开展互助业务，而不是从营利出发，追求商业投机。

四是信用合作社与中心社（联社）、银行及政府的关系问题。信用合作社与中心社（联社）之间是一种系统的纵向关联关系，但中心社与基层社之间营业和会计要相互独立。联合社是由基层社联合组成的一个区域性合作金融组织，即"合作社的合作"。信用合作社与银行之间则是一种互助合作的关系，银行给予信用合作社资金、人才及业务上的指导，信用合作社则利用点多面广的优势协助银行开展业务。信用合作社与政府之间的关系体现为政府对合作社的指导、鼓励和扶持，但政府不能强制干预、命令信用合作社经营业务。正如毛泽东在《必须注意经济工作》中所指出的，"实际上，命令主义地发展合作社，是不能成功的；暂时在形式上发展了，也是不能巩固的。结果是失去信用，妨碍了合作社的发展。"②

3.4.2 新中国成立以来农村合作金融的发展历程

立足于前文对合作金融基本属性的认识，并结合我们党在不同时期关于农村合作金融发展的核心政策，本书将新中国成立以来农村合作金融的

---

① 参见：李树生. 合作金融 [M]. 北京：中国经济出版社，2004：137-139.
② 毛泽东. 毛泽东选集：第一卷 [M]. 北京：人民出版社，1991：125.

发展历程划分为三个阶段①：形成阶段、异化阶段和再生阶段。

3.4.2.1　新中国农村合作金融的形成阶段：1951—1956 年

新中国成立初期，我国面临社会主义改造的历史任务，为引导广大农户尽快走上合作化道路，促进农业生产尽快恢复和发展，政府大力推行以生产、供销、信用合作为主的合作化运动。其中，在信用合作方面，我国农村合作金融经历了从重点试点到逐步推广再到普遍发展的过程。1951 年下半年，我国政府重点在农村地区试办了农村信用合作社、信用互助小组、供销合作社信用部三种信用合作组织形式。其间，中国人民银行还颁布了《农村信用合作社章程准则（草案）》《农村信用互助小组公约（草案）》等文件，对农村信用合作社的性质等进行了规定。如明确了社员代表大会、理事会、监事会及其职权，要求"信用社的重大事务由社员大会或社员代表大会讨论决定"等。到 1956 年上半年，全国就实现了"一乡一社"，完成了信用合作化。

从整体来看，这一阶段的农村信用合作社基本上遵循了合作金融的基本属性，资本由经济弱势的广大农民入股，管理者由社员选举，信贷资金投向社员，在成员构成、管理方式等方面都较好地贯彻了经典合作社的基本原则，具有合作制性质。同时，其在帮助当时的贫困农民解决生产生活困难，支持农业生产合作组织发展等方面发挥了积极作用，为我国实现社会主义改造做出了重要贡献。

3.4.2.2　新中国农村合作金融的异化阶段：1957—2003 年

新中国农村合作金融的异化阶段经历了一个较长的历史过程。这一过程又可以通过三个阶段加以说明：管理体制反复调整的"官办"合作金融阶段、恢复"三性"规范发展的合作金融属性复归阶段和实施产权改革走向商业化的合作金融属性彻底异化阶段。

（1）管理体制反复调整的"官办"合作金融阶段。

20 世纪 50 年代末期，农村人民公社化运动以来，为加快建立起高度集中的计划经济体制，农村信用合作社沦为向计划经济过渡的工具，管理

---

① 对于新中国成立以来农村合作金融发展阶段的划分，当前理论界并未有统一的标准，有的采用合作制标准将农村合作金融变迁划分为三个阶段，有的采用利益主体目标不一致标准将农村合作金融划分为四个阶段，还有的采用政策标准将农村合作金融划分为五个阶段，也有的并无明确的划分标准。参见：蒋永穆，王丽程. 新中国成立 70 年来农村合作金融：变迁、主线及方向[J]. 政治经济学评论，2019，10（6）：78-94.

主体几经变更成为"官办"组织，农村信用合作社完全失去了独立性和合作金融性质。1958年、1959年、1969年农村信用合作社的管理权先后被下放至人民公社、生产大队和贫下中农，同时又于1962年、1977年、1979年收归国家银行管理，成为这些部门的附属机构。1977年，国务院颁布的《国务院关于整顿和加强银行工作的几项规定》就明确表示，"信用社既是集体金融组织，又是国家银行在农村的基层机构。"

总之，管理权的反复调整，不仅使"中央政府作为最强势的外部人干预（垄断）了农信社的发展，实际上置换了社员地位并享有控制权"，造成农村信用合作社的民主管理流于形式。而在服务目标上，农村信用合作社成为"国家控制下向工业和城市输送农村经济资源与剩余的管道"，为国家工业化控制和转移农村稀缺的金融资源。虽然其并不追求利润最大化，但却背离了"自我服务"的存在初衷。

（2）恢复"三性"规范发展的合作金融属性复归阶段。

党的十一届三中全会以后，随着以家庭联产承包责任制、乡镇企业"异军突起"等为主要内容的农村改革不断推进，农村合作金融需求愈见旺盛。然而，走上"官办"道路的农村合作金融却难以满足这一需要。在此背景下，政府意识到要把信用合作社"真正办成群众性的合作金融组织"。为此，我国农村信用合作社开启了以恢复合作金融属性为核心的改革步伐，如1983年的中央一号文件即《中共中央关于一九八四年农村工作的通知》要求"信用社应坚持合作金融组织的性质"。1984年8月，《国务院批转中国农业银行关于改革信用合作社管理体制的报告》明确表示，要"恢复和加强信用合作社组织上的群众性、管理上的民主性、经营上的灵活性"，要"把信用社真正办成群众性的合作金融组织"。1996年，《国务院关于农村金融体制改革的决定》提出，要"把农村信用社逐步改为由农民入股、由社员民主管理、主要为入股社员服务的合作性金融组织"，并"恢复农村信用社的合作制性质"。

通过这些举措的改革，农村信用合作社的"官办"性得到了一定程度的纠正，并推动了农村信用合作社合作金融属性的复归。尤其是通过清资扩股，重新密切了农村信用合作社与广大农民（社员）的关系，体现了合作金融主体的同一性。但是，这只是恢复农村信用合作社合作属性的一次不成功尝试，因为国务院关于运行民主和互助合作的改革要求仅使农村信用合作社的民主管理状况相对有所改善，其"所有者缺位和内部人控制问题并未得到有效解决"。尽管大多数地区都建立了"三会"制度，却徒有形式，未能有效发挥应有作用，农村信用合作社主要成为"内部人"实现利益目标的工具。同时，"农村信用合作社商业化严重，大量贷款投向了效益比较好的乡镇企业或其他经济组织，农民贷款难问题并没有得到解决"，从而在一定程度上偏离了其"非营利性"的发展目标。

（3）实施产权改革走向商业化的合作金融属性彻底异化阶段。

针对上一阶段在产权、内部治理等方面存在的问题，2003 年 6 月，《国务院关于印发深化农村信用社改革试点方案的通知》出台以来，农村信用合作社开启了以产权和股份制改革为核心的新一轮改革。根据文件精神，农村信用合作社可以根据地区情况差异，进行股份制、股份合作制和农村商业银行、农村合作银行、县（市）统一法人和县（市）、乡镇两级法人农村信用合作社等不同产权制度和产权组织形式的自主选择。2011 年，原银监会明确提出通过五年左右时间全面消化历史亏损挂账，全面完成股份制改革；鼓励符合条件的农村信用合作社改制组建为农村商业银行，不再组建新的农村合作银行，现有农村合作银行要全部改制为农村商业银行。至此，在政府的主导推动下，我国农村信用合作社在形式和实质两个方面均彻底脱离合作金融原则，全面实行股份制改造，走上商业化经营的道路，我国唯一的正规农村合作金融组织正式退出历史舞台[①]。

股份制和商业化经营导向下的农村信用合作社，运营上面对的政府干预或"外部人控制"问题也很严重，从而使民主管理陷入困境，集中表现为民主管理主体缺失、民主参与利益丧失和民主管理外部环境缺乏三方面。在目标上亦不再以实现农户资金互助为主要内容，而是直接诉求于利润最大化。农村信用合作社对社员的贷款发放程序与商业银行基本相同，社员不仅得不到优惠，反而因为"三农"固有的弱势地位受到歧视。正如有学者认为，资金互助原则在形式和实质两个方面已经在农村信用合作社中彻底退出历史舞台，我国正规的农村合作金融组织已经在历史上逐渐消失。

除了农村信用合作社外，在这期间（20 世纪 80 年代初至 20 世纪90 年代末），我国农村还出现了农村合作基金会这一组织。从全国范围来看，从 1984 年农村合作基金会开始成立、运行到被清理关闭，其大约存续了

---

① 汪小亚，等. 新型农村合作金融组织案例研究 [M]. 北京：中国金融出版社，2016：7.

10 年的时间。根据温铁军（2001）的研究，从总体上看，我们可以将农村合作基金会的发展历程划分为四个阶段：一是 1984—1986 年的萌发阶段。1984 年，河北省康保县芦家营乡正式建立农村合作基金会。截至 1986 年年末，黑龙江、辽宁、湖北、广东、四川等地的农村社区内部融资活动都有一定程度的发展。二是 1987—1991 年的改革试验阶段。这一阶段，农村合作基金会逐步得到中央政府和有关部门的承认、鼓励和支持，并在黑龙江省尚志市、四川省广汉市等部分地区进行规范化改造。三是 1992—1995 年的高速扩张阶段。这一阶段，许多农村合作基金会在地方政府的干预下将资金更多投向非农领域，并开始大量办理非会员及所在区域以外的存贷款业务，金融秩序处于混乱状态。四是 1996 年至清理整顿结束的整顿清理阶段。1998 年，全国各地普遍出现挤兑，四川、河北等地区甚至出现了较大规模的挤兑风波和影响农村社会稳定的事件。1999 年 1 月，国务院正式宣布全国统一取缔农村合作基金会①。

3.4.2.3 新中国农村合作金融的再生阶段：2004 年至今

农村信用合作社合作性质的彻底异化和商业性、政策性金融组织农村金融供给的严重不足为农村合作金融的增量发展提供了空间。2004 年 7 月，吉林省梨树县闫家村八户村民自发组织成立了全国第一家资金互助合作社，标志着我国农村合作金融迈入了多种组织形式共同发展的合作金融再生阶段。此后，我国政府出台了一系列政策对其进行引导和规范。如 2005 年 4 月，国务院出台的《国务院关于 2005 年深化经济体制改革的意见》提出要"探索发展新的农村合作金融组织"；2014 年的中央一号文件即《中共中央 国务院关于全面深化农村改革加快推进农业现代化的若干意见》提出，要"发展新型农村合作金融组织"；2017 年的中央一号文件即《中共中央 国务院关于深入推进农业供给侧结构性改革加快培育农业农村发展新动能的若干意见》提出，要"规范发展农村资金互助组织""开展农民合作社内部信用合作试点"等。经过多年的发展，我国在这个阶段已形成由原银监部门批准设立的农村资金互助社、由原国家扶贫办和财政部门联合开展的贫困村互助资金试点、由农业等相关部门推动并依托农民专业合作社而建立的农民资金互助合作社、农民自发形成的农民资金互助社（包括依托农民专业合作社在社员内部开展的资金互助）四类新型

---

① 李静. 关于农村合作基金会的研究综述 [J]. 中国农村观察，2002 (6)：71.

农村合作金融组织共同发展的格局。

这一阶段的新型农村合作金融坚持合作制、社员制的基本原则，实行民主管理和决策，追求成员（使用者）利益最大化的运行特征，从而成为真正的合作金融组织。事实上，早在2004年农户资金互助社产生之初就有学者认为，中国农村信用合作社合作性异化以后，在正规金融制度之外出现的真正的合作金融组织，是中国合作金融的希望与未来。经过多年的发展，以资金互助社为主要代表的新型农村合作金融组织在满足农村弱势群体"小额、零散、高频"资金需求，培育农户合作与信用意识，优化农村金融生态等方面发挥了积极作用。但同时，新型农村合作金融组织在发展过程中也存在不同程度的异化，如封闭性方面的地域范围突破和服务对象扩大、互助性方面的经营宗旨偏离和盈余分配资本化、民主性方面的能人控制和民主管理虚化等。

3.4.3　中国农村合作金融发展历程的主要组织形态

通过对中国农村合作金融发展历程的回顾可以发现，贯穿这一过程的合作金融组织形态涉及信用互助小组、供销合作社信用部、农村信用合作社、信用合作社县级联合社、农村合作银行、农村合作基金会、农民资金互助社、农民专业合作社内部信用合作、扶贫资金互助社等多种组织形态。但是，在这么多的合作金融组织形态中，哪些才是代表性的组织形态呢？

从新中国成立以来农村合作金融的发展历程来看，在农村合作金融的形成阶段和异化阶段，主要是以农村信用合作社为主要组织形态。新中国成立初期出现的一些信用互助小组、供销合作社信用部等组织形态存续的时间并不长，随着1956年全国"一乡一社"目标和信用合作化运动的实现，这些处于低级、中级阶段的合作金融组织也就逐步退出了历史舞台。到了20世纪80年代初期，河北省出现了农村合作基金会这种具有合作金融雏形的合作金融组织，但经过10多年的发展，农村合作基金会也于1999年年初由国务院宣布全国统一取缔。由此，这种合作金融组织形态也在历史上消失。此外，从农村合作基金会的性质来看，在早期其具有一定的合作金融属性，是"社区合作经济组织内部成员在资金上互通有无、有偿使用、独立核算、自负盈亏、民主管理、自愿互利、共担风险的一种专业性合作经济组织，它不以营利为唯一目的，基本符合国际通行的合作性质的金融组织的普遍原则"①。但到了发展后期，农村合作基金会逐渐抛弃了合作金融的基本原则，离合作金融组织越走越远。郭晓鸣和赵昌文（2001）就认为，农村合作基金会的所有者是"缺位"的，不是农民，而是乡镇政府和相关部门对合作基金会拥有实际控制权，"农村合作基金会从来就没有具备过合作经济的基本特征②"。姜长云（2002）也认为，农村合作基金会是个高度异质性的组织，除少数地方的农村合作基金会可能注意坚持合作金融的基本原则，但更多的情况可能并非如此③。因此，无论是从存续时间上还是从性质上看，我们都可以认为，农村合作基金会不是代表性合作金融组织。

2003 年，国务院针对农村信用合作社的改革文件指出，各地区可以根据实际情况选择农村合作银行、股份制银行机构、县（市）统一法人等多种产权和组织形式进行改革，但是，总体来说，这次改革的基础是全国各地的农村信用合作社。而各地根据实际情况改革后的农村信用合作社，基本上也都变为了以"商业化"为主要追求目标的非合作金融组织。2011 年，原银监会明确提出通过五年左右时间全面消化历史亏损挂账并全面完成股份制改革的要求更是说明了这一点。因此，21 世纪初期针对农村信用合作社的这次改革及其效果也使得农村合作银行等其他组织形态不构成本书研究的代表性的合作金融组织形态。

中国农村合作金融再生阶段则以合作社内部信用合作为主要的合作金融组织形态。由前文的分析可知，这一时期，我国形成了包括农村资金互助社、扶贫资金互助社、合作社内部信用合作等在内的四种合作金融组织形态。但是，这四种合作金融组织形态的发展差异性很大。

第一，由原银监部门批设的农村资金互助社自 2007 年 3 月 9 日成立全国第一家（吉林梨树县闫家村百信农村资金互助社）以来，截至 2011 年年底，全国共核发 49 家。由于试点成立的农村资金互助社大多经营困难，甚至处于停业状态，从 2012 年起，原银监会已停止核准新的农村资金互助社的成立。

① 温铁军，朱守银. 农村合作金融六年改革试验研究报告 [R] //余国耀，温铁军，张晓山. 九十年代产权制度的对策研究：中国农村股份合作经济专辑 [M]. 北京：中国商业出版社，1994：81.

② 李静. 关于农村合作基金会的研究综述 [J]. 中国农村观察，2002（6）：73-74.

③ 姜长云. 从乡镇企业融资看农村金融改革 [J]. 经济学家，2002（6）：44-50.

第二，由原国家扶贫办和财政部开展的贫困村互助资金试点开始于2006年，但由于这一组织规定社员不能分红且不能吸收存款，使得社员缴纳互助金的积极性不高，扶贫资金互助社严重依赖财政投入，成为扶贫财政资金信贷化运用的一种平台，不可能成为真正意义上的合作金融组织。2015年，在国家实施精准扶贫战略的大背景下，贫困村互助资金由于存在贫困瞄准漂移、资金规模较小、社员产权主体缺位、激励机制缺乏、运作缺乏活力等问题，原国家扶贫办已经停止了互助资金项目的增量投入，存量部分交由各省自行管理或处置，这标志着贫困村互助资金的试点走向式微或终结①。

第三，农民自发形成的农民资金互助社由于缺乏监管，少数人打着资金互助社的名义从事非法集资，成为农村金融领域的一个重要风险隐患。因此，这种组织形式也难以成为农村合作金融再生阶段的主要组织形态。

第四，农民专业合作社内部信用合作以农民专业合作社为依托，以产业为纽带，是目前农村表现最为活跃的合作金融组织。从当前的发展现状来看，合作社内部信用合作的数量已经占到全部农村信用合作组织的50%以上。其中，在开展信用合作的农民专业合作社中，有40.34%是示范社，成员规模普遍较大，社内平均成员为243户，是全国平均水平的3.2倍（全国合作社社内平均成员为76户）。从组织形式上看，92.3%的资金互助组织是依托合作社建立和在合作社内部开展信用合作，仅有7.7%的资金互助组织是由合作社与其他企业、个人共同组建②。从政策支持来看，自2008年党的十七届三中全会提出"允许有条件的农民专业合作社开展信用合作"以来，这种农村合作金融组织形态多次受到中央政策的鼓励和支持。

综上分析，本书认为，在中国农村合作金融的形成阶段和异化阶段，农村信用合作社是代表性的组织形态，而在中国农村合作金融的再生阶段，农民专业合作社内部信用合作则是代表性的合作金融组织形态（见表3.2）。

---

① 龙超，叶小娇. 农村合作金融社会价值、立法规制与我国农村合作金融发展 [J]. 金融理论探索，2019（5）：8-15.

② 黄迈，谭智心，汪小亚. 当前中国农民合作社开展信用合作的典型模式、问题与建议 [J]. 西部论坛，2019，29（3）：70-79.

表 3.2   中国农村合作金融发展过程中的（代表性）组织形态

农村合作金融发展历程	新中国成立前农村合作金融的发展	新中国成立以来农村合作金融的发展		
		形成阶段（1951—1956年）	异化阶段（1957—2003年）	再生阶段（2004年至今）
组织形态	合会、农村信用合作社、合作金库（国民党统治地区）、贫民（低利）借贷所、延安南区综合性合作社等	信用互助小组、供销合作社信用部、信用合作社	信用合作社、信用合作社县级联合社、农村合作基金会	农村资金互助社、扶贫资金互助社、合作社内部信用合作、农民资金互助合作社
代表性组织形态	—	农村信用合作社		农民专业合作社内部信用合作

注：这里主要分析新中国成立以来农村合作金融发展过程中的（代表性）组织形态，对新中国成立前农村合作金融发展过程中的组织形态的列举只是基于内容的完整性考虑。

3.5   本章小结

本章主要研究了两个方面的内容：一是构建了一个研究中国农村合作金融组织演进的"环境—行为—绩效（ECP）"框架。其中，第3.1节解释了SCP范式、SSP范式对ECP框架构建带来的启示意义；第3.2节分析了ECP框架的核心逻辑和三个分析层次；第3.3节详细阐释了ECP框架的分析内容，既包括制度和技术环境在内的环境分析，以及组织利益主体行为目标及其博弈分析，也包括经营性绩效和社会性绩效在内的组织演进绩效分析。二是考察了中国农村合作金融的演变历史与主要组织形态。对中国农村合作金融演变历史的分析主要从新中国成立前农村合作金融的发展历程和新中国成立以后农村合作金融的发展历程两个方面展开。其中，基于前文对合作金融属性的认识，本章又将新中国成立以来农村合作金融的发展历程划分为形成阶段（1951—1956年）、异化阶段（1957—2003年）和再生阶段（2004年至今）。在此基础上，本章得出农村信用合作社和农民专业合作社内部信用合作是新中国成立以来农村合作金融发展过程中的代表性组织形态。

本章研究内容的内在逻辑关系是：ECP框架是研究的分析工具，而中国农村合作金融发展过程中的代表性组织形态则是ECP框架的分析对象。

由此引申的一个自然问题是：运用 ECP 框架分析新中国成立以来农村合作金融发展过程中的代表性组织形态到底是要分析什么内容？本书认为，这一问题的答案可以用两个问题进行说明：①研究中国的农村合作金融组织为什么会从农村信用合作社演进到农民合作社内部信用合作；②研究为什么具有合作金融属性的农村信用合作社会"消亡"，即研究农村信用合作社从形成到异化的过程。而对上述两个问题的回答就构成了第 4、5、6 章分析的内容，也构成了全书分析的主体内容。

4 演进分析Ⅰ：中国农村合作金融组织的形成过程

中国农村合作金融组织的形成过程即中国农村合作金融组织从无到有的过程，以及从重点试办到普遍发展的过程。这一过程的持续时间至 1956 年结束，因为到 1956 年上半年，全国就实现了"一乡一社"，完成了信用合作化；同时，农村合作金融组织在这一过程中基本上遵循了合作金融的基本属性。

从第 3 章构建的 ECP 框架出发，本部分将对中国农村合作金融组织形成过程的制度与技术环境、组织利益主体的博弈过程以及农村合作金融组织形成后的绩效状况进行分析。本章研究的目标在于解释"中国农村合作金融组织为什么会形成？""新中国农村合作金融组织形成后的绩效状况到底如何？"两个问题。对这两个问题的回答，是解释中国农村合作金融组织演进的前提和基础，同时也直接关系到中国农村合作金融组织的后续演进方向。

4.1　农村合作金融组织形成阶段的环境

对中国农村合作金融组织形成阶段环境的分析，实质上是要厘清农村合作金融组织形成的可能性与必要性，从而论证清楚正是在这些外部技术和制度环境的作用下，催生了农村合作金融组织的形成。本书认为，中国农村合作金融组织的形成主要受四个方面的影响，即中国共产党和农户的认知叠加推动了农村合作金融组织的产生、新中国成立前农村合作金融组织发展的成功实践、土地改革后农村出现了建立合作金融组织的现实需求与可能、支持农村信用合作社建立和发展的政策环境。

4.1.1 中国共产党和农户的认知叠加推动了农村合作金融组织的产生

中国共产党是以马克思主义为信仰的政党，马克思、恩格斯关于社会主义的设想和列宁领导下的苏联社会主义实践构成了以毛泽东同志为主要代表的中国共产党人关于社会主义认知体系的主要来源。新中国成立前后，在面对"如何改造个体小农？""如何建设社会主义？""如何巩固新生的无产阶级政权？"等一系列问题时，中国共产党受马克思、恩格斯关于无产阶级掌握政权后，"对于小农的任务，首先是把他们的私人生产和私人占有变为合作社的生产和占有[①]"和列宁提出的合作社"在采用尽可能使农民感到简便易行和容易接受的方法过渡到新制度方面"具有重大意义[②]等思想和苏联社会主义建设实践的影响较大[③]。如在1949年3月召开的党的七届二中全会上，毛泽东提出，要可能和必须谨慎地、逐步地而又积极地引导个体的农业经济和手工业经济朝着现代化和集体化的方向发展，不能任其自流。"必须组织生产的、消费的和信用的合作社，和中央、省、市、县、区的合作社的领导机关。"因为"单有国营经济而没有合作社经济，我们就不可能领导劳动人民的个体经济逐步走向集体化，就不可能由新民主主义社会发展到将来的社会主义社会，就不可能巩固无产阶级在国家政权中的领导权[④]"。由上可见，在中国共产党的社会主义认知体系中，合作社是实现对个体小农进行社会主义改造、走向集体经济的环节和途径，是巩固无产阶级政权的一种手段。正是在这种信念认识的指导下，有力地推动了信用合作社的建立。

而从当时广大农民的心理和信念认识来看，在崇拜、憧憬和从众三种

---

① 马克思，恩格斯. 马克思恩格斯选集：第四卷［M］. 中共中央马克思恩格斯列宁斯大林著作编译局，译. 北京：人民出版社，2012：370.

② 列宁. 列宁全集：第四十三卷［M］. 中共中央马克思恩格斯列宁斯大林著作编译局，译. 北京：人民出版社，2017：366.

③ 这在毛泽东读苏联《政治经济学教科书》的谈话中也可以看出，例如，他说，"马克思这些老祖宗的书，必须读，他们的基本原理必须遵守，这是第一。""由于我们没有管理全国经济的经验，所以第一个五年计划的建设，不能不基本上照抄苏联的办法。"参见：毛泽东. 毛泽东文集：第八卷［M］. 北京：人民出版社，1999：109，117. 同时可以参见本书第2.2.1节有关于马克思、恩格斯以及列宁合作经济思想更为全面和详细的叙述。

④ 毛泽东. 毛泽东选集：第四卷［M］. 北京：人民出版社，1991：1432.

心理①的作用下，农户对共产党"组织起来"走向集体化的号召有深切认同感。总之，农民充分信任党的领导，农民中这种"跟党走"的认知极为普遍。正如1952年6月，习仲勋在《关于西北地区农业互助合作运动》的报告中指出的，"农村互助合作运动这个大发展，又是农民群众对党和人民政府高度信任的结果。农民们一听到说是毛主席号召他们组织起来，都积极响应，'毛主席的话没错'。"② 广大底层农民的这种心理状态和信念认识，与中国共产党顶层关于社会主义的认知体系有机叠加，共同推动了农村合作金融组织的形成。

4.1.2　新中国成立前农村合作金融组织发展的成功实践

中国农村合作金融组织的形成不仅受马克思列宁主义合作经济思想的影响，还受到新中国成立之前发展农村合作金融组织以及开展信用合作成功实践的影响。由前文对新中国成立前农村合作金融发展历程的描述可知，早在1923年6月，华洋义赈会就在河北香河创立了我国最早的农村信用合作社——香河县第一信用合作社。中国共产党也早在第一次国内革命战争时期就颁布了《农民合作运动决议案》等文件，高度重视组建信用合作社。在第二次革命战争时期，根据地各级政府更是通过颁布关于信用合作社的组织条例、工作纲要和发展大纲，对信用合作社的宗旨、原则、性质、作用等进行明确规范和要求。此后，在抗日战争时期和解放战争时期，农村信用合作实践也都得到了不同程度的发展③。总之，新中国成立前农村合作金融组织（表现为低利借贷所、信用合作社等组织形态）的成功实践，为打击农村高利贷，帮助贫苦农民解决生产、生活资金困难，促进革命事业的成功发挥了重要作用，农村信用合作社被广大农民所认可，具有牢固的群众基础。因此，在历史路径依赖和认识惯性的作用下，新中国成立后，信用合作社这一经过历史证明了的、有利于农民利益的有效组织安排也就自然地被纳入新政府关于农村金融制度安排的选择之中了。

---

① 易棉阳，罗拥华. 农业合作化运动中的农民行为：基于行为经济学的研究视角 [J]. 中国经济史研究，2016（6）：42-52.

② 史敬棠，等. 中国农业合作化运动史料：下册 [M]. 上海：三联书店，1959：340.

③ 为了避免重复和冗杂，这里只对新中国成立前农村合作金融组织发展情况做简要说明。

4.1.3 土地改革后农村出现了建立合作金融组织的现实需求与可能

一方面，土地改革后，大多数农民分得了土地等生产资料，摆脱了封建地主的压榨和剥削，翻身做了主人，有强烈的生产积极性。但不少农民尤其是贫下中农由于底子薄，加之受资金、人员等要素的限制，国家银行机构又未能普遍深入农村，面临较严重的金融供给约束，生产、生活资金需求得不到妥善解决，结果不得不求助于民间借贷（包括高利贷）或者卖地求生解困。山西省忻县地委 1952 年春季对 143 个村的调查显示，在 8 125 户卖地户中，有 50.35% 的农户是因为生产生活困难而被迫卖地，而因办婚丧大事、疾病或其他突然灾害袭击而卖地的农户也占到了 12.51%。其中，从阶级成分来看，卖地者中贫雇农占比超过了一半，达到 61.7%[①]。另据湖南省新化县两个乡 186 户的调查，在春耕生产季节贷出户占 30%，借入户占 50%，由于自由借贷利率较高，出现了少数高利贷剥削者[②]。高利贷剥削很容易引起新的贫富差距和"人身依附"关系，为此，活跃农村信贷，建立新的借贷关系，实行资金互助，帮助农民避免高利贷剥削，解决因疾病、死亡、灾难等引起的困难就成为广大农民的急切需求。

另一方面，土地改革后，各种家庭副业、手工业、小作坊等都发展起来了，农村经济得到恢复，农民收入开始增多，一些富余资金开始寻求出路，农村地区出现了资金互助和调剂的需要，为建立贴近农民的资金互助组织提供了客观上的可能性。以东北老解放区为例，根据中共中央东北局的报告，东北各地典型村 1950 年的农业生产量已达到最高产量，农民余粮增多，购买力亦随副业发展而得到提高。如果以 1948 年每户农民的购买力指数为 100 计算，则 1949 年每户农民的购买力指数为 130，1950 年每户农民的购买力指数为 263。西南地区在减租退押以后，农民的一般消费支出增加了 25%，生产投资支出增加了 200%[③]。对云南省陆良县马军堡村的调查也显示，土地改革后农民的经济生活逐年上升，阶级成分发生明显变化，贫农比例由土地改革时的 59% 下降为 45.96%，中农比例则由 25.47% 提高至 34.16%[④]。

---

① 史敬棠，等. 中国农业合作化运动史料：下册 [M]. 北京：三联书店，1959：251-252.
② 卢汉川. 当代中国的信用合作事业 [M]. 北京：当代中国出版社，2001：47-48.
③ 陈俭. 中国农村信用社研究：1951—2010 [M]. 北京：北京大学出版社，2016：32-33.
④ 同①：263-267，279-285.

4.1.4 支持农村信用合作社建立和发展的政策环境

为了因势利导的顺应农民在土地改革后所发扬起来的"两个积极性"，积极引导农民"组织起来"由个体经济走向集体化，解决农民尤其是贫下中农在生产、生活方面的资金困难，促进农业生产互助的发展，以及对部分地区已经发展起来的信用合作社、供销合作社信用部等合作金融组织进行规范，对农业合作化运动完成后农村信用合作社是否还有必要存在等关键问题进行规定，党和政府及时制定了一系列支持农村合作金融组织发展的政策性文件。这些文件、政策、重要讲话对农村合作金融组织的形成起到了极大的促进作用（见表 4.1）。

表 4.1 支持农村信用合作社建立和发展的相关政策性文件（含会议）

时间	文件/会议名	主要内容
1949 年 3 月	党的七届二中全会	必须组织生产的、消费的和信用的合作社，和中央、省、市、县、区的合作社的领导机关
1949 年 9 月	《中国人民政治协商会议共同纲领》	鼓励和扶助广大劳动人民根据自愿原则，发展合作事业。在城镇中和乡村中组织供销合作社、消费合作社、信用合作社
1951 年 12 月	《农村信用合作社章程准则(草案)》《农村信用互助小组公约(草案)》《农村信用合作社业务规则范本(草案)》	《农村信用合作社章程准则(草案)》包括总则、业务、社员、组织、资金和结算等共七章三十三条；《农村信用互助小组公约(草案)》主要对互助小组的性质、宗旨和小组成员的权力与义务等做了规定；《农村信用合作社业务规则范本(草案)》共十三条，主要对农村信用合作社的业务种类、内容、手续、利率等问题进行了具体规定
1953 年 12 月	《中国共产党中央委员会关于发展农业生产合作社的决议》	农业生产互助合作，农村供销合作和农村信用合作是农村合作化的三种形式
1954 年 3 月	邓子恢在全国农村信用合作座谈会上的讲话	对农村信贷工作的基本任务、信用合作的组织形式、范围与发展计划、领导问题、性质及前途、办好信用合作社的原则等问题进行了说明
1954 年 11 月	《中央农村工作部关于全国第四次互助合作会议的报告》	全国应争取在 1955 年春季前发展到 13 万~15 万个信用合作社和更多的信用小组，1956 年春季前基本做到了乡乡有社
1955 年 1 月	《农村信用合作社章程（草案）》	明确规定了农村信用合作社的性质和任务

表4.1(续)

时间	文件/会议名	主要内容
1957年7月	中共中央批转的《中国人民银行党组关于信用合作工作会议的报告》	在农村基本实现合作化以后,信用合作社在调剂农村资金、促进农副业发展方面仍有着十分重要的作用,应当进一步巩固和加强

资料来源:毛泽东. 毛泽东选集:第四卷 [M]. 北京:人民出版社,1991:1432;中共中央文献研究室. 建国以来重要文献选编:第一册 [M]. 北京:中央文献出版社,2011:8;中共中央文献研究室. 建国以来重要文献选编:第五册 [M]. 北京:中央文献出版社,2011:628-629;卢汉川. 中国农村金融历史资料:一九四九——一九八五·大事记 [M]. 湖南:佚名,1986:38,84-85,103,153;中共中央文献研究室. 建国以来重要文献选编:第四册 [M]. 北京:中央文献出版社,1993:676.

4.2　农村合作金融组织形成过程的主体行为分析

农村合作金融组织形成阶段的利益主体主要是国家(中央政府)和农户两个。下面结合前文对农村合作金融组织形成阶段环境的分析,对国家和农民的行为目标进行阐释,在此基础上利用一个简单的博弈模型对国家和农户的行为进行分析,以揭示农村合作金融组织的形成过程。

4.2.1　政府与农民的行为目标

由前文对农村合作金融组织形成阶段环境的分析可知,这一阶段政府具有以下三个逻辑层次的行为目标:一是打击农村高利贷,恢复农业生产;二是通过信用合作促进农业生产互助合作的发展,对小农进行社会主义改造,实现农业合作化,服务于工业化需要[①];三是建立社会主义制度,巩固无产阶级政权(见表4.2)。实际上,当时政府的这三个行为目标也可以通过这一阶段后期我们党出台的一些政策文件和有关部门领导人的讲话

---

①　1955年7月,毛泽东在《关于农业合作化问题》的报告中也指出,"社会主义工业化是不能离开农业合作化而孤立地去进行的。""为了完成国家工业化和农业技术改造所需要的大量资金,其中有一个相当大的部分是要从农业方面积累起来的。"参见:毛泽东. 关于农业合作化问题. 毛泽东文集:第六卷 [M]. 北京:人民出版社,1999:431,432. 此外,理论界有研究也支持这一看法,如王曙光(2010)认为,"农业合作化运动应该被视为中国赶超型工业化战略的有机组成部分,""是国家实现快速经济发展与赶超、实现超常速度城市化与工业化的必要条件。"参见:王曙光. 中国农民合作组织历史演进:一个基于契约—产权视角的分析 [J]. 农业经济问题,2010,31(11):24.

得以体现。如 1953 年 4 月，邓子恢在全国第一次农村工作会议上指出，乡村中的信贷小组、信用合作社要与高利贷做斗争，帮助农民解决生产资金的困难，帮助农业生产的发展。同年 12 月，中共中央关于发展农业生产合作社的决议强调，农业生产互助合作、农村供销合作和农村信用合作是农村合作化的三种形式，这三种合作互相分工而又互相联系、互相促进。信用合作社要通过"发展农村储蓄和低利贷款，为农村生产服务，促进农业生产互助合作的发展"，农村信用合作社要"与农业生产互助合作进一步地密切联系起来，有系统地支持农业合作化的运动"①。1954 年 3 月，邓子恢在中国人民银行召开的第一次农村信用合作座谈会再次谈到关于发展群众性信用合作运动的两个任务：一是帮助农民解决生产中的资金困难，促进农业生产的发展，适应工业化的需要，巩固工农联盟；二是同农村高利贷做经济斗争，推动农村的合作化，实现对农业的社会主义改造。1955 年 3 月召开的全国农村金融工作会议确定的全年农村金融工作的三项任务包括：动员农村闲散资金服务于以发展互助合作为中心的农业增产运动；解决贫困农户资金困难并引导其走上互助合作道路；限制农村高利贷剥削，促进农业生产的发展②。

就广大农民来讲，由于地区经济恢复发展情况的差异，一部分农民开始拥有了一定积蓄，并积极寻找资金"出路"；也有农民尤其是底子薄的贫下中农仍然面临较为严重的资金需求约束，面对疾病、天气等自然灾害时无力化解资金困难，从而不得不求助于高利贷。因此，为了避免高利贷，农民表现出互助合作的积极性，迫切希望"组织起来"，走互助合作道路。正如 1981 年党的十一届六中全会通过的《关于建国以来党的若干历史问题的决议》所指出的，"我国个体农民，特别是在土地改革中新获得土地而缺少其他生产资料的贫农下中农，为了避免重新借高利贷甚至典让和出卖土地，产生两极分化，为了发展生产，兴修水利，抵御自然灾害，采用农业机械和其他新技术，确有走互助合作道路的要求。"③

---

① 中共中央文献研究室. 建国以来重要文献选编：第四册［M］. 北京：中央文献出版社，1993：166，676，677.

② 卢汉川. 中国农村金融历史资料：一九四九—一九八五·大事记［M］. 湖南：佚名，1986：84，107.

③ 中共中央文献研究室. 改革开放三十年重要文献选编：上［M］. 北京：中央文献出版社，2008：189.

表 4.2 中国农村合作金融组织形成阶段利益主体的行为目标

利益主体	行为目标
政府	①打击高利贷，调剂农村资金，恢复农业生产；②促进农业生产互助合作的发展，实现农业合作化，服务工业化需要；③巩固无产阶级政权，建立社会主义制度
农民	获取农业信贷资金，解决生产、生活困难

4.2.2 农村合作金融组织形成过程的博弈分析

对农村合作金融组织形成过程进行的博弈分析，实质上是要在前文分析农村合作金融组织形成可能性与必要性的基础上，阐释清楚"为什么 20 世纪 50 年代初期会产生包括信用互助小组、供销合作社信用部、农村信用合作社在内的农村合作金融组织?"这一问题。根据本书所掌握的文献来看，已有资料对这一问题进行了研究，但总体不多。周脉伏（2012）运用制度经济学的分析方法对其进行研究，认为中国的农村信用合作社是在政府的扶持下产生的，政府是为了获得农村信用合作社制度之外所不能获得的潜在利益，才供给了其制度，并且以政府自己的信誉和组织成本投资于农村信用合作社，成为投资人①。更多的文献是将农村合作金融组织作为一个既存的客观事物进行看待。

本书运用博弈论的方法和思路对新中国成立初期农村合作金融组织的产生进行研究，认为农村合作金融组织的形成是在一定的制度和技术环境下，国家和农民两个利益主体博弈均衡的解或结果。国家和农民作为"理性经济人"展开两人非零和博弈，在是否创设农村合作金融组织这一问题上，政府有两种策略选择：创设农村合作金融组织和不创设农村合作金融组织。同样，农户也有两种策略：支持创设农村合作金融组织和不支持创设农村合作金融组织（见表 4.3）。表 4.3 中各项字母是双方各采取某一策略时所获得的支付情况，其中每一项的前半部分表示政府的净收益，后半部分表示农民的净收益。

---

① 周脉伏.农村信用社产生的制度经济学分析［J］.江西财经大学学报，2012（5）：65-70.

表 4.3　政府与农民之间的博弈支付矩阵

主体		农民	
		支持	不支持
政府	创设	$-C_z - C_s + R,\ r$	$C_z,\ -r - c_g$
	不创设	$-R - \Delta_R,\ -r$	$R,\ -c_z + r$

下面分四种情形对农村合作金融组织形成过程中政府与农民之间的博弈过程进行分析和说明。

情形 1：农民支持政府创设农村合作金融组织。

从政府的收益来看，选择创设农村合作金融组织，政府不仅可以获取如前文所分析的打击农村高利贷，促进农业生产互助合作的发展，实现农业合作化，建立社会主义制度，巩固无产阶级政权等收益。更重要的是，通过创设农村合作金融组织，政府还可以获取"组织租金"。这里的"组织租金"主要体现在两个方面：一是政府通过设立农村合作金融组织，可以从农村"内部"配置"支农"资金，从而避免将国家银行的组织机构延伸至乡村在人员、办公场所等方面的成本开支，且减少政府通过国家银行对农民进行资金等政策支持由于较长的资金传输渠道而引起的资金"漏损"。二是政府还可以利用创设的农村合作金融组织向外"输出"农村剩余资金，服务于国家工业化、城市化等的建设。由此看来，政府供给农村合作金融组织的潜在收益 R 是巨大的。

但是，这并不意味着政府的组织供给就没有成本。实际上，政府创设农村合作金融组织也会面临一些成本支出 C。这里的成本支出主要是指政府在创设农村合作金融组织的过程中所投入的"组织成本"（C_z）和"信誉成本"（C_s）。其中，"组织成本"包括宣传发动费用、前期的组织管理费用、对农村信用合作社人员的培训费用等。"信誉成本"是指政府在创设农村合作金融组织之初，往往都是以政府自身的信誉进行隐形担保，这仍然是一种成本支出；同时，这种信誉支出也体现在一旦合作金融组织破产、亏损时，政府所给予的补贴和实际承担的最后债务人的角色上。尽管在创设农村合作金融组织的过程中政府会投入一定的成本，但与创设合作金融组织的潜在收益相比，这些成本在政府的函数中所占的分量并不是那么重要。因此，$R - C_z - C_s > 0$。

对农民而言，政府创设农村合作金融组织，其将获得至少两方面的收

益 r：一是贫困农户不再求助于高利贷，免受高利贷剥削，而转向农村合作金融组织以解决生产、生活的资金困难；二是一些有"余钱"的农户在配置资金时，相比之前有更多的选择。在抗日战争时期和解放战争时期，中国共产党在人民群众中树立了崇高的声誉，群众对党和政府的权威性和公平性十分认可，加之土地改革后，农户为了避免高利贷，农民表现出"两个积极性"，因此政府如果创设农村合作金融组织，农民积极参与的概率极大。

情形 2：农民不支持政府创设农村合作金融组织。

如果政府创设农村合作金融组织，农民选择不支持，那么对于政府而言，由于农户的拒绝参与，农村合作金融组织在打击农村高利贷、将农民"组织起来"等方面的作用将会受到影响，且会付出组织成本 C_z。

此时，农户至少会面临两方面损失：一是丧失从合作金融组织获得贷款的权利，仍然受到高利贷的剥削，不能获得积极参与的收益 r；二是在当时合作化和集体主义的主流意识形态下，农户不参与合作金融组织，可能会被视为破坏合作化、反对社会主义等，将要付出被孤立、被歧视等政治成本 c_g①。因此，如果政府创立农村合作金融组织，农户选择不支持的可能性较小。

情形 3：农民支持政府不创设农村合作金融组织。

在这种情况下，农村中的高利贷可能继续盛行，农民的生产、生活资金需求仍然难以得到满足和有效解决；同时，农村中生产合作运动的开展将不能得到信用合作的支持和配合，从而对农业的社会主义改造和合作化运动产生负面影响。相应地，组织租金亦不能获取。结果就是，作为声称要建立"生产、供销和信用合作社"以打击农村高利贷、为农民服务的新生政权而言，"权威""信誉"等将会受到群众的质疑，产生额外的损失 Δ_R。显然，不创设农村合作金融组织并不是政府的最优选择。而对于农户而言，其也不能获得从农村合作金融组织得到贷款的收益 r。因此，这种情形发生的概率很小。

情形 4：农民不支持政府不创设农村合作金融组织。

在这种情形下，也会产生农村合作金融组织，但与情形 1 不同，它是由农户自下而上自发组建的，是一种"诱致性"的组织形成过程。此时，

---

① 周脉伏. 农村信用社产生的制度经济学分析 [J]. 江西财经大学学报，2012（5）：65-70.

农民会因为农村合作金融组织的形成而免受高利贷剥削，方便群众的生产、生活资金融通。但是，农民在自发建立组织的过程中，也会形成由组织设立所引起的人员、设备等一系列的组织成本支出 c_z。对于政府而言，由于不用花费任何支出就可以达成其意想达成的目标，获得"免费"收益 R。

但我们如果考虑以下两个因素，就容易发现，这种情形发生的可能性也较小。一是新中国成立初期，我国农村传统的小农经济模式仍然普遍存在，农村经济发展的"均贫"现象较为明显，农村商品经济发育程度很低。而根据西方合作金融组织产生的经验路径，商品经济和经济发展的非均衡性是合作金融组织产生的前提条件[①]。二是当时广大农民的合作意识不够，虽然建立农村合作金融组织对社员具有广泛的共同利益（会对高利贷者的利益产生一定影响），但受"集体行动"困境的制约，个人理性并不必然导致集体理性，即个人会在集体行动中"偷懒"，这种"搭便车"行为极不容易监督。结果就是，在当时的经济发展环境下，农村合作金融组织由农民自发组建产生的可能性也较小。

综合前文的分析可知，由于 $r > -r - c_g$，$r - c_z > -r$，因此如果政府创设农村合作金融组织，那么农户的占优策略是支持；如果给定政府不创设农村合作金融组织，那么农户的占优策略是不支持。同时，由于 $-C_z - C_S + R > -R - \Delta_R$，$R > C_z$，所以给定农户支持时，政府创设农村合作金融组织是占优策略；给定农户不支持时，政府不创设农村合作金融组织是占优策略。但是，由于这一策略情形（不创设，不支持）发生的条件尚不具备，产生的可能性较小，因此（创设，支持）就构成了农村合作金融组织形成过程中博弈主体的均衡解。

4.2.3 博弈均衡解的组织演进意义

根据博弈的均衡结果，从制度经济学关于制度变迁方式的理论来看，（创设，支持）的博弈均衡解实质上反映了农村合作金融组织的形成是一个强制性制度变迁和诱致性制度变迁相结合的过程。在这一过程中，政府充当了农村合作金融组织变迁"第一行动团体"的角色，其之所以供给农村合作金融组织，是在衡量"成本—收益"之后的理性选择。而农民为了避免高利贷剥削，在政府的宣传和鼓励下，也参与到了农村合作金融组织

---

① 张乐柱. 农村合作金融制度研究 [M]. 北京：中国农业出版社，2005：63.

的创设中来，充当了"次级行动团体"的角色。但是，总体而言，政府的"强制性"因素要多些，这也使得中国农村合作金融组织的形成具有明显的"他组织"特征。

前文的数理推导所反映出来的农村合作金融组织的制度变迁特征也可以从中国农村合作金融组织形成过程的时间上得到印证。如果从 1949 年 3 月毛泽东在党的七届二中全会上提出"必须组织生产的、消费的和信用的合作社"算起，到 1956 年上半年全国实现"一乡一社"的信用合作化目标，其间只不过 7 年时间。中国的农村合作金融组织之所以能够在如此短的时间内普遍建立和发展起来，背后实际上也折射了政府自上而下推动农村合作金融组织创设这一基本事实。然而，就本书分析的主题而言，这里更感兴趣和关心的问题是，中国农村合作金融组织形成过程的（创设，支持）博弈均衡解所反映出来的制度变迁特征对农村合作金融组织的演进究竟蕴含了何种意义？

本书认为，由于农村合作金融组织的形成是强"强制性制度变迁"与弱"诱致性制度变迁"相结合的过程，因此，中国农村合作金融组织的形成显然不是一个"自然"的演进过程，而是受强制性外力"干预"推动所形成的一个创设过程。在这一过程中，作为利益主体的双方，即国家与农民之间所形成的契约关系并非自愿、平等的契约联结，即不是由农民与农民之间自发形成的平等契约关系，而是在一种"强制干预力"作用下形成的非自愿、非平等契约关系。这种契约关系的形成与新中国成立初期广大农民的认知有关。如前文分析所指出的，这一时期，农民基于对党和政府的绝对信任和崇拜心理，加之缺乏合作金融的意识和相关知识，绝大多数农民在加入农村信用合作社、信用互助小组等合作金融组织时，并不是基于自愿基础上的自主选择，而是在政府的倡导下由政府代替农民进行的选择，只是农民在特定的制度和技术环境下认可了政府的选择，体现的是一种非自愿的顺从关系。结果就是，在路径依赖的作用下，这就为农村合作金融组织的演进埋下了强制性制度变迁和行政干预的"基因"。根据 Winter 和 Nelson 的组织演进观点，这种"基因"实际上也就是有机体持久不变的特点，并决定它可能有的行为（实际的行为也由环境决定）的"惯例"（routine）[①]。这种惯例具有遗传性，能够解释组织行为的连续性和组

[①] 纳尔逊. 经济变迁的演化理论 [M]. 胡世凯，译. 北京：商务印书馆，1997：19.

织在面对外部技术和制度环境变化时的稳定性。因此，政府作为博弈的主体，如果行为不发生重大变化，政府与农民之间的这种非平等、非自愿的契约关系极容易在农村合作金融组织形成过后演变为一种绝对不平等的剥夺关系，进而使农村合作金融组织本身的内在基本属性丧失。也就是说，中国农村合作金融组织处于一个演进方向选择的"临界点"上。这也正是中国农村合作金融组织形成过程（创设，支持）博弈均衡解对其演进的意义所在。

4.3 农村合作金融组织形成阶段的绩效

根据前文的分析框架，这里对农村合作金融组织形成阶段绩效的评价主要从经营性绩效和社会性绩效两个方面展开。但要说明的是，由于中国农村合作金融组织的形成时间较短，关于农村合作金融组织运营方面的一些指标并未进行系统统计。因此，本部分的绩效评价将较多地采取地区性调查数据、文件/会议内容等"侧面"材料予以说明和佐证。

4.3.1 经营性绩效

在这一阶段前期，农村合作金融组织的经营性绩效表现总体较好，能够保持良性发展；但到了这一阶段后期，农村合作金融组织的经营性绩效表现就不容乐观。这主要体现为不少农村信用合作社资金力量薄弱，亏损情况开始增多。

第一，就组织的合作金融属性而言，这一阶段的农村合作金融组织基本上都坚持了合作金融的基本属性，即资本由农民入股，管理者由社员选举，信贷为社员提供而不以营利为导向，遵守自愿、互利、互助的原则，从而在成员构成、经营目标、管理方式、分配原则等方面较好地贯彻了合作制原则。中国农村合作金融组织的这一"良好"绩效表现也可以通过党和国家出台的一系列相关政策以及不少学者的研究得以证实。如1951年，中国人民银行制定了《农村信用互助小组公约》《农村信用合作社章程准则（草案）》等组织章程，明确了农村信用合作社的性质、任务、社员权利和义务、民主管理、业务经营等内容。1954年3月，邓子恢在农村信用合作座谈会上指出，信用合作社一般应以乡为单位建立；办好信用合作社，要坚持完全自愿的原则，决不能强迫命令，信用合作社不是官办，而是民办，社员中途退社应该允许。学者的研究如戴相龙（1987）认为，1958年以前，我国农村信用合作社都坚持了合作性质①；何广文（2006）认为，1951—1959年，农村信用合作社的资本由农民入股，管理者由社员选举，信贷为社员提供，合作制性质明显②。新近的研究如孙同全等（2019）认为，1951—1957年的农村信用合作社，资本金由农民入股，干部由社员选举，通过信贷活动为社员的生产生活服务，基本上保持了合作制的性质③。同时应该看到，这一阶段仍然有部分地区、部分信用合作社违背自愿、民主管理的基本原则，存在强制农民入社、民主管理组织流于形式的现象（尤其是1954年下半年后）。

第二，就组织本身的设立及发展情况而言，这一阶段的农村合作金融组织类别主要有农村信用合作社、供销合作社信用部、信用互助小组三种主要的组织形态。农村信用合作社经过"典型（重点）试办—逐步推广—普遍发展"的过程，截至1956年年初，全国达到了"一乡一社"的目标，实现了信用合作化。其中，1954年，是农村信用合作社实现"大发展"的一年，因为到这一年年底，全国信用合作社发展到12.6万个，但是有9万多个是秋后3个月内新建立的。截至1956年年底，全国约有79%的农户（9 618万户）加入农村信用合作社，社员人数达到16 099万人（见表4.4）。

表4.4　1951—1956年农村合作金融组织发展情况

组织类别	1951年	1952年	1953年	1954年	1955年	1956年
农村信用合作社/万个	538	2 271	9 418	124 068	15 933	102 558
供销合作社信用部/万个	953	1 578	2 069	2 384	—	—
信用互助小组/万个	542	16 218	3 994	21 281	—	—
社员/万人	—	—	597	7 207	10 667	16 099

资料来源：高维. 第一个五年计划期间的农村信用合作［J］. 金融研究，1958（4）：52-58；常明明. 绩效与不足：建国初期农村信用合作社的借贷活动的历史考察：以鄂湘赣三省为中心［J］. 中国农史，2006（3）：95.

---

① 戴相龙. 坚持把信用社办成合作金融组织［J］. 农村金融研究，1987（12）：1-7.
② 何广文. 农信社制度变异及其成因［J］. 银行家，2006（2）：116-119.
③ 孙同全，冯兴元，张玉环，等. 中国农村金融体制变迁70年［J］. 农村金融研究，2019（10）：3-16.

第三，大多数农村信用合作社资金吃紧，资金力量薄弱，不能完全满足农户的生产、生活信贷需求。据统计，截至 1955 年年底，全国 15 万个信用合作社中，平均股金和存款在 2 000 元以下者占 57%，达到 8.4 万个；平均贷款金额在 2 000 元以下者有 11 万个，占总数的 74%[①]。客观来讲，这一时期大部分农村信用合作社之所以出现资金紧张的局面，主要还是因为其建立时间不久，在农民心中的信誉度还较低，加之一些社在组建过程中未能严格按照合作制的原则进行规范，在经营过程中执行的利率水平随银行而动，整体较低，结果引起了农民"出了钱是不是可靠？"的疑虑心理或者将钱转存至国家银行，从而造成农民本身入股金额较少，减少了农村信用合作社的存款资金，导致资金供给不足。

第四，1954 年下半年后，亏损的农村信用合作社开始在一些经济落后地区增多。1955 年 3 月，中国人民银行召开的全国农村金融工作会议认为，1954 年秋后 3 个月内新建的 9 万个信用合作社问题较多，许多山区、贫困地区、少数民族地区、灾区、内地农业区、插花区等由于生产力水平低，农民的收入少，许多农民认股但没有交股金或者入股资金少、存款少，或者收不上，从而使得农村信用合作社业务开展不起来，收入维持不了开支，发生亏损，难以独立生存下去。如河北省 8 920 个信用合作社中，有 3 300 多个存款不到 500 元，有 700 多个社没有开业。又如湖南省湘潭地区参加 1954 年决算的 1 952 个信用合作社中，亏损的占 57%[②]。

这期间之所以"涌"出这么多亏损的信用合作社，除了中国人民银行所指出的经济方面的原因之外，本书认为，主要还在于两个方面的原因：一是信用合作化运动后期信用合作社发展速度过快，只注重数量而忽视了质量，未能充分考虑到不同地区的经济发展水平和选择恰当的合作金融组织形态。一些经济发展较为落后的地区并不具备建立农村信用合作社的基本条件，本应该选择先建立组织形式简单易办的信用互助小组等初级合作金融组织形态，但仍然脱离实际地选择了建立信用合作社。二是一些地方为了贯彻阶级路线，给无偿还能力的困难农户发放了大量贷款，结果造成呆账、死账，影响了信用合作社的资金周转和生存。这就是说，农村信用合作社本身在经营过程中选择了不合理的经营方针。此外，为了尽快占领农村信贷阵地，政府有意降低信用合作社的贷款利率，从而使得农村信用

---

① 陈雪飞. 农村信用社制度：理论与实践 [M]. 北京：中国经济出版社，2005：77.

② 卢汉川. 当代中国的信用合作事业 [M]. 北京：当代中国出版社，2001：97-98.

合作社亏损。但对于这部分亏损，一般由国家银行予以补贴。

4.3.2 社会性绩效

中国农村合作金融组织形成阶段的社会性绩效主要体现在三个方面：支持农业互助合作运动的开展；打击农村高利贷，建立农村社会主义新型借贷关系，服务社员；配合"统购统销"，服务国家工业化。

4.3.2.1 支持农业互助合作运动的开展

农业生产互助合作、农村供销合作和农村信用合作是农村合作化的三种形式。中国农村合作金融组织的形成为支持农业合作化运动、改造小农经济发挥了重要作用。1953—1957 年，农村信用合作社主要通过优先支持农业生产合作社贷款和与农业生产合作社、农村供销合作社建立"合同"关系以支持农业互助合作运动的开展。如农村信用合作社、供销合作社、农业生产合作社通过签订"三结合"合同，要求供销合作社从农村信用合作社贷款购买生产资料，农村信用合作社则把资金贷给农业生产合作社，农业生产合作社从供销合作社购买生产资料，农业生产合作社和供销合作社把资金存入农村信用合作社。通过这种方式，农业生产合作社的用款支持了农村信用合作社，农村信用合作社的放款则扶助了农业生产合作社和供销合作社。三者合理分工、相互促进，共同支持了农业合作化运动。

4.3.2.2 打击农村高利贷，建立农村社会主义新型借贷关系，服务社员

中国农村合作金融组织的形成，对农村中分散、盲目、嗜利的私人高利借贷进行了较大程度的替代和排挤。据调查，1953 年信用合作社建立以前，河南济源县（现济源市）35 个村一般私人借贷利率为月息 8 分，1954 年信用合作社建立以后，下降为月息 2 分。湖南新化县文川乡由 15 分下降到 3 分。又据对江西余干县的调查，1951 年全县农村借贷关系中属于高利贷信用关系的约占 36.9%，1952 年为 22.2%；1953 年，随着信用合作社的建立和普及，下降为 8.8%，1954 年进一步下降为 3.6%[①]。1955 年上半年，福建省对 1 037 个信用合作社的地区调查结果也显示，在信用合作社建立以前，私人借贷利率一般在月息 10~15 分，信用合作社建立以后，大部分地区高利贷活动基本上停止，私人借贷利率也降低为月息 1~2 分[②]。而据湖北农村工作部 1955 年 7 月对谷城付湾、江陵将台等 5 个乡 817 户的

---

① 陈俭.中国农村信用社研究：1951—2010 [M].北京：北京大学出版社，2016：50-51.
② 卢汉川.当代中国的信用合作事业 [M].北京：当代中国出版社，2001：101.

调查，信用合作社建立以后，高息借贷已受到很大削弱，借出户比建社前减少 74.1%，金额减少 80.05%；借入户比建社前减少 63.9%，金额减少 69.7%（常明明，2006）。总之，农村合作金融组织的普遍建立，对农村中的高利贷进行了较大程度的"抑制"，从而有力推动了社会主义新型借贷关系的建立和乡村传统借贷关系的现代化转型。

这一阶段的农村合作金融组织通过吸收存款和发放贷款，调剂了农村资金余缺，为农民生产、生活发放了大量贷款，较好地解决了农民在购买农业化肥、种子、婚丧、嫁娶、生病等生产、生活方面的资金困难。据统计，截至 1956 年年底，农村信用合作社从农村吸收的存款和发放的贷款分别达到 10.8 亿元、10.2 亿元，相比于 1953 年，分别增加了 107 倍、50 倍（见表 4.5）。从支持农业资金的来源来看，1953 年，全国农村信用合作社发放农业贷款 0.15 亿元，相当于国家银行农业贷款的 2.6%。但截至 1956 年年底，这一比例已经增加至 35.8%，达到 9.45 亿元[1]。但是，在服务社员方面，农村信用合作社也存在排斥贫农、对困难农户扶持不力的情况。

表 4.5　1953—1957 年农村信用合作社存、贷款情况　　单位：亿元

年份	存款			贷款		
	合计	集体农业存款	农户储蓄	合计	集体农业贷款	农户贷款
1953	0.1	—	0.1	0.2	0.2	—
1954	1.6	—	1.6	1.2	1.2	—
1955	6.1	3.1	3.0	3.0	3.0	—
1956	10.8	6.5	4.3	10.2	4.1	6.1

资料来源：根据 1989 年的《中国金融年鉴》整理。

4.3.2.3　配合"统购统销"，服务国家工业化

1953 年以后，国家开始在农村地区对粮食、棉花、油料等农产品实施"统购统销"的政策，促使农村金融市场上资金供求的季节性、短期爆发性需求特点开始凸显。农村信用合作社通过回笼农民手中因售卖农业产品而结余的资金以及帮助国家缓解收购农产品的资金压力，有力地配合了国家"统购统销"政策。同时，农村信用合作社通过在中国人民银行的转存

---

① 陈俭. 中国农村信用社研究：1951—2010 [M]. 北京：北京大学出版社，2016：51.

款，还为国家工业化输出了大量剩余资金。这可以通过农村信用合作社转存国家银行的资金情况得以看出。根据表4.6，农村信用合作社在国家银行的存款大于国家银行给予农村信用合作社的贷款，1953年，这种存贷差为1 551万元，1956年则为29 130万元，增长了约17.8倍。在国家工业化战略的背景下，农村信用合作社在国家银行的这种巨大的"存贷差"使政府获得了一个从农村抽取剩余资金的稳定渠道，支持了国家工业化的发展。

表4.6 1953—1956年农村信用合作社与国家银行的资金往来情况

年份	农信社在国家银行的存款			国家银行对农信社的放款	
	年末余额/万元	历年累计/万元	占国家银行农村储蓄总额比例/%	年末余额/万元	历年累计/万元
1953	1 396	5 488	5.8	385	1 937
1954	19 544	54 132	34.3	2 091	7 879
1955	59 373	174 600	80.9	6 125	19 723
1956	78 399	521 465	98.1	49 269	101 934

资料来源：高维. 第一个五年计划期间的农村信用合作［J］. 金融研究，1958（4）：52-58.

4.4 本章小结

本章对中国农村合作金融组织形成过程的制度环境与技术环境、组织利益主体的博弈过程以及农村合作金融组织形成后的绩效状况进行了分析。实质上是回答了两个问题：①中国农村合作金融组织为什么会形成？②中国农村合作金融组织形成后的绩效表现如何？

本章研究认为，就外部动因来看，中国农村合作金融组织的形成既受到中国共产党关于如何建设社会主义、如何改造小农等认知的影响，也受到广大农户对中国共产党崇拜认知的影响，还受到新中国成立以前农村合作金融组织发展历史实践的影响。除此之外，当时土地改革后农村地区出现的系列经济环境也为新中国农村合作金融组织的形成提供了自然的组织和业务基础。

就内部动因来看，中国农村合作金融组织的形成则是中央政府和农民策略互动的必然结果，即在当时的历史条件下，中央政府"创设"农村合作金融组织，农户"支持"这一决定是两者博弈的一个均衡解。

就绩效表现而言，形成后的农村合作金融组织在社会性绩效方面表现整体"优异"，有力地支撑了农业合作化运动的开展，对农村高利贷形成了"替代"和"抑制"，同时服务了国家工业化的发展。但是，在经营性绩效方面，中国农村合作金融组织形成阶段尤其是1954年秋以后的表现并不乐观，大部分农村信用合作社资金紧张，"亏损社""休眠社"数量开始增多。之所以出现这一情况，并不是农村合作金融组织本身的缺陷所致，而主要是脱离了主客观实际，选择了不恰当的合作金融组织形态以及不合理的经营方针。

总体来看，在一定的制度环境和技术环境下，中央政府和农户之间的博弈共同推动了中国农村合作金融组织在较短的时间内得以形成，并实现了"令人满意"的绩效表现。但是，也正是由于其形成的时间较短，表现出明显的"强制性制度变迁"特点，以及其在经营绩效方面"不好的"表现也给中国农村合作金融组织的演进埋下了"强制外力干预""利润诉求"等"基因"的种子。

5 演进分析Ⅱ：中国农村合作金融组织的异化过程

中国农村合作金融组织的异化过程也就是中国农村信用合作社"去合"的过程，这一过程持续的时间范围为 1957—2003 年。之所以将 2003 年作为中国农村合作金融组织异化过程的时间节点，是因为根据 2003 年 6 月和 2004 年 8 月国务院关于农村信用合作社改革的指导文件要求，农村信用合作社实际上开启了一场以市场化、商业化为导向的改革和制度变迁。在现实中，合作制实际上也被忽视了[1]。也就是说，2003 年以来的改革不再强调恢复农村信用合作社的"三性"（组织上的群众性、管理上的民主性和业务经营上的灵活性），尤其是农村商业银行在脱离"三性"走向商业化方面做得比较彻底。农村合作银行和农村信用合作社虽然还挂着"合作金融"或者"股份合作制"金融之名，但实际上已在行商业化之实，脱离了"三性"，走向了商业化[2]。

在这一过程中（1957—2003 年），农村信用合作社由于"官办"化和恢复合作金融属性的不成功尝试而最终走向了异化。本章研究的主要目标即要运用 ECP 框架阐释农村信用合作社异化的形成过程及其绩效状况。

5.1 农村合作金融组织异化阶段的环境

农村合作金融组织形成后，我国农村合作金融组织面临的制度环境和

---

① 何广文. 农信社制度变异及其动因 [J]. 银行家，2006（2）：116-119.
② 冯兴元. 论农村信用社系统金融机构的产权、治理与利益关系 [J]. 社会科学战线，2017（2）：32.

技术环境发生了显著变化。在制度环境方面，其最大的变化是我国经济体制实现了由高度集中的计划经济体制向有计划的商品经济再到社会主义市场经济体制的建立和完善的过程，以及关于农村合作金融组织的政策具有明显的阶段性特点。在技术环境方面，其主要体现为我国农村产业结构逐步合理化，乡镇企业不断壮大、农民收入水平逐步提高、农村金融市场渐趋垄断等。下面，主要从五个方面对农村合作金融组织异化阶段的技术与制度环境展开详述。

5.1.1 经济体制实现由计划经济体制向社会主义市场经济体制的逐步转变

新中国成立后，为了迅速恢复国民经济和建立独立的工业体系，我国选择了重工业优先的发展战略，但在资本等生产要素严重匮乏的国内环境以及以美国为首的西方国家对中国实施政治孤立、经济封锁的国际环境下，选择建立高度集中的计划经济体制，形成相应的"价格扭曲"的宏观政策（包括低利率、低汇率、低投入品价格、低工资以及低生活必需品价格政策等）环境，以及以计划为基本手段的资源配置制度和没有自主权的微观经营制度（包括人民公社制度和国有企业制度），以集中全国有限的资金、人才、技术等进行重点建设就成为一个合乎历史逻辑的必然的现实选择。正是在这一历史背景下[①]，我国逐渐形成了一种包括指令性计划为主的计划体系，条条管理为主的宏观经济管理体系，政社合一、政企合一的微观经济模式三大逻辑构件的计划经济体制。这一体制成为新中国成立后直至改革开放前30年间的主要经济体制。

改革开放前30年间的计划经济体制实践，为我国建立起较为完善的工业体系等发挥了至关重要的作用。但是，这一体制的内在缺陷也是明显的，主要表现在资源配置效率低下和劳动生产的激励失灵，以及政府集中统一的指令性计划与复杂多变的经济活动之间的矛盾突出等。对此，党的

---

① 此外，"计划经济体制内生论"认为，"中国传统计划经济体制总体上看是植根于中国历史文化传统，植根于中国经济社会发展演变的历史逻辑，是历史的路径依赖决定的。"无疑，这一观点在解释新中国成立后为什么会选择计划经济体制这一问题上仍有启发意义。但本书认为，从新中国成立初期的历史条件来看，当时最为重要的背景仍然是为了实现重工业优先战略而选择了计划经济体制。当然，还有"计划经济体制完全照搬说"（迈斯纳，1988）、"计划经济体制移植加修改说"（格雷戈里 等，1988）等过分看重苏联影响的观点。参见：赵凌云.1949—2008年间中国传统计划经济体制产生、演变与转变的内生逻辑 [J]. 中国经济史研究，2009（3）：24-33.

十一届三中全会也指出，"现在我国经济管理体制的一个严重缺点是权力过于集中。"① 同时，全会决定将工作重心转移到经济建设上来，由此拉开了中国经济体制改革的序幕。

从总体上看，我们可以将1978年以来中国经济体制的改革历程划分为两个阶段：有计划的商品经济体制阶段以及社会主义市场经济体制的建立与完善阶段。1992年之前，我国经济体制改革的主要目标模式是1984年党的十二届三中全会提出的"有计划的商品经济"模式和1987年党的十三大提出的"计划与市场内在统一的体制"模式。这一阶段经济体制改革在理论上的重大突破体现为开始重视市场的作用，不再由于计划经济体制阶段将市场经济和计划经济看作属于社会基本制度范畴的认识而完全排斥市场调节。从实践上看，这一阶段经济体制的改革总体上经历了从农村向城市的转变。农村的经济体制改革的重点是逐步确立了家庭联产承包责任制、统分结合的双层经营体制，取代了"三级所有、队为基础"的人民公社制度；同时，扶持乡镇企业的发展。城市经济体制改革始于1984年，主要内容是围绕如何搞活国有企业全面展开。

1992年10月，党的十四大第一次明确提出经济体制改革的目标是要建立社会主义市场经济体制。这标志着我国经济体制改革进入了一个新的阶段，实现了由计划经济体制到有计划的商品经济再到社会主义市场经济体制的转变。随后，我们党围绕如何完善社会主义市场经济体制进行了不断探索，尤其是在关于政府与市场的关系问题上不断取得新认识。1992年11月，党的十四届三中全会提出了建立社会主义市场经济体制的总体规划和经济体制改革的行动纲领。2002年11月，党的十六大提出21世纪前20年经济建设和改革的主要任务就是完善社会主义市场经济体制。2013年11月，党的十八届三中全会则突破党的十四大以来对市场在资源配置中起基础性作用的认识，明确提出了"经济体制改革是全面深化改革的重点，其核心问题是如何处理好政府与市场的关系，使市场在资源配置中起决定性作用和更好发挥政府作用"②。

经济体制实现由计划经济体制向社会主义市场经济体制的转换是我国

---

① 中共中央文献研究室. 新时期经济体制改革重要文献选编：上 [M]. 北京：中央文献出版社，1998：7.

② 《〈中共中央关于全面深化改革若干重大问题的决定〉辅导读本》编写组.《中共中央关于全面深化改革若干重大问题的决定》辅导读本 [M]. 北京：人民出版社，2013：18-19.

农村合作金融组织异化阶段面临的最大制度环境，在这一制度环境之下，我国农村合作金融组织异化阶段利益主体的行为逻辑基本都能得到合理解释。如在计划经济体制下，农村合作金融组织必然也成为实现国家目标的工具而不能"独善其身"。但是，也正是由于这一制度环境过于宏大，内容过于丰富，其在解释农村合作金融组织异化阶段利益主体的行为逻辑方面又不能"尽细尽美"。因此，为了更好地分析农村合作金融组织异化阶段的技术环境和制度环境，我们还需要对这一宏大制度环境下的阶段性技术环境特征和制度环境特征进行深化。

5.1.2　农村经济改革为合作金融组织提供了新的组织与业务基础

党的十一届三中全会以后，我国农村逐步掀开了以家庭联产承包责任制、农产品流通体制、劳动力流动管制等为核心内容的经济改革，这些改革举措的推进为农村合作金融组织的发展提供了新的组织和业务基础。

5.1.2.1　家庭联产承包责任制的确立

家庭联产承包责任制的确立是由农户自下而上行动与政府自上而下引导相结合的结果，是"在党的领导下的中国农民的伟大创造"。1978 年秋，安徽小岗村的 18 位农户自发实施分田到户的效果明显。1980 年 9 月，中共中央在《关于进一步加强和完善农业生产责任制的几个问题》中总结了两类生产责任制，并特别强调了"专业承包联产计酬责任制"，首次申明可以实行包产到户，肯定了两年来各地农业生产责任制对农业生产发展的重大作用。随后，1982 年、1983 年、1984 年的中央一号文件都肯定了家庭联产承包责任制的地位和意义。统计数据显示，截至 1984 年年底，全国有 99% 的生产队、97% 的农户都实行了包干到户①。至此，以家庭联产承包为主的责任制在我国得以确立。

家庭联产承包责任制的确立改变了高度集中计划经济体制下"三级所有，队为基础"的农村资金需求对象和特点。这主要表现在两方面：一是信贷支持对象的变化。在人民公社体制下，生产队是基本的经济核算单位。家庭联产承包责任制的确立使农户成为独立的生产经营主体，农村信贷的支持对象由集体生产队转向家庭及社员个人。这种情况的变化客观上要求农村信用合作社更加接近农村、深入群众，满足亿万农户的信贷需

---

① 高强，孔祥智. 中国农业结构调整的总体估价与趋势判断 [J]. 改革，2014 (11)：80-91.

求，这对农村信用合作社"一乡一社"的传统机构设置提出了挑战。二是农村资金需求特点发展巨大变化。1978 年以前，我国农村长期搞单一粮食生产，不搞多种经营，忽视商品生产，农业生产结构始终处于"农业—种植业—粮食"的单一、稳定状态。在农业总产值中，种植业产值占比长期在 75%以上；在种植业中，粮食占比长期高达 80%以上[①]。实行家庭联产承包责任制以后，农村多种经营和社员家庭副业都有了很大发展，农业生产结构也开始逐步多样化（见图 5.1），农村资金的需求数量、结构等特点都发生了明显变化。资金需求数量更多，季节性需求转为小额、分散、灵活、多频需求，单一生活性资金需求向生产、生活性资金需求并存转变。

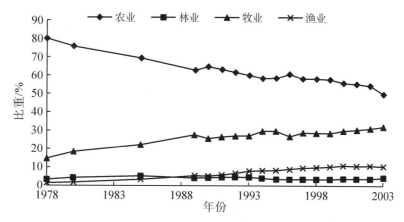

图 5.1　1978—2003 年农、林、牧、渔产值占农业总产值的比重
资料来源：根据 2004 年的《中国统计年鉴》计算。

5.1.2.2　乡镇企业"异军突起"

中国的乡镇企业是由社队企业发展而来的。改革开放以前尤其是人民公社化运动开始以后，社队企业在我国农村大量出现，但由于"左"倾思想的影响，社队企业一直步履维艰。1978 年，《中共中央关于加快农村发展若干问题的决议》指出，"社队企业要有一个大的发展。"1984 年，中共中央同意将社队企业改为乡镇企业，并指出"目前，乡镇企业已成为国民经济的一支重要力量，是国营企业的重要补充"[②]。1985 年 9 月，《中共

---

①　宋洪远，赵长保. 国民经济结构变革与农村产业结构调整 [J]. 农业经济问题，2002（12）：10-19.

②　中共中央文献研究室. 十二大以来重要文献选编：上 [M]. 北京：人民出版社，1986：440.

中央关于制定国民经济和社会发展第七个五年计划的建议》提出，发展乡镇企业是振兴我国农村经济的必由之路，要鼓励扶持乡镇企业的发展。随后，乡镇企业迎来了发展的高速增长时期（见表5.1）。1987年6月，邓小平高兴地说道："农村改革中，我们完全没有预料到的最大的收获，就是乡镇企业发展起来了，突然冒出搞多种行业，搞商品经济，搞各种小型企业，异军突起。[①]"20世纪80年代末期至20世纪90年代初期，乡镇企业经过整顿提高后再次实现高速发展（见表5.1）。20世纪90年代末期，乡镇企业出现分化重组，经过产权制度改革开始逐步向现代企业转型和发展。

表5.1　1978—2003年乡镇企业发展概况

年份	企业单位数/万户	从业人员/万人	增加值/亿元	出口产品交货值/亿元	利润总额/亿元	实缴税金/亿元	支农建农及补助社会支出/亿元
1978	152	2 827	208	—	96	22	30
1984	165	3 848	633	—	155	79	46
1990	1 873	9 265	2 504	486	683	313	138
1995	2 203	12 862	14 595	5 395	3 697	1 280	248
2000	2 085	12 820	27 156	8 869	6 482	1 996	167
2001	2 116	13 086	29 356	9 599	6 709	2 308	147
2002	2 133	13 288	32 386	11 563	7 558	2 694	312
2003	2 185	13 573	36 686	—	8 571	3 130	—

注："—"为缺失值。

资料来源：根据2003年、2004年的《中国乡镇企业年鉴》整理。

据表5.1可以看出，改革开放以来，"异军突起"的乡镇企业在促进农村经济发展、吸纳农村就业、缴纳税收、补助社会支出等方面发挥了重要作用。正是由于乡镇企业在农村经济乃至地方经济中的重要地位，其也对农村合作金融的发展产生了深刻影响。一方面，乡镇企业成为农村合作金融组织的主要服务对象。据统计，1999年，农村信用合作社的乡镇企业贷款余额占全国金融机构相应指标总额的比重达到68%。当时，乡镇企业的融资难题能不能解决，能在多大程度上得到解决，都受制于农村信用合作社对乡镇企业金融支持的影响[②]。但是，农村信用合作社在服务乡镇企

[①]　中共中央文献研究室. 新时期经济体制改革重要文献选编：上［M］. 北京：中央文献出版社，1998：470.

[②]　姜长云. 乡镇企业融资问题新探［M］. 太原：山西经济出版社，2001：127.

业的过程中时常受到来自乡镇政府的行政干预，指令性要求农村信用合作社为乡镇企业发放贷款。结果就是，随着乡镇企业20世纪90年代末期经营困难和产权改制的推进，产生了大量不良贷款并形成农村信用合作社的不良资产。另一方面，乡镇企业的发展也对农村合作金融组织提出了新的挑战。这种挑战集中体现为乡镇企业日益增长的信贷需求同农村信用合作社不良资产较多、经营风险较大、经济效益较差、规模不经济等造成相当一部分农民（包括农村的一些个体工商户）和乡镇企业对于农村信用合作社"求贷无门"之间的矛盾。

5.1.2.3 农产品流通体制等改革逐步推进

农村经济改革的核心内容除了上面提到的家庭联产承包责任制以及乡镇企业外，农产品流通体制的改革以及放宽对农村劳动力流动的管制也是其中的重要内容，并对农村合作金融组织的发展产生了重要影响。

农产品流通体制改革是对计划经济体制下农产品"统购统销"制度的改革，也是从"流通"环节对家庭联产承包责任制确立的有机配套。因为家庭联产承包责任制的确立极大地调动了农民的生产积极性，农户生产出来的大量产品必须通过畅通的"流通"环节进入市场才能真正实现价值转化。农产品流通体制改革总体上经历了由不断收缩农产品统购统销和限售范围到合同定购与市场收购的供销"双轨制"再到市场供求决定价格的发展过程。农产品流通体制的改革，改变了农产品价格长期偏低的状态，增加了农户收入（见图5.2）。

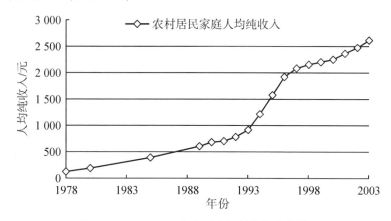

图5.2　1978—2003年农民人均纯收入变化情况

放宽对农村劳动力流动的管制是对家庭联产承包责任制的确立解放了大批农村劳动力,以及城市改革启动和对外开放程度的加深,城市及沿海地区对劳动力的需求开始增加的"理性"回应。放宽对户籍制度和就业管理制度的限制,允许农村劳动力向城市流动,促进了农户收入的多元化,提高了农户的收入水平,增强了农户的自身积累能力。同时,劳动力在城乡之间的流动也使得传统乡村社会的"信任"边界开始突破村域范围内的"熟人社会"而向"生人社会"转变,信任的实施机制也由人际(亲缘)信任向契约(市场)信任转变。

总之,作为农村经济改革的一个综合性结果,社员、家庭、乡镇企业以及经济合作组织等替代单一的社队企业成为农村经济中的多样化资金需求主体,农业生产结构的变化,农民收入的增加、信任的变动以及农村市场化、工业化的发展等都对农村合作金融组织的发展产生了重要影响。一方面,多样化资金需求主体的存在以及农民收入的增加内在地要求改变计划经济体制下农村信用合作社"大一统"的信贷服务与管理方式,农村信用合作社必须在服务对象、服务方式、服务内容、机构设置等方面进行变革,以适应新的农村经济社会环境;另一方面,"信任"边界的改变也使得农村信用合作社存在的经济学基础即农村"熟人社会"特有的声誉和惩罚机制起作用的基础发生了变化。

5.1.3 财政分权改革促进地方政府独立经济利益主体地位的形成和确立

财政分权改革涉及的是中央政府与地方政府之间在财政管理体制方面的改革,其规范和明确的是中央政府与地方政府之间的关系和财政边界。我国的财政管理体制改革在计划经济体制时期就已经开始,如1958年的"以收定支,五年不变"和1969—1973年的"财政收支包干"等。党的十一届三中全会后,我国开启了大规模的经济体制改革,中央政府与地方政府之间的财政管理体制改革就是其中的重要内容之一。周黎安(2008)认为,"中国改革开放以来最重要的行政基础之一是中央行政和经济管理权力的下放和地方自主权的增强。[①]"1980年2月,国务院颁布了《国务院关于实行"划分收支、分级包干"的财政管理体制的暂行规定》,将原来

---

① 周黎安. 转型中的地方政府:官员激励与治理 [M]. 上海:格致出版社,2008:123.

的"一灶吃饭"改为"分灶吃饭",打破了统收统支的旧财政体制,建立了分级包干的新财政体制。在"财政包干制"下,当时实行的比较普遍的模式是中央政府和地方政府就地方所有的财政收入进行分成,如果收入递增,地方政府的分成比例则可以进一步提高。地方政府还允许拥有自己的"小金库"——预算外资金,这部分收入主要来自企业上缴利润和行政收费,不受中央控制,完全由地方支配①。虽然财政包干制的内容分别于1985年和1988年进行了调整,但本质内容基本未变。1994年,我国中央政府和地方政府之间财政管理体制再次改革,即分税制改革。

"财政包干制"的实施重塑了地方政府的行为选择集合,对地方政府至少产生了经济和政治两方面的双重激励:地方政府为了追求财政收入最大化,开始直接投资实业,或通过各种政策扶持甚至干预本地企业发展,而通过发展地方经济和扩大地方财政收入,地方政府官员也增加了向上晋升的筹码。对于中国地方政府尤其是基层政府在改革开放过程中直接参与或干预企业和经济发展活动的这种现象,美国学者简·奥伊(Jean C. Oi)用"地方政府法团主义"的概念进行了系统性解释②。与"地方法团主义"类似的还有如"地方政府即厂商""地方政府即公司""政府经济人"等概念。但是,前述的无论是经济激励还是政治激励,结果都促使地方政府作为独立经济利益主体的地位得以形成和确立。1994年实施的税制改革和分税制改革,则为规范中央与地方的分配关系开拓了新路径,明确了中央与地方的利益界限,调动了两个积极性。

5.1.4 农村金融供给体系深刻变化形成垄断性市场结构

我国农村金融供给体系在改革开放以前以农村信用合作社和中国农业银行为主,相对较为稳定,但在改革开放以后发生了深刻变化,到21世纪初期已经形成了一种垄断性的市场结构,农村信用合作社"一枝独大",成为"支农主力军"。改革开放以后,我国农村金融供给体系发生的深刻变化主要体现在以下两个方面:

第一,就存量农村金融供给体系来看,1979年2月,国务院批准正式恢复中国农业银行接管中国人民银行在农村地区的金融业务,成为一家专

---

① 周黎安. 转型中的地方政府:官员激励与治理 [M]. 上海:格致出版社,2008:78.

② OI, JEAN. Fiscal reform and the economic foundations of local state corporatism in China [J]. World politics, 1992, 45(1):99-126.

门从事农村金融服务的国家专业银行；同时，将农村信用合作社划归中国农业银行领导，成为中国农业银行的基层机构。1993年年底，《国务院关于金融体制改革的决定》提出，中国农业银行要尽快转变为国有商业银行。1996年8月，《国务院关于农村金融体制改革的决定》要求，中国农业银行不再领导管理农村信用合作社，农村信用合作社与中国农业银行脱离行政隶属关系，即"脱钩"，对农村信用合作社的业务管理和金融监管分别由农村信用合作社县联社和中国人民银行承担。

第二，就增量农村金融供给体系来看，1986年，国务院批准邮政部门办理储蓄业务，在邮电系统内设置邮政储汇局，对邮政储蓄、汇兑等金融业务进行管理，但当时的邮政储蓄机构针对农村的金融服务只能存不能贷。1993年12月，国务院提出组建中国农业发展银行，承担国家粮棉油储备和农副产品合同收购、农业开发等业务中的政策性贷款，代理财政"支农"资金的拨付及监督使用。1997年亚洲金融危机后，为化解金融风险，提高资产质量和盈利水平，包括中国农业银行在内的四大国有商业银行先后实行对农村金融市场的战略收缩，大规模撤并县以下金融机构。有数据显示，1998—2000年，中国工商银行、中国农业银行、中国银行、中国建设银行四大国有银行撤并县支行的比例分别为27.8%、15.4%、18.6%、24.1%[1]。1999年，国务院正式在全国范围内取缔了存续10年左右时间的农村合作基金会。

因此，到20世纪90年代末期，中国农村金融市场上存在的正规金融组织就只有农村信用合作社、中国农业发展银行和中国邮政储蓄银行。由于四大国有商业银行将农村金融市场视为劣质、高风险市场，仅剩的一些网点也是在无风险的存款市场上进行经营，中国邮政储蓄银行只存不贷，仅在存款市场与其他金融组织展开竞争，中国农业发展银行主要承担政策性业务，因此农村信用合作社成为农村金融市场上唯一的正规金融组织，形成垄断地位。

为了说明农村金融市场的这种垄断性市场结构以及农村信用合作社的垄断性地位，这里借用SCP范式中衡量市场集中度的CR_n指标进行说明。CR_n是衡量行业内规模最大的前几位企业的有关数值X（可以是产值、产量、销售额、职工人数等）占整个市场或行业份额大小的指标，其计算公式为

---

① 姚耀军. 中国农村金融发展状况分析 [J]. 财经研究，2006（4）：103-114.

$$CR_n = \sum_{i=1}^{n} X_i / \sum_{i=1}^{N} X_i$$

其中，X_i 表示产业中第 i 位企业的产值、产量、销售额等数值；n 表示产业内的企业数量；N 表示行业内的企业总数；CR_n 表示行业中规模最大的前 n 家企业的行业集中度。一般来说，CR_n 数值越大，表示行业垄断程度越高。

这里利用 1989—2003 年的《中国金融统计年鉴》的统计数据，以"农业贷款+乡镇企业贷款"衡量农村信贷市场的总量，抓取了农村信用合作社和金融机构涉农贷款的总量数据，并利用上述公式取 $n=1$ 进行计算得到表 5.2 的结果。

表 5.2　农村金融市场及垄断情况

年份	农村信用合作社农村贷款额/亿元	金融机构涉农贷款额/亿元	CR_1	年份	农村信用合作社农村贷款额/亿元	金融机构涉农贷款额/亿元	CR_1
1978	45	161	0.28	1994	3 088	4 642	0.67
1980	82	258	0.32	1995	3 874	5 796	0.67
1982	121	334	0.36	1996	4 751	7 123	0.67
1984	355	723	0.49	1997	5 530	8 350	0.66
1986	569	1 096	0.52	1998	6 420	10 024	0.64
1988	909	1 688	0.54	1999	7 227	10 954	0.66
1990	1 413	2 413	0.59	2000	8 157	10 950	0.74
1992	2 454	3 871	0.63	2001	9 261	12 125	0.76
1993	3 144	4 835	0.65	2002	10 720	13 697	0.78

资料来源：根据 1989 年、1993 年、1989—2003 年的《中国金融年鉴》中有关"农村信用合作社各项贷款总额""国家银行农业贷款总额""农业贷款""乡镇企业贷款"等数据整理。

由表 5.2 可知，农村金融市场的 CR_n 指数由 1978 年的 0.28 总体保持上升态势，到 2002 年已经达到 0.78，增加了 0.5。根据贝恩标准，当 75% ≤ CR_4 < 85% 时，市场结构属于寡占 Ⅱ 型，即趋于完全垄断。由此可见[1]，20 世纪 80 年代以来直到 21 世纪初期，我国农村金融市场结构总体接近完全垄断状态。其中，农村信用合作社则处于近乎完全的垄断地位。

---

[1]　由于中国农业银行等其他农村金融组织农村贷款数据的获取难度较大，因此这里只分析了 CR_1 的情况，但总体上不影响根据 CR_4 对市场结构进行判断所得到的分析结论。

5.1.5　农村合作金融组织政策的阶段性变化

这一时期关于农村合作金融组织的政策变化较快，但仍然具有一定的阶段性特征，这种阶段性差异以改革开放前后为时间节点。在改革开放之前，党和政府关于农村合作金融组织的政策主要涉及农村合作金融组织管理体制及性质的一些制度安排；在改革开放之后，党和政府则主要是围绕恢复农村合作金融组织的"三性"以及按照合作制进行规范和发展设计了一些制度安排。

其中，关于农村合作金融组织管理体制的政策安排主要表现为对农村信用合作社管理权的"三下三收"，即 1958 年、1959 年、1969 年分别把农村信用合作社的管理权下放至人民公社、生产大队和贫下中农。同时又于 1962 年、1977 年、1979 年收归国家银行（中国农业银行）管理。而关于恢复农村信用合作社的"三性"以及按照合作制进行规范和发展的政策安排则集中出现在 20 世纪 80 年代初期和 20 世纪 90 年代中期的几份重要文件中，相关详细内容如表 5.3 所示。

表 5.3　中国农村合作金融组织异化阶段的主要政策

第一阶段：关于农村信用合作社管理体制的相关政策		
时间	文件/会议名	相关内容
1958 年 12 月	《中共中央 国务院关于适应人民公社化的形势改进农村财政贸易管理体制的决定》*	根据"两放、三统、一包"的文件精神，信用合作社与银行的基层机构（营业所）合并，下放给人民公社，成为公社的信用部
1959 年 5 月	中国人民银行全国分行行长会议*	把下放给人民公社管理的银行营业所收回，同时把原来的信用合作社从人民公社信用部分出来，下放给生产大队变为信用分部
1962 年 2 月	《中共中央 国务院关于加强银行工作的集中统一，严格控制货币发行的决定》	收回银行下放的一切权力，银行业务实行完全的垂直领导，同时把信用合作社纳入集中领导之中
1977 年 11 月	《国务院关于整顿和加强银行工作的几项规定》	信用合作社是集体金融组织，又是国家银行在农村的基层机构。信用合作社的资金应当纳入国家信贷计划，人员编制应当纳入县集体劳动工资计划，职工待遇应当与人民银行基本一致
1979 年 2 月	《国务院关于恢复中国农业银行的通知》	中国农业银行的主要任务包括统一管理"支农"资金、集中办理农村信贷、领导农村信用合作社、发展农村金融事业

表5.3(续)

第二阶段：以恢复"三性"和按合作制进行规范农村信用合作社的政策		
时间	文件/会议名	相关内容
1983年1月	《当前农村经济政策的若干问题》	农村信用合作社应坚持合作金融组织的性质
1984年1月	《中共中央关于一九八四年农村工作的通知》	农村信用合作社要进行改革，真正办成群众性的合作金融组织
1984年8月	《国务院批转中国农业银行关于改革信用合作社管理体制的报告》	恢复和加强农村信用合作社组织上的群众性、管理上的民主性、经营上的灵活性，把信用合作社真正办成群众性的合作金融组织
1996年8月	《国务院关于农村金融体制改革的决定》	把农村信用合作社逐步改为由农民入股、由社员民主管理、主要为入股社员服务的合作金融组织，恢复农村信用合作社的合作制性质

资料来源：含"＊"的文件/会议资料来自卢汉川. 当代中国的信用合作事业［M］. 北京：当代中国出版社，2001：140，144，161-162. 其余资料根据相关文件/会议内容整理。

5.2　农村合作金融组织异化过程的主体行为

在对农村合作金融组织异化过程的主体行为进行分析之前，我们必须先对这一过程中存在的组织利益主体对象进行合理判断。

本书认为，中国农村合作金融组织异化阶段利益主体除了在其形成过程中就已经存在的政府（主要指中央政府）和农民之外，还有地方政府、中国农业银行和农村信用合作社内部人三个利益主体。如前所述，这主要是因为自20世纪80年代的财政分权改革以来，地方政府作为一个独立经济利益主体的角色开始出现，并在农村信用合作社这一阶段尤其是改革开放以后的发展过程中发挥着重要的影响作用。中国农业银行由于与农村信用合作社存在如管理、指导、竞争等"千丝万缕"的联系，因此也成为农村合作金融组织异化过程中的重要利益主体。而农村信用合作社的内部人员，如管理层、一般员工等在信用合作社的发展过程中逐渐形成自身的利益诉求，也成为一个相对独立的利益主体。

由于中央政府与地方政府是"政府"在不同层级（次）上的表现，并且在地方政府还未形成独立利益主体之前，两者具有的行为偏好和利益函数相差不大，因此这里将中央政府和地方政府的行为分析置于一起进行研究。接下来，本书将对上述五个利益主体的行为目标进行全面分析。

5.2.1 中央与地方政府行为及其变迁的三阶段模型：一个国家理论的解释

在分析农村合作金融组织异化阶段中央政府和地方政府的行为动机之前，适当回顾以诺思为代表的新制度经济学关于国家的分析是有益的。因为，在中国农村合作金融组织的异化过程中，中央政府和地方政府作为重要的组织利益主体，实际上充当了理性经济人的角色，其具有自身独特的利益动机[1]，而正是在这些利益动机的驱使下，中央政府和地方政府之间及其与其他利益主体之间的博弈才推动了中国农村合作金融组织的"异化"。

5.2.1.1 新制度经济学的国家理论及其讨论

国家理论[2]在新制度经济学关于制度长期变迁过程的分析中占有重要地位。其代表人物诺思曾认为，"在任何关于长期变迁的分析中，国家模型都将占据显要的一席。"因为，"国家的存在是经济增长的关键，然而国家又是人为经济衰退的根源，这一悖论使国家成为经济史研究的核心。"（此即通常所说的"国家悖论"，也被称为"诺思悖论"）他在定义国家和对解释国家存在的两种理论——契约理论与掠夺或剥削理论进行评价之后，提出了一个简单的国家模型。该模型的主要观点有：①国家具有供给制度和制度变迁的"暴力"优势。他认为，"国家可视为在暴力方面具有比较优势的组织……理解国家的关键在于为实行对资源的控制而尽可能地利用暴力。"②产权是分析国家的核心内容。因为，离开产权，人们很难对国家做出有效的分析，并且"在暴力方面具有比较优势的组织处于界定和行使产权的地位"。③国家是精于"成本—收益"计算的理性经济人，其目的在于追求效用或福利最大化。④国家提供的博弈规则具有双重目的，即一是界定形成产权结构的竞争与合作的基本规则（在要素和产品市场上界定所有权结构），以使统治者的租金最大化（本书称之为"租金偏好"）；二是在第一个目的框架中降低交易费用以使社会产出最大，从而

---

① 张杰（2003）在对中国农村金融制度的结构与变迁进行一般性考察时也曾认为，"从历史的角度来考察我国的农村金融，我们不能忽视国家这个变量。这在于，作为一个在暴力方面具有比较优势的组织，国家带有浓厚的经济人色彩，具有自己的偏好和效用函数，其行为由成本—收益原则驱使。"参见：张杰. 中国农村金融制度：结构、变迁与政策 [M]. 北京：中国人民大学出版社，2003：40.

② 这里主要介绍新制度经济代表人物诺思的国家理论，本段相关引用都来自：诺思. 经济史中的结构与变迁 [M]. 陈郁，罗华平，等译. 上海：三联书店，1994：20-25.

增加国家税收（本书称之为"效率偏好"）。但从本质上讲，这两个目的并不完全一致，"第二个目的包含一套能使社会产出最大化而完全有效率的产权，而第一个目的是企图确立一套基本规则以保证统治者自己收入的最大化。"从历史来看，"在使统治者（和他的集团）的租金最大化的所有权结构与降低交易费用和促进经济增长的效率体制之间，存在着持久的冲突。"这就是说，在诺思基于静态视角所界定的国家的两个目标中，租金偏好和效率偏好是冲突和矛盾的。

但如果从一个动态的视角来看，作为理性经济人，国家目标函数中的租金偏好和效率偏好并不总是相互冲突的，而是一起处于其目标的选择集中。即是说，以"国家悖论"为基础的国家效用函数其实是租金偏好与效率偏好的综合函数。随着环境的变化，国家将在租金偏好和效率偏好之间进行理性选择，以获取利益最大，国家效用函数的均衡点也将从 A 向 a 转移（表现为由租金偏好向效率偏好转变），或者由 a 向 A 转移（表现为由效率偏好向租金偏好转变）（见图 5.3）。对此，黄少安（1999）也指出，"事实上，这两种目的是统一的或基本上是统一的，因为都在国家这个'经济人'的成本—收益核算范围之内，两者都是它所追求的，都是对国家有利的。只不过一个是直接收益，一个是间接收益……作为经济人在多数情况下总是必然在直接收益与间接收益之间寻求一种均衡，从而使垄断规模程度停留在某个边际上。[1]"

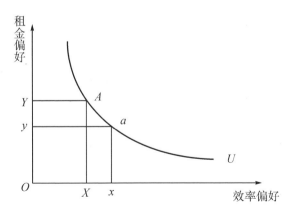

图 5.3　国家效用函数及其变化

　　[1]　黄少安. 制度变迁主体角色转换假说及其对中国制度变革的解释：兼评杨瑞龙的"中间扩散型假说"和"三阶段论"[J]. 经济研究，1999（1）：72.

5.2.1.2 中央政府的行为分析

在利用前文扩展的国家理论对我国农村合作金融组织异化过程中政府的行为进行分析之前，我们有必要对农村合作金融组织异化背景下的政府租金偏好和政府效率偏好做出进一步说明。本书这里所指的政府租金偏好主要是指政府通过界定和维持垄断性的合作金融组织产权结构以使自身租金最大化，而对垄断性产权结构所带来的资源配置效率低、合作金融组织基本属性异化等变量关注较少，甚至忽略。政府效率偏好包含政府合作效率偏好和政府商业效率偏好两种，其中政府合作效率偏好主要是指随着环境的变化，政府开始注重对农村合作金融组织产权结构按照合作制的基本原则进行合理界定和规范，意欲发展真正意义上的农村合作金融组织，提高农村合作金融组织的资金配置效率；政府商业效率偏好是指政府对农村合作金融组织产权的界定和规范并不完全是按照合作制的原则进行，而是根据环境的变化"相机抉择"，选择有悖于合作制的其他产权原则，如股份制等进行规范，以追求商业利益的最大化。

本书认为，从总体上看，中国农村合作金融组织异化阶段，中央政府和地方政府的行为偏好都经历了由租金偏好向效率偏好的转变。但是，由于面临的环境不同，这一转变的发生时间在中央政府和地方政府之间却存在差异性。

（1）中央政府租金偏好阶段（1957—1982 年）。

信用合作化运动至改革开放初期，中央政府的行为偏好表现出明显的租金偏好特征。因为，新中国成立后，在国家扩展垄断产权这一内生变量和国际政治、经济环境形成的外部竞争因素这一外生变量的综合作用下，国家实行了以优先发展重工业为核心的"赶超"战略。但是，当时经济发展水平下的资本短缺及资源动员能力却与资本高度密集的重工业产生了直接的矛盾[1]。为优先发展重工业，国家以牺牲经济效率为代价，选择了政治上的集权制度、经济上的计划控制和产权上的国家垄断。由于垄断性金融制度安排在控制存单提供成本与扩展储蓄规模方面具有比较优势，因此通过界定和维持垄断性的合作金融组织产权结构，不仅有利于中央政府节约从农村动员储蓄的交易成本，更多地占有农业剩余[2]，最大限度地动员

---

① 张杰. 中国农村金融制度：结构、变迁与政策 [M]. 北京：中国人民大学出版社，2003：49.

② 对冯海发和李溦（1993）的研究结果进行简单计算可得出，1953—1980 年，农业为工业化提供的资金积累累计为 4 950 亿元，占国民收入积累额平均每年保持在 40% 左右的水平。参见：冯海发，李溦. 我国农业为工业化提供资金积累的数量研究 [J]. 经济研究，1993（9）：60-64.

和集中分散的农村金融剩余为"重工业优先"发展战略提供最为廉价和短缺的资金要素，还有利于中央政府建立起高度集中的计划经济体制，追求公有制。因而，直接控制农村合作金融组织、强化农村信用合作社的集体性结构、弱化其财产组织形式的合作制性质、实现对农村金融资源集中管理以获取租金最大化就完全契合这一时期中央政府的效用追求。

这一阶段，中央政府的租金偏好行为可以通过反复变更、调整农村信用合作社的管理体制集中体现出来。1958 年、1959 年、1969 年农村信用合作社的管理权就先后被下放至人民公社、生产大队和贫下中农；同时又分别于 1962 年、1977 年、1979 年收归国家银行管理，成为这些部门的附属机构。事实上，农村信用合作社管理权"三下三收"所体现出来的正是中央政府控制农村金融、建立集中的计划经济体制、为重工业优先发展战略提供廉价资金要素的租金偏好。此外，1977 年中央政府将农村信用合作社界定为"既是集体金融组织，又是国家银行在农村的基层机构"的双重性质的金融机构仍然是这一偏好的体现。

（2）中央政府合作效率偏好阶段（1983—2002 年）。

党的十一届三中全会以后，伴随家庭联产承包责任制实行、农产品流通体制改革、多种经营开展、政社分开以及乡镇企业发展等的推进，农村生产组织结构、产业结构、资金需求结构、投资主体行为等都发生了明显变化。农村地区出现了多种经济成分和合作经济的多种层次，农村经济的货币化程度逐渐提高，农户家庭经营成为生产的基本单位。这些变化虽然改变了农村信用合作社的组织基础和业务基础，但是租金偏好阶段的农村合作金融组织已然蜕化为国家基层银行组织和国家指令性计划的社会核算工具，在农村经济体制改革和农村商品经济发展的新环境下，越来越不适应农村经济的发展形势，调整、改革农村合作金融组织的原有经济性质和管理体制就变得紧迫起来。此外，从"成本—收益"的角度来看，租金偏好阶段的中央政府对农村金融体系的控制并不是免费的[1]，当控制农村的费用超过收益时，中央政府对农村金融体制进行改革就是不可避免的了。20 世纪 80 年代末 90 年代初，受当时通货膨胀的影响，宏观经济调控压力增大，以及农村经济增长和农民收入增加放缓的影响，也要求深化对农村

---

① 周其仁（1995）测算了 1952—1982 年国家控制农村的收益和成本指数的变化情况，根据他的研究，国家在 20 世纪 70 年代末控制农村的收益指数超过成本指数，而之前的大多数年份，国家控制农村系统的费用指数比收益指数增长得更快。参见：周其仁. 中国农村改革：国家和所有权关系的变化（上）：一个经济制度变迁史的回顾 [J]. 管理世界, 1995（3）：185-186.

合作金融组织的改革。正是在这些新的技术和制度环境下，中央政府的效用偏好发生了改变，开始由租金效用偏好向合作效率偏好转变。

为了说明中央政府对合作效率偏好的追求，这里简要列举几个中央政府要求农村信用合作社按照合作金融性质进行改革的关键性事实。1983年发布的中央一号文件即《当前农村经济政策的若干问题》曾明确提出"信用社应坚持合作金融组织的性质"，这是中央政府首次正式表明要按照合作制坚持农村信用合作社的性质，这也标志着中央政府的偏好发生了实质性的转变。接着，1984年发布的中央一号文件即《中共中央关于一九八四年农村工作的通知》也要求，"信用社要进行改革，真正办成群众性的合作金融组织。"同年8月，《国务院批转中国农业银行关于改革信用合作社管理体制的报告》明确，"恢复和加强信用合作社组织上的群众性、管理上的民主性、经营上的灵活性……把信用社真正办成群众性的合作金融组织。"① 1996年8月，《国务院关于农村金融体制改革的决定》要求，"农村信用社管理体制改革，是农村金融体制改革的重点。改革的核心是把农村信用社逐步改为由农民入股、由社员民主管理、主要为入股社员服务的合作性金融组织。"②

（3）中央政府商业效率偏好阶段（2003年至今）。

合作金融效率偏好阶段对农村合作金融组织的改革并未取得预期目标，这主要体现为农村信用合作社产权关系不明晰、法人治理结构不完善、内部人控制问题严重、背离为社员服务的宗旨，农村信用合作社"为谁所有、由谁管理、为谁负责"的问题仍未得到有效解决，造成农村信用合作社资产资料差③，历史包袱重。20世纪90年代末期，随着四大国有商业银行逐渐撤离农村④，农村信用合作社成为农村金融市场上的唯一正规金融组织，同时也是当地县域内最为主要和重要的农村合作金融组织，但是其金融中介效率并不高，加之中国农村经济发展的地区差异较大，需要

---

① 本段上述三个文件分别引自中共中央文献研究室，国务院发展研究中心. 新时期农业和农村工作重要文献选编 [M]. 北京：中央文献出版社，1992：177，229，277.

② 中共中央文献研究室. 新时期经济体制改革重要文献选编：下 [M]. 北京：中央文献出版社，1998：1343-1344.

③ 据统计，2002年年末，按照贷款四级分类口径统计，全国农村信用合作社的不良贷款比例高达37%、资本充足率为-9%，资不抵债额高达3400多亿元，从技术上已经达到破产标准。参见：蓝虹，穆争社. 论中国农村合作金融发展的阶段性特征 [J]. 上海金融，2016（2）：36-47.

④ 相关资料显示，四大国有商业银行1998—2000年撤并的县支行比例分别为27.8%、15.4%、18.6%和24.1%。参见姚耀军. 中国农村金融发展状况分析 [J]. 财经研究，2006（4）：103-114.

促进农村信用合作社差异化发展，提供多元化的金融服务。在此背景下，中央政府的偏好向商业效率偏好转变。

2003 年，《国务院关于印发深化农村信用社改革试点方案的通知》要求，农村信用合作社要明晰产权关系，加快管理体制和产权制度改革；同时，农村信用合作社应按照股权结构多样化、投资主体多元化的原则，根据不同地区情况，分别进行不同产权形式（股份制、股份合作制和合作制）的试点，因地制宜确定信用合作社的组织形式。2011 年，原银监会明确提出通过五年左右时间全面消化历史亏损挂账，全面完成股份制改革；鼓励符合条件的农村信用合作社改制组建为农村商业银行，不再组建新的农村合作银行，现有农村合作银行要全部改制为农村商业银行。这表明，中央政府对以农村信用合作社为代表的农村合作金融组织已不再是合作效率的偏好，而是完全向追求高效率产权制度和管理体制改革的商业效率偏好转变，追求其实现商业可持续发展。

5.2.1.3　地方政府的行为分析

地方政府的行为偏好总体上也经历了由租金偏好向效率偏好的转变，但在两个方面又与中央政府存在差异：一是地方政府具备真正意义上的租金偏好出现在 20 世纪 80 年代后，在此之前，地方政府的租金偏好仅表征为一种"弱偏好"，而这主要取决于地方政府作为独立经济利益主体角色的确立；二是不同于中央政府的效率偏好阶段包括由合作效率偏好阶段向商业效率偏好阶段转变的过程，地方政府的效率偏好主要体现为一种商业效率偏好，而合作效率偏好如同 20 世纪 80 年代之前的租金偏好一样，也只是一种"弱偏好"。

（1）地方政府租金偏好阶段（1982—2002 年）。

20 世纪 80 年代初期以前，即在国家对省（自治区、直辖市）实行"划分收支，分级包干"的"分灶吃饭"财政新体制之前，中央政府具有"威权型"特征，是整个国家经济运行和社会管理的权力核心。地方政府的行为主要围绕中央政府的意志进行，与中央政府之间是一种"命令—服从"的关系。这意味着，地方政府往往以最大限度地服从并执行中央政府的命令和政策来维护中央政府的权威以及显示其对中央政府权威的忠诚。因此，中央政府的目标函数也就是地方政府的目标函数，即追求租金偏好，但仅是一种"弱偏好"。

随着放权让利改革战略和财政分灶吃饭体制的逐步推行，尤其是 1994 年分税制改革以来，地方政府面临的制度环境开始由高度集权的权威体制向适度分权的权威体制转变，中央政府和地方政府的关系发生了实质性变化①，这使地方政府具有了独立的行为目标和行为模式。这是因为，在实行分灶吃饭的财政体制后，地方政府的可支配财政预算规模直接与本地社会总产出水平正相关。这就促成了地方政府作为一个具有独立经济利益目标的"经济人"角色得以确立。出于租金利益最大化的考虑，为最大限度地获取地方经济发展的资金，以及农村合作金融组织向其财政缴纳的营业税、企业所得税等税收贡献，地方政府开始有了控制地方金融机构的强烈动机和偏好，农村合作金融组织亦无例外地受到地方政府的控制和直接干预。中国人民银行抚州市中心支行课题组的调查表明，地方政府对农村信用合作社的行政干预主要有三种方式：一是强行要求信用合作社放贷支持乡镇企业项目；二是调整农业结构中的盲目乐观，强制农村信用合作社全力支持；三是年中和年底为填补乡镇完成税费收入任务的缺口，指令农村信用合作社放贷垫付②。刘民权等（2005）也认为，地方政府行政干预农村信用合作社是其无可逃脱的宿命，这种行政干预突出表现在对农村信用合作社贷款决策的干预上，如要求农村信用合作社为乡镇企业发放贷款③。加之，由于预算软约束和中央政府的信息劣势，赋予了地方政府选择租金偏好的可能。由此观之，地方政府具备真正意义上的租金偏好还是出现在20世纪80年代后，这时地方政府的租金偏好已明显不同于改革开放前的"弱偏好"性，而是表现出"强偏好"性特点。

（2）地方政府商业效率偏好阶段（2003年至今）。

20世纪90年代以来，由于乡镇企业经营状况大面积恶化④，农村信用

---

① 改革开放前的高度计划经济体制时期，中国经济管理体制改革经历了多次财政分权，其中规模较大的就有两次：1958年的"以收定支，五年不变"和1969—1973年的"财政收支包干"。但这一阶段的中央政府和地方政府之间是单纯的行政隶属关系，地方政府并没有形成独立的经济利益。参见：张璟，沈坤荣. 财政分权改革、地方政府行为与经济增长 [J]. 江苏社会科学，2008（3）：56-62；周黎安. 转型中的地方政府：官员激励与治理 [M]. 上海：格致出版社，2008：123-127.

② 中国人民银行抚州市中心支行课题组. 非正式制度安排、技术约束下的农村信用合作社发展问题：抚州个案研究与一般政策结论 [J]. 金融研究，2001（1）：21-31.

③ 刘民权，徐忠，俞建拖，等. 农村信用社市场化改革探索 [J]. 金融研究，2005（4）：99-113.

④ 根据张杰和高晓红（2006）的研究资料，这些年来，在农村信用合作社的不良资产中，地方政府主导下的乡镇企业转制共形成农村信用合作社不良贷款860多亿元，所有的县、乡政府及干部借款400多亿元，两者合计达1 260多亿元；而2001年年末，农村信用合作社总的亏损挂账也就仅为1 250多亿元。参见：张杰，高晓红. 注资博弈与中国农信社改革 [J]. 金融研究，2006（3）：48-56.

合作社的不良负债骤然增多，利润急剧下降，地方政府控制农村合作金融组织的边际收益开始下降，边际成本上升。作为理性经济人，地方政府在"成本—收益"的权衡之下，将出现偏好的转变。2003年，《国务院关于印发深化农村信用社改革试点方案的通知》要求，将农村信用合作社的管理交由省级政府负责，由省级政府全面承担对农村信用合作社的管理和金融风险处置责任。管理职权的下放和金融风险处置责任的明晰，构建了权责对称的约束机制，有利于调动地方政府推动农村信用合作社改革的积极性，促使地方政府创新对农村信用合作社的管理方法，注重推动农村信用合作社实现商业可持续发展①。正是在这样的背景之下，地方政府对农村合作金融组织开始由租金偏好向商业效率偏好转变。

需要说明的是，在2003年之前农村信用合作社的多次改革中，由于预算软约束以及中央政府在监管农村信用合作社具体运行方面始终处于信息劣势，地方政府存在严重的"道德风险"。这也即前文所说的地方政府选择租金偏好的一种"底气"。因此可以预见，在地方政府的商业效率偏好阶段，地方政府的租金偏好将仍然存在，只是不占主导地位。

5.2.1.4　中央与地方政府行为变迁的三阶段模型

根据前面对中央与地方政府行为偏好的分析内容，农村合作金融组织的异化过程可以划分为三个阶段：中央政府的租金偏好阶段（1957—1982年）、中央政府的合作效率偏好阶段和地方政府的租金偏好阶段（1983—2002年）、中央政府和地方政府的商业效率偏好阶段（2003年至今）。这里用一个三阶段模型②对中央与地方政府行为偏好和目标的变迁进行说明（见图5.4）。

如果用 U_r 和 U_e 表示政府的租金偏好和效率偏好函数，则政府的总效用函数可以表示为 $U_t = U_r + U_e$。其中，政府的效率偏好函数 U_e 可以进一步表示为政府合作效率偏好函数 U_{ce} 和政府商业效率偏好函数 U_{be} 之和，即 $U_e = U_{ce} + U_{be}$。

同时，假定政府租金偏好函数和效率偏好函数的变量都是时间 t 的一

---

① 蓝虹，穆争社. 中国农村信用社改革的全景式回顾、评价与思考 [J]. 上海金融，2012（11）：25.

② 这里的模型思路受到了江曙霞和罗杰（2004）的启发，但本书与其在研究对象、政府效用偏好及阶段的划分等方面都有较大差异。参见：江曙霞，罗杰. 国有商业银行改革中政府效用函数的动态优化：基于租金偏好和效率偏好的选择 [J]. 财经研究，2004（11）：52-62.

元函数，则政府的总效用函数、租金偏好函数和效率偏好函数也可以表示成时间 t 的一元函数，即 $U_t(t) = U_r(t) + U_e(t)$。对时间 t 一阶求导可以得 $U_t{'}(t) = U_r{'}(t) + U_e{'}(t)$，其中 $U_t{'}(t)$、$U_r{'}(t)$、$U_e{'}(t)$ 分别表示政府总边际效用函数、政府边际租金偏好效用函数、政府边际效率偏好效用函数。相应地，政府的合作效率偏好函数 U_{ce} 和商业效率偏好函数 U_{be} 都可以进行上述计算。

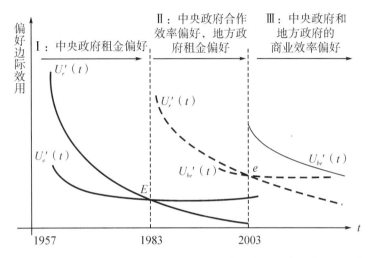

图 5.4 农村合作金融组织异化阶段中央与地方政府行为变迁的三阶段模型

说明：$U_r{'}(t)$、$U_e{'}(t)$、$U_{be}{'}(t)$ 分别表示政府边际租金偏好效用函数、政府边际效率偏好效用函数和政府的边际商业效率偏好函数；大写字母（粗实线）和小写字母（粗虚线）分别表示中央与地方政府相应偏好的边际效用函数；细实线 $U_{be}{'}(t)$ 则表示中央与地方政府的边际商业效率偏好函数。

在图 5.4 中，$U_t{'}(t)$、$U_r{'}(t)$、$U_e{'}(t)$ 曲线都符合制度边际效率递减效应，向右下方倾斜。在 20 世纪 80 年代初之前，即放权让利改革战略和财政分灶吃饭体制的推行前，中央政府具有"威权"特征，中央政府和地方政府之间体现为一种"命令—服从"的关系。这一阶段，中央政府主要通过对农村合作金融组织进行垄断性控制，获取金融剩余，服务于重工业优先战略的实施和高度集中计划经济体制的建立，具有强烈的租金偏好。地方政府虽然也显示出租金偏好，但仅是一种"弱偏好"。因此，这一阶段的函数曲线关系主要表现为中央政府的边际租金偏好效用函数曲线 $U_r{'}(t)$ 高于边际效率偏好效用函数曲线 $U_e{'}(t)$。

20 世纪 80 年代初到 21 世纪初，中央政府在农业联产承包责任制实施、乡镇企业发展、多种经营开展等新的技术与制度环境下，效用偏好开始由租金效用偏好向合作效率偏好转变。而地方政府在放权让利改革战略和财政分灶吃饭体制的推行下，尤其是 1994 年分税制改革实施后，作为一个独立的经济利益主体，实质上承担着这一阶段农村信用合作社制度变迁"第一行动集团"的角色，对农村信用合作社的控制最强[①]，开始寻求租金最大化，表现出强烈的租金偏好。因此，这一阶段的函数曲线关系主要体现为：中央政府的边际效率偏好效用函数曲线 $U_e'(t)$ 超过边际租金偏好效用函数曲线 $U_r'(t)$，地方政府的边际租金偏好效用函数曲线 $u_r'(t)$ 高于中央政府的边际效率偏好效用函数曲线 $U_e'(t)$，且到 20 世纪 90 年代后期，地方政府的商业效率偏好开始出现，即 $U_{be}'(t)$ 开始出现。

2003 年以来，中央政府和地方政府都具有商业效率偏好，尤其是农村信用合作社多元化的产权改革方案，使得农村信用合作社突破存量的边际调整，表现为中央政府和地方政府的商业效率偏好曲线 $U_{be}'(t)$ 上移，即高于地方政府的商业效率偏好曲线 $u_{be}'(t)$。同时，受预算软约束和中央政府信息劣势的影响，地方政府在这一阶段仍然表现出一定程度的租金偏好，即 $u_r'(t)$ 仍然存在。

5.2.2　中国农业银行的行为分析

新中国成立后到改革开放初期，中国农业银行作为专业银行，经历了"三次建立，三次撤销"（1951—1952 年、1955 年 3 月—1957 年 4 月、1963 年 10 月—1965 年 11 月）的变革历程。但在这一过程中，农村信用合作社主要受国家银行（中国人民银行）的领导和管理，与中国农业银行之间并未形成多深的利益关系。直到 1979 年 2 月底，《国务院关于恢复中国农业银行的通知》规定，中国农业银行的主要任务之一是"领导农村信用合作社"，"农村信用合作社是集体所有制的金融组织，又是农业银行的基层机构，"中国农业银行才在领导农村信用合作社的过程中真正形成自身的行为目标和利益诉求。

中国农业银行的行为偏好和目标集中体现为通过维持对农村信用合作

---

① 施皓明. 农村信用合作社演进的制度分析 [J]. 中国农村观察，2001（4）：13-19.

社的管理和控制追求自身利益最大化。从20世纪80年代中期到1996年中国农业银行与农村信用合作社脱离行政隶属关系（"行社脱钩"）之前，以恢复农村信用合作社"三性"为主要内容的改革都是在"由农业银行管理的体制不变"的前提下进行的。农业银行领导农村信用合作社这一管理体制之所以迟迟难以突破，一个主要的原因就在于中国农业银行可以利用对农村信用合作社的管理和控制获取"不菲"的收益。而中国农业银行追求自身利益最大化行为的全部解释可以从中国农业银行与农村信用合作社"脱钩"前、"脱钩"中和"脱钩"后三个方面来进行。

一是"行社脱钩"前，中国农业银行利用领导农村信用合作社的权力，对农村信用合作社资金计划、贷款利率等业务进行控制和管理，通过规定较高的存款准备金率和较低的转存款利率获取农村信用合作社大量廉价的资金利益。从1984年中央银行实行准备金制度到1987年中国农业银行对农村信用合作社所规定的存款准备金比例（15%～30%），一直远远高于中央银行对多数专业银行存款准备金比例（13%）的规定。在实际操作过程中，各地农业银行分行大都把农村信用合作社的存款准备金率规定保持在20%的高水平上。即使1987年中央银行规定农村信用合作社存款准备金比例应同专业银行一致，截至1989年年底，农村信用合作社的实际缴存存款准备金比例也仍然在17%以上。同时，中国农业银行给予农村信用合作社的存款利率又较低。据测算，1984—1989年，农村信用合作社的存款成本（相当于年利息）分别为6.1%、7.2%、7.62%、7.92%和16%，但农村信用合作社在农业银行各种存款的综合利率在1987年为6.0%、1989年仅为10%[①]。正是通过这种方式，中国农业银行获取了农村信用合作社大量廉价的信贷资金。农村信用合作社转存款在中国农业银行全部（农业）存款中的地位如表5.4所示。

---

① 徐笑波，等.中国农村金融的变革与发展（1978—1990）[M].北京：当代中国出版社，1994：56.

表 5.4　农村信用合作社转存款在中国农业银行全部存款中的地位

年份	农行各项存款/亿元（1）	农行全部农业存款/亿元（2）	其中的信用合作社存款/亿元（3）	信用合作社存款准备金/亿元（4）	占比/%	
					[（3）+（4）]/（2）	[（3）+（4）]/（1）
1979	280.1	230.5	192.4	0.0	83.5	68.7
1983	588.0	427.9	336.4	31.0	85.9	62.5
1985	912.4	474.9	197.0	207.6	85.2	44.4
1988	1 713.7	672.2	287.2	277.7	84.0	33.0
1990	2 640.6	853.7	434.4	285.0	84.3	27.2
1991	3 319.5	1 027.7	532.1	334.6	84.3	26.1
1992	4 130.9	1 183.4	580.1	412.7	83.9	24.0
1993	5 130.2	1 463.5	780.6	506.9	88.0	25.1

资料来源：根据 1979—2008 年的《中国农业银行统计年鉴》相关数据整理。

二是 1993 年年底，国务院要求中国农业银行在中国农业发展银行成立后要转为国有商业银行，尤其是 1996 年 8 月中央政府提出建立合作性、商业性、政策性分工负责的农村金融体系。在要求"行社脱钩"后，中国农业银行更加关注自身的资产质量，与农村信用合作社之间由之前的领导/管理关系变为竞争关系。

三是 1996 年中国农业银行与农村信用合作社"脱钩"后，中国农业银行按照商业化原则经营业务，开始逐步撤离高风险、低收益的农村金融市场，主要行为目标和利益诉求变为如何获取利润最大化和增强商业竞争力。

5.2.3　农村信用合作社内部人行为分析

农村信用合作社内部人（管理层和职员，不含社员）的行为偏好和利益诉求，随着农村信用合作社面临的外部技术和制度环境的变化而呈现出阶段性的特点。以 20 世纪 80 年代中期中央政府推动以恢复农村信用合作社"三性"为主要内容的改革为界限，在此之前，农村信用合作社内部人的行为偏好表现为维护农村信用合作社作为"国家银行基层组织"的既得利益；而随着农村信用合作社恢复"三性"改革，尤其是 20 世纪 90 年代中期中央政府要求按合作制规范农村信用合作社改革的推进，农村信用合作社内部人的行为偏好开始转变为对合作制的抵触和对商业化利润的追求。

在第一个阶段，农村信用合作社经过管理体制的"三下三收"，产权特征已十分模糊，所有者处于长期缺位状态，农村信用合作社内部人成为实际控制人，突出表现为农村信用合作社的主任实际上掌握了农村信用合作社内部经营管理的最高权力，形成了"内部人控制"的局面。在这一过程中，农村信用合作社内部人的编制、工资福利、口粮供应等与银行基本一致，俨然端上了"铁饭碗"，行、社共吃"大锅饭"。由于没有有效的激励和约束条件，农村信用合作社内部人产生了以损害农村信用合作社整体利益为代价谋求个人好处的机会主义倾向，出现了"职工只进不出，经营好坏一个样，社亏人不亏"的尴尬局面①。

因此，在中央政府推动以恢复农村信用合作社"三性"为主要内容的信用合作社改革期间，农村信用合作社内部人表现出了强烈的"不情愿"。因为恢复农村信用合作社的"三性"，把它真正办成群众性的合作金融组织，意味着打破"铁饭碗"和"大锅饭"，农村信用合作社干部在政治待遇和经济待遇上与国家银行一致的规定将被取消，农村信用合作社经营绩效不与职工收入挂钩②等"好处"将会消失。

但是，随着以家庭联产承包责任制、农产品流通体制、乡镇企业等农村改革的深入推进以及农村信用合作社在农村金融市场上垄断地位的逐步形成，农村信用合作社在信贷服务对象上开始向乡镇企业、专业大户等"优质客户"倾斜，把资金更多地投向非农产业，以追求利润为目标。因为按照合作制进行规范所建立起来的"三会"制度势必会影响农村信用合作社内部人的权力，而他们真正关心的是如何在市场化的竞争环境中获取更多直接影响其收入的利润。从当时的环境来看，这也有利于促进农村信用合作社内部人选择此行为。

（1）1996年，中国农业银行与农村信用合作社"脱钩"，在市场化的竞争环境中，为了立于不败之地，农村信用合作社与中国农业银行等其他农村金融组织必然展开市场角逐，以持续提升自己的市场竞争力，而选择优质客户以及追求商业利润最大化就成为农村信用合作社内部人实现这一

---

① 马君潞，田岗，金铁鹰.利益不一致与农村信用社的发展和改革：基于新政治经济学视角[J]. 南开经济研究，2005（3）：70-77.

② 2000年，有学者对山东某地级市6个农村信用合作社的调查结果显示，4个盈利社的职工人均收入是当地城镇职工平均收入的2.2倍；2个亏损社的职工人均收入是当地城镇职工平均收入的1.5倍。参见：周脉伏，稽景涛.农村信用社合作制规范的博弈分析[J]. 中国农村经济，2004（5）：35-39.

目标的理想选择。

（2）随着20世纪90年代后期四大国有商业银行逐步退出农村金融市场，农村信用合作社开始占据近乎完全的垄断地位。此时，农村信用合作社凭借其所占据的垄断地位，开始有了选择服务对象和产品价格的"权利"。自然，那些缺少抵押、担保或者资质条件不好的"风险客户"就被排除在服务范围之外了，而诸如乡镇企业、专业大户、种养重点户等"利润客户"就成了主要的服务对象。

（3）从农村信用合作社当时自身的资产质量来看，由于"中国农业银行和农村信用合作社脱钩时遗留的呆账+保值储蓄的贴补支出①+合作基金会带进的呆账"②，农村信用合作社面临较重的"历史包袱"。为了摆脱这一困境，走商业化道路并追求利润最大化就自然成了农村信用合作社内部人的一个最优选择项。

5.2.4　农民社员行为分析

农民社员既是农村合作金融组织的名义所有者，又是农村合作金融组织服务的需求者。因此，如果忽视了对农民社员行为偏好的考虑，那么将不能完整地分析中国农村合作金融组织的异化过程。

从理论上讲，农民社员应是农村合作金融组织的真正所有者，对农村合作金融组织的产权、治理结构、分配等制度的形成和安排起到重要作用。但实际上，在农村信用合作社的发展过程中，一方面，农民社员由于自身的分散性而总是受奥尔森意义上的"集体行动困境"的制约，难以团结一致进行讨价还价，始终处于农村合作金融组织"边缘人"的地位，被"置身事外"；另一方面，农民社员参股数额较小，他们的意见很难被采纳，尤其是在农村合作金融组织已经"官办化"的条件下，更是如此。因而，农民社员缺乏参与农村合作金融组织的治理、分配、产权等问题改革的积极性和动力，从而导致农民社员在农村合作金融组织过程中的参与度远远不够。需要说明的是，在20世纪50年代末到20世纪70年代初期，受"左"倾思想的影响，农民社员入社被看成政治思想觉悟高的一种表

---

① 为了平抑1988年物价大幅度上涨引起的抢购浪潮和存款的滑坡，国家于1988年9月10日起实行了对三年（含三年）以上整存整取等储蓄存款进行保值，农村信用合作社当然也执行了这一政策。

② 谢平. 中国农村信用合作社体制改革的争论 ［J］. 金融研究，2001（1）：1-13.

现，如果不入社或退社，就会被视为思想觉悟落后，从而产生一种思想上的"压力"，因而农民社员参与农村合作金融组织也只是一种"非自愿"的参与。

因此，就农民社员来讲，参与农村合作金融组织的民主管理等并不是其行为偏好和利益诉求所在。本书认为，农民社员的行为偏好只能是获取农村合作金融组织的信贷支持，以缓解其在生产、生活方面的压力。

至此，本书得到关于农村合作金融组织异化阶段利益主体行为的一个总体认识。中国农村合作金融组织异化阶段利益主体的行为目标如表 5.5 所示。

表 5.5 中国农村合作金融组织异化阶段利益主体的行为目标

利益主体	行为目标
中央政府	a. 租金偏好，维持垄断性的合作金融组织产权结构，获取农村金融剩余服务重工业优先战略，建立计划经济体制（1957—1982 年）； b. 合作效率偏好，恢复"三性"和按合作制进行规范（1983—2002 年）； c. 商业效率偏好（2003 年至今）
地方政府	a. 租金偏好，干预农村信用合作社最大限度地获取地方经济发展的资金、税收等收益（1982—2002 年）； b. 商业效率偏好（2003 年至今）
中国农业银行	a. 领导、控制农村信用合作社以获取廉价资金（1979—1996 年）； b. 转移呆账、坏账，提升自身资产质量，追求商业利润（1997 年至今）
农村信用合作社内部人	a. 维护农村信用合作社作为"国家银行基层组织"的"内部人控制"等既得利益（1957—1983 年）； b. 对"三性"以及合作制规范的抵触和对商业化利润的追求（1984 年至今）
社员	获取信贷支持

5.3 农村合作金融组织异化过程的博弈分析

在对农村合作金融组织异化阶段五个组织利益主体行为目标和效用偏好进行分析的基础上，本节将研究不同利益主体之间的博弈过程，以对农村合作金融组织的异化过程做出符合本书框架及逻辑的解释。

由前文对农村合作金融组织异化阶段利益主体行为的分析可知,在改革开放以前,贯穿农村合作金融组织发展过程的利益主体事实上只有中央政府、农村信用合作社内部人和农民社员三个。这是因为,地方政府真正成为经济利益主体是在20世纪80年代初财政分权改革后才得以形成和确立的;而中国农业银行也是在1979年重新恢复成立后才与农村信用合作社形成实际上的利益关系。因此,就利益主体类别而言,对农村合作金融组织异化过程的博弈分析可以分两个阶段进行:第一个阶段是基于中央政府、农村信用合作社内部人和农民社员三个利益主体之间的博弈展开对农村合作金融组织异化过程的分析;第二个阶段即基于上述五个利益主体之间的博弈展开对农村合作金融组织异化过程的分析。

同样,基于前文分析可知,我国农村合作金融的异化阶段可以划分为管理体制反复调整的"官办"合作金融阶段、恢复"三性"规范发展的合作金融属性复归阶段和实施产权改革走向商业化的合作金融属性异化阶段。显然,在农村合作金融异化的三个阶段中,第一个阶段和第三个阶段代表着农村合作金融组织事实上的"异化",即成为"官办"组织①和走向"商业化",两者都是对合作金融属性的部分或全部偏离。因此,这已超出本书的研究范围。那么,对农村合作金融组织异化过程的博弈分析,实际上也就是要对农村合作金融异化的第二个阶段进行组织利益主体博弈过程的分析。

由此看来,本部分要进行分析和研究的内容可以做出如下概述:从中央政府、地方政府、中国农业银行、农村信用合作社内部人和农民社员五个组织利益主体的行为诉求出发,论证它们之间的博弈如何导致了中央政府恢复农村信用合作社"三性"和按照合作制对农村信用合作社进行规范的实际上的不成功。更简单来说,农村合作金融组织异化过程的博弈分析实际上就是基于五大利益主体的博弈,分析农村信用合作社恢复"三性"和按照合作制进行规范为什么会失败?

由于恢复农村信用合作社的"三性"和按照合作制对农村信用合作社

---

① 1980年8月,中央财经领导小组讨论银行工作时指出,"把信用社下放给公社办不对,搞成'官办'也不对……"这实际上已经表明了当时农村信用合作社已经"官办化"的基本事实。当然,这也可以通过前文提到的有关农村信用合作社管理体制的相关政策看出。参见:中共中央文献研究室,国务院发展研究中心.新时期农业和农村工作重要文献选编 [M].北京:重要文献出版社,1992:278-279.

进行规范是在中央政府的强势主导下发展起来的，并且农村信用合作社内部人是农村信用合作社恢复"三性"和进行合作制规范最直接的利益主体，其行为诉求对农村信用合作社恢复"三性"和按合作制改革是否成功具有关键影响。而其他组织利益主体的行为选择虽然对此不起关键性作用，但也会产生重要影响。因此，这里对农村合作金融组织异化的博弈分析主要分为三个内容：农村信用合作社内部人、地方政府与中央政府之间的博弈；农村信用合作社内部人、中国农业银行与中央政府之间的博弈；农村信用合作社内部人、农民社员与中央政府之间的博弈。

5.3.1　农村信用合作社内部人、地方政府与中央政府的博弈

在农村信用合作社内部人、地方政府与中央政府之间的博弈中，各个利益主体都有两种策略：中央政府可以推行按照合作制对农村信用合作社进行规范，也可以选择不按照合作制进行规范；农村信用合作社内部人和地方政府则可以选择配合，即与中央政府选择合作，同样，他们也可以选择抵制中央政府的行为。

本书优先对农村信用合作社内部人与中央政府之间的博弈进行分析，两者的博弈支付矩阵如表 5.6 所示。其中，表 5.6 中左边部分的字母代表农村信用合作社内部人的支付，右边部分字母代表中央政府的支付。

表 5.6　农村信用合作社内部人与中央政府的博弈支付矩阵

两者博弈支付矩阵		中央政府	
		推行合作制	不推行合作制
农村信用合作社内部人	不抵制	$-C_n$，$R_z - C_z$	0，$-G$
	抵制	$-c_n$，$-G$	$-C_n - c$，ΔR

对于中央政府而言，其选择通过恢复农村信用合作社的"三性"和按照合作制对农村信用合作社进行规范，可以化解租金偏好阶段所引发的一些"隐性"或"显性"不良后果，如重工业优先战略导向下的农村资金流出、农村合作金融组织的"官办化"以及"三农"信贷支持弱等问题。因此，本书合理假定，通过恢复"三性"和按照合作制对农村信用合作社进行规范给中央政府带来的收益为 R_z；同时假定，中央政府为恢复农村信用合作社"三性"和按照合作制对其进行规范所花费的人力、财力、物力等成本支出为 C_z。当然，对于中央政府而言，相对于成本 C_z，R_z 更大，即

有 $R_z - C_z > 0$。那么，对于中央政府的这一行为选择，农村信用合作社内部人会选择什么策略进行应对呢？是抵制还是合作呢？

对于农村信用合作社而言，如果其选择支持中央政府的行为，那么通过恢复"三性"和按照合作制对农村信用合作社进行规范，农村信用合作社内部人将会失去"内部人控制"所获取的诸如"铁饭碗"、对农村信用合作社重大事项的决策权等一系列既得利益。因此，可以认为，如果农村信用合作社内部人支持中央政府的行为，其将会付出一定的损失，这里用 $-C_n(C_n > 0)$ 表示。此时，由于农村信用合作社内部人的支持而使得中央政府的改革顺利推进，中央政府的收益为 $R_z - C_z$。

但是，如果农村信用合作社内部人对中央政府的策略行为持抵触态度，那么，农村信用合作社内部人将会付出诸如游说政府官员等阻挠改革的系列成本，设为 $-c_n$。当然，对于农村信用合作社内部人而言，这里的 $C_n > c_n$，即农村信用合作社内部人在农村信用合作社改制后所遭受的利益损失要大于其抵制中央政府推行改制所付出的成本。此时，在农村信用合作社的抵制下，中央政府推行的农村信用合作社改革策略受到推迟，中央政府不得不寻求新的办法解决"三农"信贷难题，从而获得的收益 $-G(G > 0)$。

对于中央政府而言，其另一种策略就是选择不恢复农村信用合作社的"三性"和对其按照合作制进行规范。那么，在这种情况下，如果农村信用合作社内部人选择抵制，即农村信用合作社内部人主动选择恢复农村信用合作社的"三性"和按照合作制进行规范，其不仅会失去"内部人控制"所获取的既得利益 $-C_n$，还会付出改革的人力、物力、财力等成本 $-c(c > 0)$。此时，农村信用合作社内部人的支付为 $-C_n - c$。而中央政府则不用付出任何成本支出就可以获得其推行合作制所想要达成的"意外"结果，收益为 $\Delta R(R > 0)$。当然，这种情况发生的概率极小，因为农村信用合作社内部人做出这种策略选择的激励刺激十分微弱。

农村信用合作社内部人的另一种策略选择是配合中央政府的行为，即选择不抵制中央政府不恢复农村信用合作社的"三性"和对其按照合作制进行规范。那么此时，中央政府仍然会因为农村信用合作社未改革而使其为"三农"信贷问题付出和其推行改革但农村信用合作社内部人抵制一样的成本支出 $-G$。但是，由于农村信用合作社未进行改革，因此对于农村信用合作社内部人而言，其收益不变，为 0。

综上所述，由于 $C_n > c_n$，$-c_n < -C_n$，$-C_n - c < 0$，因此当中央政

府选择恢复"三性"和按照合作制对农村信用合作社进行规范时，农村信用合作社内部人的最优策略是进行抵制；相反，当中央政府选择不恢复"三性"和按照合作制对农村信用合作社进行规范时，农村信用合作社内部人的最优策略应对是不抵制，即维持现状。但是，对于中央政府而言，在其推行合作制而农村信用合作社内部人抵制和其不推行合作制农村信用合作社内部人不抵制两种策略中，其收益都为 $-G$。在这种情况下，中央政府到底会如何选择呢？如果我们考虑以下情况就会发现，中央政府仍然会选择恢复农村信用合作社的"三性"并且按照合作制对其进行规范。因为，中央政府无论是选择规范还是不规范，其机会成本都是一样的，并且，对农村信用合作社进行恢复"三性"和按照合作制进行规范的改革与其不这样做相比，其存在成功的可能预期，而这也有利于宣示中央政府重视解决"三农"信贷难题的决心。因此，在中央政府与农村信用合作社内部人之间的博弈中，（推行，抵制）将是均衡解。

但是，对于中央政府和农村信用合作社内部人之间达成的（推行，抵制）博弈均衡解，其最终效果到底如何？即恢复"三性"和对农村信用合作社进行合作制规范到底能不能成功？还依赖于以下两个方面的因素：一是中央政府推行这一改革的力度；二是其他组织利益主体对中央政府策略的反应情况。

针对第一种情况，我们可以利用一个三阶段动态博弈模型对其进行简单分析。如前所分析的，对于中央政府推行合作制的策略，农村信用合作社内部人显然会采取"抵制"策略。现在，如果中央政府推行合作制的力度和决心很大，对此其就会通过"惩罚"或者"补助"的办法，使农村信用合作社内部人在第二阶段采取不抵制的态度相比于其采取抵制的态度获益更大，表现在图5.5中，即 $-c_n - J > -C_n$[①]。结果就是，农村信用合作社内部人在博弈的第二阶段必然选择不抵制，而中央政府一开始也就会选择推行合作制，即（推行、不抵制）将是其博弈的均衡解。

正如上文所说，（推行、不抵制）的策略均衡依赖于中央政府大幅度的"补贴"或者大力度的"惩罚"才可能实现，并且还依赖于其他组织利益主体的策略应对情况。下面，对地方政府与中央政府之间的博弈情况进行分析。

---

① 这里的分析借鉴了李祺（2009）、丁述军和关冬蕾（2011）的思路，参见：丁述军，关冬蕾. 农村信用社改革过程中的博弈分析 [J]. 宏观经济研究，2011（8）：65-71；李祺. 中国农村信用社制度变迁的博弈分析与路径选择 [J]. 农村经济，2009（4）：64-66.

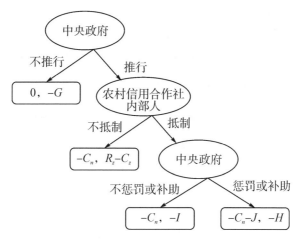

注：$-I$表示中央政府对农村信用合作社内部人的抵制策略选择不惩罚而使自己的公信力受到的损失，$-J$和$-H$分别表示农村信用合作社内部人承担的惩罚成本和政府付出的惩罚或补助成本。

图 5.5　农村信用合作社内部人与中央政府的三阶段博弈

对于地方政府而言，面对中央政府恢复"三性"和按照合作制对农村信用合作社进行规范的策略选择，其选择不合作的概率较大。因为，随着20 世纪 80 年代财税体制改革的推进，地方政府作为独立经济利益主体的角色得以形成和确立，租金偏好下的地方政府，出于经济发展，会尽可能干预、控制地方金融发展的主动权。也就是说，如果中央政府选择不推行合作制，地方政府会"求之不得"。当然，地方政府也就自然没有理由会自行选择恢复农村信用合作社的"三性"和按照合作制对其进行规范。因为如果这样，地方政府不仅会失去对农村信用合作社的干预和控制，还会付出相应的成本。

对于农村信用合作社内部人与地方政府的关系而言，在地方政府的干预下，农村信用合作社内部人具有与地方政府"共谋"的倾向，即农村信用合作社内部人会选择将信贷资金更多地向能够带动地方 GDP 增长的大型项目上配置，而非配置给"三农"项目，因为这样可以实现农村信用合作社内部人和地方政府的"双赢"。这里借鉴陈雨露和马勇（2010）[①] 关于农村信用合作社信贷资源配置决策的模型对此进行说明。

假定农村信用合作社可贷资金总量为 1，其中分配给"三农"项目和地方政府主导项目的资金量分别为 l_p 和 l_g，且有 $l_p + l_g = 1$。如果用

---

① 　陈雨露，马勇. 中国农村金融论纲 [M]. 北京：中国金融出版社，2010：184–192.

$R(l_p,\ l_g)$、$C(l_p,\ l_g)$ 分别表示农村信用合作社贷款的收益和成本，那么，农村信用合作社的经济决策目标函数可以表示为

$$\pi(l_p,\ l_g) = R(l_p,\ l_g) - C(l_p,\ l_g)$$

为集中考察资本要素的影响，这里忽略对劳动力等生产要素的考察，假定农村信用合作社贷款利率 $r > 0$，"三农"项目和地方政府主导项目的生产函数为 $Y_i = (i + \varepsilon)K_i$，其中，$Y_i$ 是产量，K_i 是资本存量，$i = p,\ g$，ε 是随机变量，且有 $E(\varepsilon) = 0$，ε 服从 $[-h,\ h]$ 上的均匀分布（$0 < p,\ g < h$）；相应地，则有项目资本回报率 $R_i = i + \varepsilon$。那么，根据一般债务合约性质，当 $R_i \geq 1 + r$ 时，农村信用合作社获得全额约定支付 $1 + r$；当 $R_i \leq 0$，则农村信用合作社获得支付为 0；当 $R_i \in (0,\ 1 + r)$ 时，农村信用合作社获得的支付为 R_i。由上述假设出发，可以得到农村信用合作社经营的期望收益为

$$ER = ER_P(l_p) + ER_g(l_g)$$

其中，$ER_P(l_p) = \displaystyle\int_{1+r-p}^{h} l_p(1 + r)f(\varepsilon)\mathrm{d}\varepsilon + \int_{-p}^{1+r-p} l_p(p + \varepsilon)f(\varepsilon)\mathrm{d}\varepsilon$

$$= \frac{h + p - 1 - r}{2h}l_p(1 + r) + \frac{(1 + r)^2}{4h}l_p$$

同理，可得

$$ER_g(l_g) = \frac{h + g - 1 - r}{2h}l_g(1 + r) + \frac{(1 + r)^2}{4h}l_g$$

对于农村信用合作社的贷款成本而言，主要有两部分：一是固定成本开支，$C_1(l_i) = c_i l_i$，$i = p,\ g$，其中 c_i 表示贷款的相关成本系数。由于贷款的笔数越多，固定成本开支越大，因此可以假设 $c_g < c_p$。二是项目失败的风险成本。这种成本的大小随着项目失败遭受清算时坏账数量的增加而增加，不失一般性。假定农村信用合作社的这种成本符合二次函数特征，即 $C_2(l_i) = \gamma_i \dfrac{1}{2}l_i^2$，$i = p,\ g$，其中，$\gamma_i$ 表示 $R_i \leq 0$ 时，项目实际清算的概率，且有 $0 \leq \gamma_i \leq 1$。

由上可得农村信用合作社贷款的总成本为 $C = C_1 + C_2$，于是：

$$EC = EC_1 + EC_2 = c_g l_g + c_p l_p + \gamma_p \frac{1}{2}l_p^2 \int_{-h}^{-p} f(\varepsilon) + \gamma_g \frac{1}{2}l_g^2 \int_{-h}^{-g} f(\varepsilon)$$

$$= c_g l_g + c_p(1 - l_g) + \frac{\gamma_g(h - g)l_g^2}{4h} + \frac{\gamma_p(h - p)(1 - l_g)^2}{4h}$$

至此，则可以计算农村信用合作社的经济决策目标函数了，即求：

$$\max E\pi(l_p,\ l_g)$$

$$\text{s. t. } l_p + l_g = 1$$

将上述 ER、EC 代入并求一阶导数，可得使 $E\pi(l_p,\ l_g)$ 最大化的 l_p、l_g：

$$l_p = \frac{(1+r)(p-g) + 2h(c_g - c_p) + \gamma_g(h-g)}{\gamma_g(h-g) + \gamma_p(h-p)} \tag{5.1}$$

$$l_g = 1 - l_p = \frac{(1+r)(g-p) + 2h(c_p - c_g) + \gamma_p(h-p)}{\gamma_g(h-g) + \gamma_p(h-p)} \tag{5.2}$$

由于 $c_g < c_p$，$0 \leqslant \gamma_p \leqslant 1$，$0 \leqslant \gamma_g \leqslant 1$，$h > 0$，$p$、$g < h$，$1+r > 0$，因此由式（5.1）和式（5.2）可知，农村信用合作社分配给"三农"项目的资金量将随着 γ_p 的增加而减少，随着 γ_g 的增加而增加；其分配给地方政府主导项目的资金量则随着 γ_p 的增加而增加，随着 γ_g 的增加而减少。但是，由于地方政府的"理性"，其在面对项目自身主导的项目被清算时将会采取保护主义行为，而对"三农"项目则不会采取特别的救助措施。因此，"三农"项目被清算的概率远远大于地方政府主导项目被清算的概率，即 $\gamma_p > \gamma_g$。这就是说，农村信用合作社分配给"三农"项目的资金量要少于分配给政府主导项目的资金量[①]。而之所以出现这种情况，既是由于地方政府的干预和保护主义行为的存在，也是由于 20 世纪 90 年代中后期，伴随农村信用合作社与中国农业银行的"脱钩"以及其在农村金融市场上垄断地位的形成，农村信用合作社内部人开始以追求利润为最大行为目标所引起的结果。也就是说，在地方政府与农村信用合作社内部人之间的关系上，就追求自身利润最大化这一点而言，两者存在天然的"共谋"倾向。因此，对于中央政府恢复"三性"和按照合作制对农村信用合作社进行规范的行为策略，地方政府不仅大概率不会选择支持，甚至还会与农村信用合作社内部人形成"勾结"，共同抵制这一策略。

[①] 进一步地，在陈雨露和马勇（2010）的分析中，他们还证明，即使"三农"项目和地方政府主导项目的收益率相等，在地方政府保护主义的干预下，农村信用合作社配置给"三农"项目的信贷资金量 l_p 也少于分配给地方政府主导型项目的资金量 l_g；如果"三农"项目的收益率小于政府主导型项目的收益率，那么这种倾斜情况更为严重。在极端的情况下，如果"三农"项目的清算概率 $\gamma_p = 1$，即完全不受地方政府保护，而政府主导型项目的清算概率 $\gamma_g = 0$，即完全受保护，那么，政府主导型项目将会完全"挤出"农村信用合作社对"三农"项目的资金量，农村信用合作社信贷资金完全向利润更高的政府主导型项目配置。

5.3.2 中国农业银行、农村信用合作社内部人与中央政府的博弈

对于中央银行和农村信用合作社内部人在恢复农村信用合作社"三性"和按照合作制进行规范这一问题上的博弈策略选择及其支付情况，5.3.1节已经进行了很好的分析，这里不再赘述。因此，分析农村信用合作社内部人、中国农业银行与中央政府之间的博弈，主要就是分析中国农业银行在这一过程中的策略选择情况。

对于中国农业银行而言，其于1979年2月恢复成立后直到1996年行社"脱钩"之前，中国农业银行与农村信用合作社都具有紧密的利益连接关系，这主要是由于农村信用合作社受中国农业银行的领导，是农业银行的基层机构。利用对农村信用合作社的领导权力，中国农业银行可以通过干预和控制农村信用合作社的资金计划、贷款利率等获取大量廉价的资金资源，同时对农村信用合作社的人员、财产等进行调配。这里，我们假设中国农业银行通过管理农村信用合作社获得的上述利益为 R_b。

对于中央政府恢复农村信用合作社"三性"和按照合作制进行规范的行为，中国农业银行有两种策略选择：配合中央政府与不配合中央政府（见表5.7）。其中，表格中左边字母代表中国农业银行的支付，右边字母代表中央政府的支付。

表 5.7　中国农业银行与中央政府的博弈支付矩阵

两者博弈支付矩阵		中央政府	
		推行合作制	不推行合作制
中国农业银行	配合	$-R_b + X,\ R_Z - C_Z$	$R_b,\ -G$
	不配合	$R_b - c_b,\ -G$	$-R_b - c,\ \Delta R$

如果中国农业银行选择配合中央政府的合作制改革策略，其一方面会损失控制农村信用合作社的利益 R_b；另一方面，农村信用合作社通过恢复"三性"和按照合作制进行规范后，经营灵活性会增加，这也可能给中国农业银行带来正的收益 X，但这部分收益始终不会超过中国农业银行控制农村信用合作社的既有利益 R_b，否则中国农业银行就会丧失控制权。因此，有 $-R_b + X < 0$。如果中国农业银行选择不配合中央政府的策略，那么，其一方面会保留住控制农村信用合作社的利益 R_b；另一方面也会进行游说政府官员，付出抵制改革的成本 c_b，但总体而言，$R_b - c_b > 0$。

相反，如果中央政府不推行合作制，那么，中国农业银行最好的策略是选择配合，因为其就可以继续享受控制农村信用合作社的利益 R_b；否则，其不仅会损失这部分利益，还会付出规范合作制所产生的"额外"成本开支 c。

由此看来，对于中央政府的合作制策略，中国农业银行的最优反应是选择不配合，而如果中央政府选择不推行合作制，配合则为中国农业银行的最优策略。总而言之，无论中央政府采取何种策略，维持现状都是中国农业银行的策略选择。

5.3.3　农民社员、农村信用合作社内部人与中央政府的博弈

同样，这里将不再对农村信用合作社内部人与中央政府之间在恢复农村信用合作社"三性"和按照合作制进行规范这一问题上的博弈策略选择及其支付情况进行叙述，本节将主要分析农民社员在这一过程中的策略选择情况。

合作金融组织对成员的激励主要表现在成员能否获得金融服务及利润返还，但 5.2.4 节已经分析，在农村合作金融组织的异化过程中，农民社员这一组织利益主体由于几方面的原因，其利益需求始终未能被真正考虑，其也始终未能真正参与到农村合作金融组织的发展过程中去成为"局中人"。加之，农民社员对农村信用合作社并不是真正了解，他们与农村信用合作社交易的成本很大，以及有时候农村信用合作社单方面的违约导致农民在很大程度上不愿意与农村信用合作社往来。如根据对某地区的调查，农村信用合作社的代办员告知农民，每股要增缴 8 元就可享受分红，但农民交了钱后就没了下文，有一些农民对其进行了寻问，却被告知还要再等一等，但一等就一直等下去。由于每户只缴了 8 元或 16 元，农民也不愿总是问，或者不好意思总是问，但这却伤害了农民的感情。还有的农村信用合作社向农民承诺，只要在农村信用合作社存款，就可获得优先贷款权，但农民往往有了存款仍然很难得到贷款或者根本就得不到贷款[①]。因此，对于农民社员而言，其并不会积极支持和配合这场由政府发动的按合作制规范农村信用合作社的改革。

---

① 李明贤，黄亚林. 农村金融利益相关者博弈及对改革的影响 [J]. 求索，2005（6）：8–11.

5.3.4 小结

农村合作金融组织的形成是强"强制性制度变迁"与弱"诱致性制度变迁"相结合的过程，作为对强制性外力干预"惯例/基因"的一种承接，农村合作金融组织在形成后，继续受到中央政府"租金偏好"的影响和制约，结果造成农村信用合作社合作金融基本属性的实质偏离，异化为"官办化"组织。然而，这并不意味着中国农村合作金融组织"异化"过程的结束。

1978年，党的十一届三中全会后，伴随以家庭联产承包责任制、乡镇企业、农产品流通体制改革等为主要内容的农村改革的逐步推进，强势的中央政府开始推动以恢复农村信用合作社"三性"和按照合作制对其进行规范的改革，意在将异化的农村合作金融组织重新办成真正意义上的农村合作金融组织，即对"异化"进行"纠偏"，复归合作金融的基本属性。但是，对于中央政府的这一改革策略，不同组织利益主体的行为反应事实上并不如中央政府"所愿"。

①农村信用合作社内部人作为最直接的利益主体，其在自身既得利益的趋势下，选择了"抵制"的策略。尽管中央政府可以通过"惩罚"或者"补助"的办法，加大推行这一改革的力度，从而使农村信用合作社内部人选择"不抵制"，但是受制于中央政府的财力限制、其他利益主体反应的制约等因素的影响，这一策略并不可行。②地方政府不仅出于"租金偏好"会选择"抵制"中央政府的合作制策略，其还与当时条件下的农村信用合作社内部人在追求利润最大化上具有天然的"共谋"倾向。③中国农业银行1979年恢复成立后直至"脱钩"前，作为农村信用合作社的领导机构，其与农村信用合作社形成了紧密的利益关系，通过控制农村信用合作社的业务、人力等，最大化获取自身利益。因此，对于中央政府的改革策略，中国农业银行并不完全配合。④农民社员由于多方面的原因，始终未能成为农村信用合作社发展过程中的"局内人"，处于"边缘人"的角色。因此，对于中央政府发动的这场改革，农民社员也并没有多大的积极性予以关心和支持。

对于中央政府启动的这场以恢复农村信用合作社"三性"和按照合作制对其进行规范为内容的改革行动，由于农村信用合作社内部人的抵制、地方政府的抵制、中国农业银行的不完全配合、农民社员的不关心而收效

"甚微"。也就是说，对于已经异化的农村信用合作社，中央政府恢复合作制的努力实际上是白费了。

作为与中央政府合作制改革初衷相悖的"意外"后果，伴随农村信用合作社逐渐成为农村金融市场上的垄断者，以及自身发展过程中存在的资产质量、产权等问题的不断加重，农村信用合作社实际上已经走上了"商业化"经营的道路。以2003年国务院颁发的《关于印发深化农村信用社改革试点方案的通知》为标志，中国农村合作金融组织的"异化"过程彻底完成（见图5.6）。

综上所述，中国农村合作金融组织的异化过程包括了"官办化"、恢复"三性"和按照合作制进行规范、"商业化"三个阶段，而合作金融组织的"官办化"和"商业化"本身已经是"异化"的内容，因此对农村合作金融组织异化的论证实质上就是分析其恢复"三性"和按照合作制进行规范为什么会失败？也就是说，论证了合作制的失败也就论证了合作金融组织的异化。

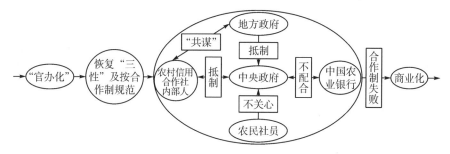

图5.6　农村合作金融组织异化过程的博弈分析

5.4　农村合作金融组织异化阶段的绩效

本书对农村合作金融组织异化阶段绩效表现的分析，主要是从经营性绩效和社会性绩效两个方面考察20世纪80年代以来直到21世纪初期，农村信用合作社恢复"三性"和按照合作制进行规范的实际效果。当然，在具体的分析中，也会涉及"官办化"阶段农村信用合作社的绩效表现。

5.4.1　经营性绩效

中国农村合作金融异化阶段的经营性绩效表现整体欠佳，主要表现在两个方面：一是背离农村合作金融的基本属性，主要是主体同一性严重分离和运行的民主性流于形式；二是经营过程中的亏损较为严重，不良资产较多。

5.4.1.1 背离合作金融的基本属性

第一，主体同一性严重分离。

所谓"所有者与惠顾者同一"，是指社员拥有客户和所有者的双重身份，享有剩余索取权和控制权是合作金融的基本属性之一。但是，这一属性在中国农村合作金融组织异化阶段却严重分离，"社员—股东"作为农村信用合作社真正的所有权主体却始终处于缺位状态，权利被虚置。改革开放以前的"官办化"阶段，农村信用合作社的管理权经过"三下三收"使其成为国家银行的"基层机构"。相应地，农村信用合作社的控制权也在这一过程中逐渐"移位"，由农民之手转移至国家之手，政府、国家银行等"外部人"对农村信用合作社的干预日益严重。1979 年以后，以恢复农村信用合作社"三性"和按照合作制原则进行规范的改革却造成农村信用合作社的控制权在不同机构之间传递，为农村信用合作社"内部人"控制农村信用合作社提供了机会。陆磊（2003）认为，"行社合一"是农村信用合作社所有权与控制权的最初分离；1982 年的改革结果是控制权向所有权的第一次不成功靠拢；1993—1996 年的改革则使农村信用合作社的控制权向行政当局转移；2003 年的改革强化了地方主导和纵向集中①。总之，在"外部人干预"和"内部人控制"的影响下，农村信用合作社的主体同一性出现严重分离。

第二，运行的民主性流于形式。

这一问题的出现与主体同一性严重分离紧密相连。正是由于"外部人干预"和"内部人控制"的交叉影响，使得社员的权利实质上被剥夺，社员丧失了参与农村信用合作社民主管理的兴趣与信心。作为一种结果，农村信用合作社的民主管理形同虚设，流于形式。改革开放前，农村合作金融组织管理权反复变动，农村信用合作社运行的民主性无从谈起。20 世纪80 年代以来，我国进行了以恢复农村信用合作社"三性"为主要内容的改革，使其在组织上的群众性和经营上的灵活性得到一定程度的改善，但农村信用合作社经营管理上的民主性却流于形式，下放给农村信用合作社的

---

① 陆磊，丁俊峰. 中国农村合作金融转型的理论分析 [J]. 金融研究，2006（6）：1-14.

经营自主权事实上均落到了农村信用合作社的内部社员手中，社员不能有效地对内部社员的行为实施最终控制，出现"内部人控制失控"①。1996 年，我国对农村信用合作社按照合作制进行规范，开启了新一轮的民主化改革，但实际效果并不理想。据调查，某市 38 家基层农村信用合作社中，1999—2000 年没有一家的"理事会"做过重大事项的决定、决议，"社代会"只是为了完成任务，应付检查、考核而敷衍为之，"监事会"更是形同虚设②。汪三贵（2004）对四川和山西 4 县 118 个农村信用合作社 1997 年和 2002 年的调查结果显示，93%的农村信用合作社主任是由县联社提名或推荐的，县联社对基层社在人事、经营、管理等方面拥有绝对的控制权③。韩俊等（2009）的调查也发现，我国很多农村信用合作社的社员大会没有按期举行，理事会受内部人控制，监事会流于形式，农村信用合作社"三会"形同虚设④。张德峰（2011）认为，2000 年以前，农村信用合作社民主管理面临的困境主要体现为民主管理主体缺失、民主参与利益丧失、民主管理外部环境缺乏⑤。可见，在农村合作金融组织异化阶段，农村信用合作社的民主管理并未有效落实，"三会"制度并没有形成权利的相互制衡而在农村信用合作社的经营管理中发挥应有作用。

除此之外，农村合作金融组织异化阶段在自愿性方面的表现也并不理想。合作金融组织的自愿性体现为"入社自愿、退社自由"，但是无论是从入社还是从退社来看，这一阶段的农村信用合作社都未能真正实现"自愿性"。在 20 世纪 50 年代末到 20 世纪 70 年代初，受"左"倾思想的影响，农民社员是否入社被看成政治思想觉悟高低的一种表现，农户入社也只能是一种"非自愿"的参与。谢平（2001）认为，农村信用合作社的入社"自愿"是靠行政力量强制捏合而成的，并不是农民社员自己真正的意愿。而在退社自由方面，1996 年"行社脱钩"以来，全国 4 万多个农村信用合作社从来都没有过退社行为的发生。

① 中国人民银行抚州市中心支行课题组. 非正式制度安排、技术约束下的农村信用合作社发展问题：抚州个案研究与一般政策结论 [J]. 金融研究，2001（1）：21-31.

② 汤武，简瑞林. 民主制的悖论与准国有制的选择：对农村信用社体制的现状观察与改革思考 [J]. 金融研究，2001（12）：131-135.

③ 汪三贵，李莹星. 中国西部地区农村信用社的治理结构、行为与业绩研究 [J]. 农业经济问题，2004（6）：38-42.

④ 韩俊，等. 中国农村金融调查 [M]. 上海：上海远东出版社，2009：308-315.

⑤ 张德峰. 农村信用合作社：民主困境与法律突围 [J]. 政法论坛，2011，29（6）：96-106.

5.4.1.2 亏损严重，不良资产多

在"官办化"阶段，农村信用合作社的管理权"三次下放"。在人民公社、生产大队和贫下中农管理期间，由于不讲求成本核算，农村信用合作社的资金被随意抽调、挪用和侵占，结果许多贷款沉淀，成为坏账、死账。20世纪80年代以来直到1996年"行社脱钩"，以恢复农村信用合作社"三性"和按合作制对其进行规范的改革扩大了农村信用合作社的经营自主权，但由于农村信用合作社的利率受到管制、自身经营不善等，其亏损也较为严重。如图5.7所示，除1987年（亏损6 870个）、1988年（亏损8 233个）之外，其余年份农村信用合作社亏损社的比例都在20%以上；1996年，亏损社超过一半（26 206个），占到农村信用合作社及联社营业部总数的52.9%。

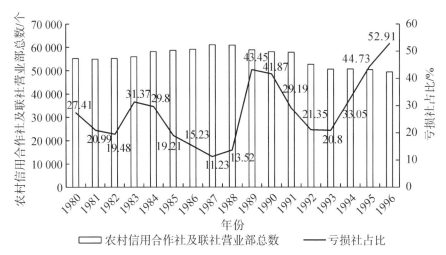

图 5.7　1980—1996 年农村信用合作社数量及其亏损情况

资料来源：何广文. 合作金融发展模式及运行机制研究 ［M］. 北京：中国金融出版社，2001：180-181.

1996年，"行社脱钩"以后，农村信用合作社的市场竞争力持续下降、亏损范围和金额迅速扩大，部分地区甚至出现了兑付危机。周小川（2004）指出，如果按照严格的贷款分类，在亚洲金融风暴之后的两三年内，农村信用合作社总体不良资产比例最高曾达到50%。农村信用合作社作为一个整体，其净值是一个严重的负数，这个负值是过去农村信用合作

社账面资本金的两三倍①。一些统计数据也说明了农村信用合作社大量亏损的基本事实。有资料显示，2001年年末，全国农村信用合作社亏损比例为46%，亏损金额达到167亿元，历年累计亏损挂账为1 250亿元。全国农村信用合作社不良贷款为5 290亿元，占贷款总额的44%。有58%的农村信用合作社资不抵债，总计达到2 361亿元，其中严重资不抵债的农村信用合作社有1万个，占总数的27%②。分地区来看，全国有15个省级地区农村信用合作社的不良贷款率超过50%，仅有5个省级地区的农村信用合作社不良贷款率低于30%，其中资产质量最好的地区的农村信用合作社的不良率也接近20%③。韩俊等（2009）的实地调查数据也较好地支持了上述事实（见表5.8和表5.9）。截至2003年年底，全国农村信用合作社资不抵债额达3 300亿元，资本充足率为-8.45%，资本净额为-1 217亿元，不良贷款额达5 147亿元，占比为36.93%④。

表5.8　2003年改革前部分地区农村信用合作社的不良贷款与资本充足率情况

单位:%

不良贷款比例与资本充足率	吉林	江西	陕西	江苏	重庆	贵州
不良贷款比例	43.3	44.84	39.20	29.60	36.41	27
资本充足率	-52.85	-7.10	-3.10	-2.80	-6	-0.90

资料来源：韩俊，等. 中国农村金融调查 [M]. 上海：上海远东出版社，2009：244.

表5.9　2001—2003年农村信用合作社不良贷款情况　　单位:%

年份	平均不良贷款率	不良贷款未达标比重	逾期贷款率不达标比重	呆滞贷款率不达标比重	呆账账款不达标比重
2001	42.98	96.67	35.42	90.38	70.59
2002	38.73	96.77	32.08	89.09	71.70
2003	31.69	95.31	21.43	81.03	62.96

资料来源：韩俊，等. 中国农村金融调查 [M]. 上海：上海远东出版社，2009：270-271.

---

① 周小川. 关于农村金融改革的几点思路 [J]. 经济学动态，2004（8）：10-15.
② 张杰，高晓红. 注资博弈与中国农信社改革 [J]. 金融研究，2006（3）：48-56.
③ 董玄，孟庆国，周立. 混合型组织治理：政府控制权视角：基于农村信用社等涉农金融机构的多案例研究 [J]. 公共管理学报，2018，15（4）：68-79，152.
④ 韩俊，等. 中国农村金融调查 [M]. 上海：上海远东出版社，2009：239.

由此可见，农村信用合作社在这一阶段的经营性绩效着实"令人堪忧"。但是，这里更加重要的问题或许是，为什么这一阶段农村合作金融组织的经营性绩效如此"令人失望"？对此，结合既有的相关研究，本书认为，农村合作金融组织异化阶段"差"的经营性绩效受到多种因素的复合、交叉影响，而非单一因素影响所致；并且，在其异化的不同时期中，影响因素并不一致。

（1）在农村合作金融组织形成后直到1979年中国农业银行重新恢复对农村信用合作社的领导这一时期，农村信用合作社亏损主要是受到中央政府的租金偏好影响，管理权"三下三收"，反复变更。结果就是，作为一个准财政性质的"官办"组织，农村信用合作社并不关心亏损，没有承担经营不善相应后果的激励环境。

（2）20世纪80年代以来直到1996年"行社脱钩"，农村信用合作社之所以亏损主要是受其服务对象、政策性原因以及自身资金结构等影响。在服务对象方面，这一时期，乡镇企业和农户、农业是其主要的信贷对象。由于乡镇企业在20世纪80年代末以及90年代以来的改制过程中，亏损、破产、倒闭情况较为严重，农业、农户本身具有高风险、周期长、规模小、抵押少的资金需求特点，造成了农村信用合作社大量呆账、坏账的形成。政策性原因主要是指1988年以来，农村信用合作社在开展保值储蓄的过程中所形成的亏损。自身资金结构原因则指农村信用合作社的资金来源中，定期储蓄资金占比较大，导致资金使用的成本较高①。

（3）"行社脱钩"以来直到21世纪初期，农村信用合作社亏损增加主要受到体制改革、自身经营不善等因素的影响。其中，在体制改革方面，主要是中国农业银行和农村信用合作社脱钩时以及1999年关闭农村合作基金会时转嫁给农村信用合作社的不良资产。

5.4.2　社会性绩效

如前所述，尽管农村信用合作社在中国农村合作金融组织异化阶段的经营性绩效并不令人满意，但是其社会性绩效却总体较好，这主要体现为三个方面：①有力支持了国家工业化战略；②通过打击高利贷、消化不良贷款等稳定了农村金融市场；③促进了乡镇企业发展和农村产业结构调整。

5.4.2.1　有力支持了国家工业化战略

重工业优先的工业化发展战略是在当时国内外环境下一种合乎历史逻

---

① 何广文. 合作金融发展模式及运行机制研究［M］. 北京：中国金融出版社，2001：181-185.

辑的、必然的现实选择。在农村合作金融组织的"官办化"时期,农村信用合作社通过动员储蓄,大量吸收存款,为国家工业化提供了大量原始资金。1957—1979 年,农村信用合作社的存贷比由 0.46 降为 0.22。其间,农村信用合作社存贷比最高的年份为 1958 年(0.61),最低的年份为 1974 年(0.19)。而 1958 年后的大多数年份,农村信用合作社的存贷比都低于0.3,总体处于下降态势。也就是说,农村信用合作社从农村吸收贷款的速度要快于向农村发放贷款的速度。农村信用合作社这种越来越明显的"存贷款'剪刀差'"(见图 5.8)一方面不可避免地造成了农村资金的流失,同时也确实支持了我国城市化、工业化的发展。对此,张晓山(1998)将合作金融的这种运行特征称为"城市和工业导向的金融体系"①。事实上,对于农村合作金融与国家工业化战略之间的关系,周立(2005,2007,2009)的分析更为直接,他认为,新中国成立以来的农村金融体系,就不是按照农村融资问题的一般逻辑发展的,不是基于解决农村融资困境的"四大问题",而是源于为工业化、城市化动员储蓄,是一个围绕城市工业化的农村金融制度安排②。

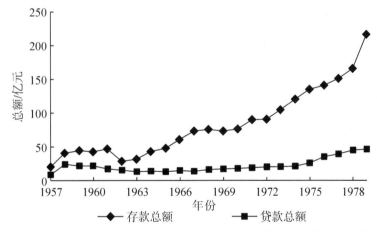

图 5.8 1957—1979 年农村信用合作社存贷款余额增长趋势的"剪刀差"
资料来源:根据 1989 年的《中国金融年鉴》整理。

---

① 张晓山. 外部环境对中国农村合作组织经济行为的制约和干预 [N]. 经济信息报,1998-02-06//何广文. 合作金融发展模式及运行机制研究 [M]. 北京:中国金融出版社,2001:196.

② 周立(2005,2007,2009)这里分析的四大问题是指:农村金融市场存在严重的信息不对称、抵押物缺乏、特质性成本与风险、非生产性借贷为主。参见:周立. 中国农村金融体系发展逻辑 [J]. 银行家,2005(8):36-40;周立. 农村金融市场四大问题及其演化逻辑 [J]. 财贸经济,2007(2):56-63;周立,周向阳. 中国农村金融体系的形成与发展逻辑 [J]. 经济学家,2009(8):22-30.

5.4.2.2　通过打击高利贷、消化不良贷款等稳定了农村金融市场

农村合作金融组织异化阶段在稳定农村金融市场方面的绩效主要体现为打击农村高利贷、消化机构不良贷款和开展保值储蓄三方面。首先，整个合作金融组织异化阶段，农村信用合作社通过解决农户的信贷需求，对于"挤压"和"替代"农村高利贷都起到了积极的效果。以农村信用合作社管理权第三次下放为例，贫下中农管理农村信用合作社后，农村信用合作社加大了对贫困农民的贷款力度。据统计，1964—1970年，农村信用合作社对农户的贷款占到70%以上。在农村中，往往贫困农民最容易受到放高利贷人的剥削。因此，农村信用合作社通过满足贫下中农的生产、生活资金需求，有力打击了农村高利贷。其次，在消化机构不良贷款方面，主要是指农村信用合作社化解乡镇企业亏损引起的不良贷款、中国农业银行与农村信用合作社"分家"时遗留的呆账坏账以及关闭农村合作基金会时等所产生的不良资产风险。最后，1988年前后，为了治理通货膨胀，农村信用合作社通过开展保值储蓄，也有利于稳定农村金融市场。

5.4.2.3　促进了乡镇企业发展和农村产业结构调整

农村信用合作社服务地方经济发展主要是通过支持乡镇企业发展和支持农村产业结构调整予以实现的。20世纪80年代至20世纪90年代中期，乡镇企业是地方经济发展的"支柱"，是整个国民经济的重要补充。1987年，邓小平称之为"异军突起"。对于乡镇企业的发展，农村信用合作社为其融资提供了重要支持，乡镇企业也对农村信用合作社具有较强的依赖性（姜长云，2000；张军 等，2003）[1]。统计资料显示，1999年，农村信用合作社的乡镇企业贷款余额占全国金融机构的比重达到68%。可以说，正是通过农村信用合作社的大力支持和贷款倾斜，乡镇企业获得了巨大发展，为当时地方经济的发展尤其是地方工业化的发展做出了重要贡献。除此之外，农村信用合作社还通过甄选信贷服务对象，支持了农村产业结构的合理化和高级化。

在中国农村合作金融组织异化阶段，由于农村合作金融组织的运行表现出明显的国有企业和城市化倾向以及农村金融资源外流，农村总体上拥有的资本量不足，农村信用合作社资金"非农化"现象严重，为社员服务的绩效不突出。

---

① 姚耀军. 中国农村金融发展状况分析 [J]. 财经研究，2006（4）：103-114.

就农村信用合作社的资金"非农化"来看，可以通过其存贷款之间的"剪刀差"以及贷款资金的结构变化得以说明。改革开放初期，农村信用合作社的存贷差为120.9亿元，截至2002年年底，这一差额变为5 937.8亿元，是1978年的49.1倍①。这表明，农村信用合作社吸收的存款"外流"严重，即是说，虽"取之于农"但未能"用之于农"。如果我们对农村信用合作社的贷款结构进行考察就不难发现，这种外流主要是因为农村信用合作社将贷款资金投向了乡镇企业、个体工商户等"非农"市场主体。如图5.9所示，农村信用合作社贷给农业的贷款比重自改革开放以来到1994年（历史最低点，为19.5%）都是处于下降状态，随后才缓慢回升。而针对乡镇企业的贷款占比则不断上升（1989年首次超过对农业的贷款），直到20世纪90年代后期伴随乡镇企业的改制以及亏损增加，才开始逐步回落。尽管如此，整个90年代，农村信用合作社投放给乡镇企业的贷款比重都高于给农业的贷款。在21世纪初期，农村信用合作社对农业的贷款比重也未显著超过对乡镇企业的贷款比重。

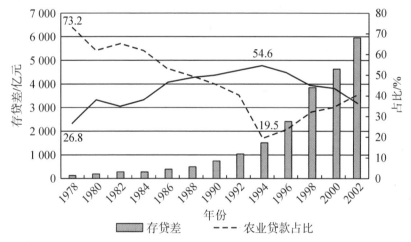

图5.9 1978—2002年农村信用合作社存贷差及贷款结构变动情况

资料来源：根据1989—2003年的《中国金融年鉴》相关数据整理。

---

① 如果就农村信用合作社对农户的存贷款来看，仍然具备这一特征。根据1989—2004年的《中国金融年鉴》相关数据，改革开放以来，农村信用合作社针对农户信贷的存贷比一直比较低，总体维持在0.2~0.35。

无疑，农村信用合作社的信贷资金投向为整个农村经济的发展做出了重要贡献。但从微观角度来看，部分农村信用合作社并没有坚持为社员服务的宗旨和目标，多数社员并没有享受到他们本应享有的贷款优先权。正是从这个意义上看，本书认为，部分农村信用合作社背离了自我服务的目标，是经营性绩效欠佳的表现。

农村信用合作社信贷资金的"非农化"造成的一个客观后果就是对农户信贷支持的不足。根据原农业部农村经济研究中心固定观察点关于农户借贷资金来源的全国数据，20世纪90年代，农户从银行、农村信用合作社等正规金融机构的借款占比在20%～30%，而通过私人借款的占比维持在70%左右（见图5.10）。以何梦笔、陈吉元（2000）为主持人的农村金融研究课题组1998年对广东、浙江、湖北、山西和陕西5个省份的256户农民金融服务需求和金融部门服务供给情况的调查结果也显示，在有贷款需求的农民中，只有10.08%的农民从农村信用合作社得到贷款，而86.55%的农民从农村民间金融机构贷款[①]。事实上，1996年农村信用合作社与中国农业银行"脱钩"以来，农村信用合作社与社员之间的贷款程序就与商业银行基本相同，贷给谁、贷多少、抵押担保程序等均由农村信用合作社主任说了算，非社员贷款比重在30%～50%[②]。

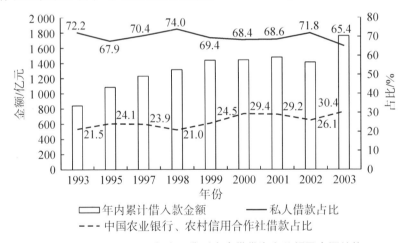

图5.10　1993—2003年中国典型农户借贷资金总额及来源结构

资料来源：1993—1999年数据来自2001年的《全国农村社会经济典型调查数据汇编》，2000年及以后数据来自原农业部农村经济研究中心固定观察点统计数据库。转引自：张杰. 中国农村金融制度调整的绩效：金融需求视角 [M]. 北京：中国人民大学出版社，2007：60.

---

① 农村金融研究课题组. 农民金融需求及金融服务供给 [J]. 中国农村经济，2000（7）：55-62.
② 谢平. 中国农村信用合作社体制改革的争论 [J]. 金融研究，2001（1）：1-13.

5.5 本章小结

本章运用 ECP 框架研究了中国农村合作金融组织的异化阶段，主要内容如下：

第一，就农村合作金融组织异化阶段环境而言，中国农村合作金融组织形成以后，一些新的技术和制度环境开始出现。这一时期，我国的经济体制实现了由高度集中的计划经济体制向社会主义市场经济体制的逐步转变。伴随经济体制的变革过程，党的十一届三中全会以后，我国农村掀开了以家庭联产承包责任制、乡镇企业、农产品流通体制等为主要内容的伟大改革进程。同时，20 世纪 80 年代初期开启了财政分权改革，使中央与地方政府关系发生实质变化。农村金融供给体系无论是从存量还是增量来看都发生了深刻变化，并使农村信用合作社成为农村金融市场上实质性的垄断供给主体。而针对农村信用合作社的政策文件也不断出台并呈现出明显的阶段性特征。这些制度和技术环境的变化，形塑了这一阶段农村合作金融组织不同利益主体的行为目标选择和利益诉求。

第二，就农村合作金融组织异化阶段的利益主体行为而言，从国家理论出发进行解释可以发现，中央政府的行为目标经历了"租金偏好→合作效率偏好→商业效率偏好"的转变过程，而地方政府的行为目标则经历了"租金偏好→商业效率偏好"的发展过程。就中国农业银行而言，其主要是通过维持对农村信用合作社的管理和控制追求自身利益最大化。而农村信用合作社内部人的行为偏好则体现为从维护"国家银行基层组织"的既得利益到抵制合作制和追求商业化的转变。农民社员的主要目标在于获取信贷支持，但作为制度的"边缘人"，其始终未能成为农村合作金融组织发展过程中的"局中人"。正是由于不同组织利益主体利益诉求的不同，在面对中央政府恢复农村信用合作社"三性"和按照合作制对其进行规范的策略举动时，各方之间的博弈共同促成了这一策略的失败。

第三，就农村合作金融组织异化阶段绩效而言，在经营性绩效方面的表现是"令人失望"的，不仅因为其背离了合作金融的基本属性（表现为主体同一性的严重分离、运行的民主性流于形式），而且因为亏损、不良贷款、破产、倒闭等问题一直困扰其身。其在社会性绩效方面表现总体尚好，不仅有力地支持了国家工业化战略，打击了农村高利贷、消化了机构不良贷款，还促进了乡镇企业发展和农村产业结构的调整。但同时，这一阶段农村合作金融组织也存在资金"非农化"现象突出以及为社员服务的绩效不突出等不足。

综上所述，我们可以用表5.10表示农村合作金融组织异化阶段的ECP分析内容。

表 5.10   农村合作金融组织异化阶段的 ECP 分析

环境（E）	行为（C）	绩效（P）
●经济体制转变 ●财政分权改革 ●家庭联产承包责任制 ●乡镇企业"异军突起" ●农产品流通体制改革 ●农村金融供给体系深刻变化 ●农村合作金融政策	●中央政府：租金偏好→合作效率偏好→商业效率偏好 ●地方政府：租金偏好→商业效率偏好 ●中国农业银行：控制农村信用合作社 ●农村信用合作社内部人：维护既得利益，抵制合作制和追求商业利润 ●农民社员：获取信贷支持 ●博弈Ⅰ：农村信用合作社内部人、地方政府与中央政府的博弈 ●博弈Ⅱ：中国农业银行、农村信用合作社内部人与中央政府的博弈 ●博弈Ⅲ：农民社员、农村信用合作社内部人与中央政府的博弈	●经营性绩效：主体同一性严重分离、运行民主性流于形式、不良贷款、亏损、倒闭、破产 ●社会性绩效：服务国家工业化战略、支持乡镇企业发展、稳定农村金融市场、资金"非农化"严重

本章的研究已表明，以农村信用合作社为典型组织形态的农村合作金融组织已经"异化"。作为组织演进的一个阶段性结束，这里需要反思和讨论的问题是：为什么农村信用合作社会"异化"？中国农村合作金融再有必要和可能吗？

对此，本书认为，对农村信用合作社"异化"原因的认识必须结合其产生和发展的历史来看。以农村信用合作社为代表的中国农村合作金融组织在较短的时间内（7年）得以普遍建立，其产生是中央政府与农户的博弈均衡的结果，体现为一种"强"强制性制度变迁与"弱"诱致性制度变迁相结合的特征，其背后实际上折射的是政府自上而下推动农村合作金融组织创设这一基本事实。因此,自从农村合作金融组织的形成开始,就具备了"政府干预"的"基因"。随后,中央政府的租金偏好阶段进一步强化了这一"基因"特点。在历史路径依赖的作用下,虽然20世纪80年代至21世纪初期,中央政府曾试图恢复农村信用合作社的"三性"并按照合作制对其进行规范,但是此时的农村信用合作社已经是一个"病态"的,含有"强烈行政干预基因"的组织。在从未经历过商业化、市场化浪潮的巨大环境下,农村信用合作社自然选择了通过走商业化道路参与市场竞争的"自救"办法,而真正朝着合作制努力的方向去发展,也只能是中央政府"一厢情愿"的事情。对于农民社员而言,其本身对此并不是多么关心,因为几十年的租金偏好经历,早已使得他们产生怀疑。因此,对于农村信用合作社为什么会"异化"的认识可以理解为:不同利益主体力量的相互博弈和较为严重的路径依赖使得农村信用合作社走向异化成为必然。

那么,在农村信用合作社异化后,中国的农村合作金融还有必要和可能吗?换句话说,以农村信用合作社为典型组织形态的农村合作金融组织的异化是否意味着中国农村合作金融组织的"终结"?根据前文有关合作金融理论所揭示的合作金融产生的经济基础以及中国农村合作金融发展的现实来看,本书认为,这并不说明中国农村合作金融组织的发展就走向了"末路"。正如周小川(2004)所指出的,"农信社搞得不好,有经营不善的问题,但很可能行政干预方面的原因更多。"[1] 有研究也认为,我们应认识到,"农信社的生存与绩效并非是合作金融本身的问题,而是多年来历史遗留问题累积的结果,恰恰是因为没有很好地实施真正意义上的合作金融才造成了其巨大的历史包袱和管理困境,以农信社绩效差而否定合作金融的地位和作用显然是不合适的。"[2] 实际上,以农村信用合作社为典型组织形态的合作金融的"失败",能为中国农村合作金融的进一步发展以及新的农村合作金融组织的再生提供理论与实践参照。合作金融组织以其自身特有的优势,在一定的技术和制度环境条件下仍将得到发展。

---

① 周小川. 关于农村金融改革的几点思路 [J]. 经济学动态, 2004 (8): 10-15.
② 祝国平, 郭连强. 农村金融改革的关键问题、深层原因与战略重点 [J]. 江汉论坛, 2018 (6): 46-54.

6 演进分析Ⅲ：中国农村合作金融组织的再生过程

中国农村合作金融组织的再生过程是以农村信用合作社为代表的存量农村合作金融组织形成但异化后代表性增量农村合作金融组织产生和发展的过程，这一过程所涉及的时间范围大致起始于 2004 年，至今尚处于积极发展之中。这里之所以强调是"代表性"增量农村合作金融组织产生和发展的过程，是由于在以农村信用合作社为代表的存量合作金融组织"异化"之后，我国出现了包括原银监会框架下的农村资金互助社在内的四类新型农村合作金融组织。但是，正如前文所分析的，在这四类新型农村合作金融组织之中，只有农民专业合作社内部信用合作的发展最为活跃并受到政策的持续支持和鼓励。因此，这里所谓"代表性"增量农村合作金融组织的产生与发展过程，实质上也是指专业合作社内部信用合作这一合作金融组织的产生与发展过程。

但是，作为本章的研究对象，合作社内部信用合作由于实践模式的多样性，不同学者对其内涵的理解还存在差异。因此，在对本部分进行分析之前，我们有必要对本书意义上的合作社内部信用合作内涵进行说明。

对于既有的相关研究，徐建奎和刘西川（2018）做了较好的综述，他们总结了关于合作社内部信用合作内涵认识的四种代表性观点，认为这些定义都涉及合作社内部信用合作的三个核心特征：依托或基于合作社、强调成员出资和在组织内部封闭运行①。黄迈等（2019）总结认为，产业性

---

① 徐建奎，刘西川. 合作社内部信用合作研究综述：基于风险控制的视角 [J]. 浙江理工大学学报（社会科学版），2018，40（2）：105-111.

（依托合作社生产合作）、社员性（信用合作必须在社员范围之内）、封闭性（互助资金在组织内部封闭运行，用于本社成员）是既有文献对合作社内部信用合作内涵认识所涉及的三个基本特征①。对于合作社内部信用合作的运行模式，苑鹏和彭莹莹（2013）认为主要有货币信用（以资金互助为代表）和商品信用（包括合作社内部的农资、农产品赊销赊购，以及农产品供应链融资为主）两种形式②。黄迈等（2019）在调研的基础上总结了三种典型模式：以赊销为特征的商业信用合作模式、以资金互助或担保互助为核心的货币信用合作模式和依托产业链或银政资金的混合式信用合作模式。这些文献对当前我国合作社内部信用合作的实践和理论研究进行了较好的总结，为本书的分析提供了充分的基础。在此之上，本书认为，对合作社内部信用合作的理解可以从狭义和广义的角度来认识。其中，狭义的合作社内部信用合作主要是合作社内部全部或部分成员展开的在资金层面的互助，广义的合作社内部信用合作则还包括商品信用、保险等层面的互助。就本书的研究主题而言，主要分析狭义上的合作社内部信用合作。这种内部信用合作在内涵上具有产业性、社员性、封闭性、自愿性、非营利性特征。

在明确了研究对象及其内涵后，接下来，本书将运用 ECP 框架对以合作社内部信用合作为代表的农村合作金融组织再生过程进行研究。

6.1 农村合作金融组织再生阶段的环境

农村合作金融组织的再生是既有农村合作金融组织形成但异化后代表性增量农村合作金融组织的产生和发展。因此，对农村合作金融组织再生阶段环境的分析就要分析新生合作金融组织产生的必要性、可能性及其发展环境。

本书认为，以农村信用合作社为代表的既有农村合作金融组织异化后，我国农村金融供求失衡的矛盾进一步加剧，农村金融市场本身的特点

---

① 黄迈，谭智心，汪小亚. 当前中国农民合作社开展信用合作的典型模式、问题与建议 [J]. 西部论坛，2019，29（3）：70-79.

② 苑鹏，彭莹莹. 农民专业合作社开展信用合作的现状研究 [J]. 农村经济，2013（4）：3-6.

使得农村合作金融仍然是不可或缺的金融形态。但是，现实的情况表明，我国存量和既有增量农村合作金融的发展并不理想。在这样的条件下，快速发展的专业合作社诱致了合作社内部信用（资金）互助的产生和发展；同时，政府的一系列政策和文件对此予以积极鼓励和支持，共同促进了合作社内部信用合作这一合作金融组织形态的产生和发展。由此，本部分将从四个方面展开分析。

6.1.1 农村金融供求失衡的矛盾依然突出

农村金融供求失衡的矛盾主要表现为有效契合农村金融需求特点的金融供给主体不足、农村资金大量"外流"或者说"非农化"现象严重、大量农村金融需求得不到满足等，由此进一步加剧了农村金融供求的失衡。

就农村金融的供给主体而言，前文的分析已经表明，20 世纪 90 年代末期以来，包括中国农业银行在内的四大国有商业银行陆续撤出农村金融市场，中国农业发展银行作为政策性金融供给主体主要承担粮棉油收购等单一的政策性业务，网点少，中国邮政储蓄银行只存不贷，分流农村资金，成为农村资金的"抽水机"。结果便是，农村信用合作社成为农村金融市场上的垄断性金融供给主体。但是，正如前文所分析的，农村信用合作社事实上已经"异化"。因此，能够扎根并服务农村金融市场的有效金融供给主体并不充分。

不仅农村金融市场供给主体不足，而且既有农村金融供给主体的资金流向也是"离农"，而非"向农"。根据周振等（2015）的研究资料，2000—2012 年，通过农村金融系统（农村信用合作社、农村商业银行、中国农业银行和中国邮政储蓄银行）净流出的资金总量达到 49 726.08 亿元，年均流出 3 825.08 亿元。虽然农村信用合作社和中国农业银行的资金流出有波动，但总体上仍然呈流出状态（见图 6.1）。

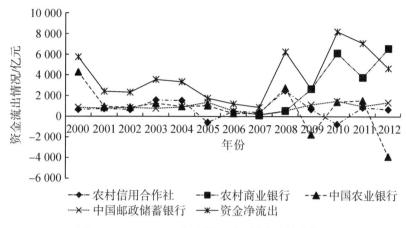

图 6.1　2000—2012 年农村金融系统资金流出情况

资料来源：周振，伍振军，孔祥智. 中国农村资金净流出的机理、规模与趋势：1978—2012 年 [J]. 管理世界，2015（1）：63−74.

　　主要农村金融供给主体资金净流出的一个直接后果是大量农村金融需求得不到有效满足。不少学者的资料都显示，在农户的信贷获取渠道中，农村信用合作社等正规金融机构并不是农户信贷获取的主要渠道；相反，民间借贷等非正规金融才是解决农户信贷需求的主要渠道。清华大学经济管理学院 2006 年 12 月发布的《中国农村金融发展调查报告》显示，农户借贷来源中，有 51.3% 为非正规金融来源，位居第一，而只有 44.2% 来自信用合作[①]。中国人民银行农户信贷情况问卷调查分析小组（2010）的统计资料也表明，46.1% 的农户需要借款，但是，正规金融覆盖率仅为 31.67%。何广文（2018）对三个省（自治区、直辖市）9 县 1 730 户农户家庭的调研数据表明，农户信贷需求依旧旺盛，非正规信贷仍然是农户满足信贷需求的主要渠道，农户信贷配给仍较严重[②]。由此可见，并不是农村金融需求不足；相反，是旺盛的农村金融需求得不到有效满足。

　　为什么会出现这样的情况？理论界给出了多种解释，如认为是由于商业性金融"排斥"农村金融市场，对农户存在信贷约束（Kempson et al.,

---

① 张德元，张亚军. 关于农民资金互助合作组织的思考与分析 [J]. 经济学家，2008（1）：40−47.

② 何广文，何婧，郭沛. 再议农户信贷需求及其信贷可得性 [J]. 农业经济问题，2018（2）：38−49.

1999①；何德旭 等，2008②），或是由于金融抑制的存在（麦金龙，1973③；何广文，1999④），或是由于农村金融市场化推进的非均衡（何大安，2006⑤）等。这些解释都在一定程度上给出了符合逻辑和事实的理由。在此基础上，本书认为，对于农村金融供求失衡缘由的理解主要应该从农村金融市场本身的特点切入进行分析。对于农村金融市场所具有的特殊性，周立（2005，2007，2009）认为主要是严重的信息不对称、缺乏抵押物、特质性成本与风险和非生产性借贷为主，徐旭初（2011）则认为主要是可获得性、交易成本和益贫性问题⑥；此外，农户资金需求季节性强、周期短、单笔业务量小、分散等使其明显相异于城市商业性金融需求。由此，在满足农村金融需求的金融供给主体上，也就不能采用城市金融供给的思路，而必须根据农村经济发展和农村资金需求的特点，选取能够有效克服农户资产抵押不足、资金需求量少，能够充分发挥农村"熟人社会"在地化信息优势的金融供给组织。从金融功能和分工出发，在商业性金融、政策性金融和合作金融中，合作金融显然最具优势，最能契合农村金融需求特点，尤其是在服务"小、散、短"特征明显的农村经济中更是如此。但是，我国农村合作金融的发展状态又如何呢？

6.1.2 农村信用合作社的异化现实与农村资金互助社发展缓慢

合作金融在契合农村金融需求特点方面最具优势，但是，我国农村合作合作金融组织，无论是以农村信用合作社为代表的存量合作金融组织，还是以农村资金互助社为代表的新型农村合作金融组织，发展状态并不理想。这主要表现为农村信用合作社的异化以及原银监会框架下的农村资金互助社发展缓慢。

新中国成立后，通过农民入股成立的农村信用合作社曾是农村合作经

---

① KEMPSON, WHYLEY. Understanding and combating financial exclusion [J]. Insurance trends (The Association of British Insurers)，1999（21b）：18-22.

② 何德旭，饶明. 我国农村金融市场供求失衡的成因分析：金融排斥性视角 [J]. 经济社会体制比较，2008（2）：108-114.

③ 麦金龙. 经济发展中的货币与资本 [M]. 卢骢，译. 上海：三联书店，1988：76-95.

④ 何广文. 从农村居民资金借贷行为看农村金融抑制与金融深化 [J]. 中国农村经济，1999（10）：42-48.

⑤ 何大安，丁芳伟. 中国农村金融市场化非均衡推进现象分析 [J]. 中国农村经济，2006（6）：32-37.

⑥ 徐旭初. 农民专业合作社开展信用合作正当时 [J]. 农村工作通讯，2011（18）：11-13.

济的三大组成部门之一。但是，人民公社化运动后，信用合作体系被集体化、国有化，并演变为国家金融机构的基层组织，成为"官办"组织。20世纪80年代以来，虽经多次改革，但仍走向了商业化，农村信用合作社"异化"已成现实，这在前文的分析中也得到了充分说明。而几乎就在农村信用合作社走向商业化改制道路的同时，增量改革下的农村资金互助社应运而生。2004年7月，吉林省梨树县闫家村8户村民自发组织成立全国第一家资金互助合作社之初，有学者称其为"中国农村信用社合作性异化以后，在正规金融制度之外出现的真正的合作金融组织，是中国合作金融的希望与未来"①。然而，农村资金互助社这种组织模式不仅在准入资本、经营场地和管理人员等方面要求过高，而且在运作和监管等诸多方面类似于正规的商业性金融机构，加之由于内部管理不规范、外部生存环境不佳、融资困难、组织制度不完善等原因，农村资金互助社不仅距离真正意义上的合作金融组织尚有差距，而且发展缓慢②。

农村信用合作社的异化现实和农村资金互助社发展缓慢并不意味着中国农村合作金融发展走向"末路"；相反，存量和既有增量农村合作金融组织发展的不理想，恰好说明了合作金融本身的优势和生命力，并为农村合作金融组织的再生提供了可供参照的经验和教训。实际上，一旦有适宜的"土壤"，合作金融将重新得到发展壮大。那么，在农村信用合作社异化和农村资金互助社发展缓慢的环境下，我国是否具备这样的"土壤"和基础条件呢？

6.1.3　快速发展的专业合作社诱致内部信用合作产生

《中华人民共和国农民专业合作社法》（2007年）实施以来，农民专业合作社得到迅速发展。据统计，截至2018年年底，全国依法登记的农民合作社达217.3万家，是2007年的83.6倍（见图6.2）。实有入社农户超过1亿户，占全国农户总数的49.1%。但是，由于农村专业合作社总体上存在自身积累能力较弱、业务规模较小、流动性资金不足等问题，其面临较为严重的融资难题。全国农村固定观察点调查体系对682个合作社的典型调查结果显示，分别有35.2%和54.6%的合作社享受到政府金融支持与

① 何广文. 农村资金互助合作机制及其绩效阐释 [J]. 金融理论与实践，2007（4）：3-8.

② 截至2011年年底，全国共核发49家，由于试点成立的农村资金互助社大多经营困难，甚至处于停业状态。实际上，2012年起，原银监会已经停止核准新的农村资金互助社的成立。

财政补贴政策；而在合作社对政府政策支持需求方面，62.3%的合作社非常希望政府帮助获取贷款或提供担保，77.4%的合作社非常希望政府提供财政补贴或奖励①。需要说明的是，快速发展中的专业合作社面临的融资难题包括合作社自身融资难题和合作社社员的融资难题。其中，合作社社员面临的融资难题主要体现为社员"异质性"特征下的普通社员面临的融资难题。那么，如何解决合作社面临的融资约束呢？

合作社发展的历史经验表明，一个完备有效的合作金融体系是合作社成功运营的基本保障②。实际上，正是专业合作社面临的融资约束诱致了以合作社为基础的内部信用合作的产生。因为就外部融资而言，在正规金融供给不足及正式合作金融制度发育不完全即农村信用合作社异化和农村资金互助社发展缓慢的情况下，专业合作社融资困境很难通过正规金融机构得以解决。而就内部而言，以农民专业合作社为"母体"，在合作组织制度框架下整合社员自有的闲散资金，发展多种形式的信用（资金）互助，发挥"生产+供销+信用"合作的多重优势就成为合理选择。因此，在外部融资难以满足的情况下，快速发展的专业合作社将会诱致出合作社内部信用合作的产生。2007—2018 年农民专业合作社数量变化情况见图 6.2。

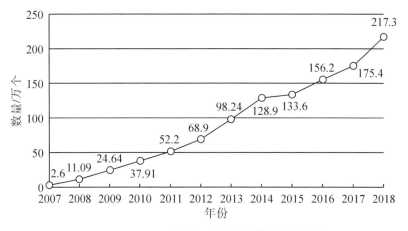

图 6.2　2007—2018 年农民专业合作社数量变化情况

---

① 杨久栋. 2019 中国新型农业经营主体发展分析报告（二）［N］. 农民日报，2019-02-23（007）.

② 范鹏. 中国农村市场化进程中的农民合作组织研究［J］. 中国社会科学，2001（6）：73.

6.1.4 合作社内部信用合作的相关政策持续推出

由于诱致性制度变迁自身存在的外部性和"搭便车"以及谈判成本高、实施难度大等特点，强制性制度变迁的推动和促进作用必不可少。合作社内部信用合作的产生和发展仍然如此。在一系列因素的作用下，快速发展的专业合作社诱致了内部信用合作的产生。与此同时，中央政府在一系列政策和文件中对此也给予了极大的鼓励和支持。这主要表现为以下四个方面：

一是 2005 年，联合国提出"普惠金融"理念后，2008 年，中国政府提出的"现代农村金融制度"中将这一理念作为农村金融机构的重要使命。合作社内部信用合作作为合作金融组织的一种组织形态，其与普惠金融具有内在的一致性，都是关注农民、贫困户等弱势群体的基础性金融服务需求。

二是 1996 年，《国务院关于农村金融体制改革的决定》提出要"建立和完善以合作金融为基础，商业性金融、政策性金融分工协作的农村金融体系"以来，合作金融就一直在我国政府的政策考虑范围之内。这使得对包括合作社内部信用合作在内的多种合作金融组织形式的探索和发展成为可能。

三是 2007 年，《中华人民共和国农民专业合作社法》的颁布及其修订，使农民专业合作社具有法人地位，为专业合作社开展资金互助提供了条件。

四是 2008 年 10 月，党的十七届三中全会首次提出"允许有条件的农民专业合作社开展信用合作"以来，农村合作社内部信用合作就受到党和政府的高度重视，尤其是在多个中央一号文件中都对此予以支持（见表 6.1）。

表 6.1　党中央关于农村合作社开展信用合作的主要政策

年份	会议/文件	相关内容
2008	党的十七届三中全会	允许有条件的农民专业合作社开展信用合作
2009	《中共中央 国务院关于 2009 年促进农业稳定发展农民持续增收的若干意见》	抓紧出台……农民专业合作社开展信用合作试点的具体办法

表6.1(续)

年份	会议/文件	相关内容
2010	《中共中央 国务院关于加大统筹城乡发展力度进一步夯实农业农村发展基础的若干意见》	支持有条件的合作社兴办农村资金互助社
2012	《中共中央 国务院关于加快推进农业科技创新持续增强农产品供给保障能力的若干意见》	有序发展农村资金互助组织,引导农民专业合作社规范开展信用合作
2013	《中共中央 国务院关于加快发展现代农业 进一步增强农村发展活力的若干意见》	规范合作社开展信用合作
2013	党的十八届三中全会	允许合作社开展信用合作
2014	《中共中央 国务院关于全面深化农村改革加快推进农业现代化的若干意见》	在管理民主、运行规范、带动力强的农民合作社和供销合作社基础上,培育发展农村合作金融
2015	《中共中央 国务院关于加大改革创新力度加快农业现代化建设的若干意见》	积极探索新型农村合作金融发展的有效途径,稳妥开展农民合作社内部资金互助试点
2015	《推进普惠金融发展规划(2016—2020 年)》	积极探索新型农村合作金融发展的有效途径,稳妥开展农民合作社内部资金互助试点
2016	《中共中央 国务院关于落实发展新理念加快农业现代化实现全面小康目标的若干意见》	扩大在农民合作社内部开展信用合作试点的范围,健全风险防范化解机制,落实地方政府监管责任
2017	《中共中央 国务院关于深入推进农业供给侧结构性改革加快培育农业农村发展新动能的若干意见》	规范发展农村资金互助组织、开展农民合作社内部信用合作试点
2019	《人民银行 银保监会 证监会 财政部 农业农村部关于金融服务乡村振兴的指导意见》	探索新型农村合作金融发展的有效途径,稳妥开展农民合作社内部信用合作试点
2019	《中共中央办公厅 国务院办公厅印发〈关于促进小农户和现代农业发展有机衔接的意见〉的通知》	支持农村合作金融规范发展,扶持农村资金互助组织,通过试点稳妥开展农民合作社内部信用合作

资料来源:根据相关资料整理。

6.2 农村合作金融组织再生过程的主体行为分析

根据 ECP 框架，对农村合作金融组织再生过程主体行为的分析，必须厘清农村合作金融组织再生过程的参与主体有哪些，但是作为农村合作金融组织再生过程的代表性组织形态，合作社内部信用合作在各地的发展模式并不一致，而是呈现出一定的差异性。不同的合作社内部信用合作发展模式，其参与主体的类型、数量等特征并不完全相同。以合作社内部信用互助资金的构成来源为例，根据黄迈、谭智心、汪小亚（2019）2015—2018 年对 5 个省（自治区、直辖市）9 县 35 家农民合作社信用合作的调研结果，就有 65.7% 的合作社信用合作采取"社员股金+合作资金"的模式，而有 31.4% 的合作社信用合作采取"社员股金+银行资金"的模式。实际上，不同的资金构成情况反映的是不同的参与主体特征。因此，对农村合作金融组织再生过程参与主体的识别和行为特征的分析还不能一概而论，而需要选择一个典型的模式进行"解剖"。

根据合作社内部信用合作在各地的发展实际及其效果，本书选择"山东模式"作为主要分析对象和案例参照，并在综合考察合作社内部信用合作不同发展模式的基础上，研究合作社内部信用合作的参与主体及其行为特征。

综上，本节的结构安排包括三个方面的内容：一是以"山东模式"为例，识别农村合作金融组织再生过程的参与主体类别；二是对上述参与主体的行为特征进行分析；三是运用对农村合作金融组织再生过程进行博弈分析，即研究不同参与主体的博弈如何推动合作社内部信用合作的产生和发展。

6.2.1 农村合作金融组织再生过程的参与主体识别

在农村信用合作社异化及农村资金互助社发展缓慢的环境下，2015 年年初，经国务院批准，山东率先成为全国唯一开展新型农村合作金融改革试点的省份。山东试点的核心内容在于规范发展农民专业合作社内部资金互助业务（以下简称"山东模式"）。试点以来，山东省先后出台了《山东省农民专业合作社信用互助业务试点方案》（2015 年）、《山东省农民专业合作社信用互助业务试点管理暂行办法》（2015 年）、《山东省农民专业合作社信用互助业务试点监管细则》（2016 年，2018 年）、《山东省农民专业合作社信用互助业务试点管理办法》（2019）等政策文件对合作社内部信用合作进行规范和要求。

根据研究需要，这里主要就"山东模式"的具体运行方式进行说明，在此基础上，识别出合作社内部信用合作的参与主体类型。

"山东模式"需要对农民专业合作社开展内部信用合作的资格进行认定。具体来看，开展内部信用合作的农民生产合作社必须具备法人资格、制度规范、一定的资产规模（固定资产>50 万元）等条件，并且，农民专业合作社必须向地方金融监管部门依法申请并取得"农民专业合作社信用互助业务资格认定书"（以下简称"资格认定书"）后方可开展内部信用合作。

取得资格认定书的专业合作社，在遵守"内部合作、承诺出资、一人一户、用时互助"四项原则的基础上按照"出资承诺→开立账户→评议授信→借款申请→审核审批→签订合同→资金归集发放→借后管理"的"八步流程"开展合作社内部信用合作。对于上述八个流程，其在不同的环节涉及的参与主体并不相同：①在"出资承诺"环节，需要符合一定经济基础（承诺出资额≤当年农民人均纯收入的三倍）且自愿的社员与合作社之间达成书面协议。②"开立账户"环节则涉及托管银行、合作社和社员三方，即托管银行给社员、合作社分别开立账户，合作社的账户涉及资金发放、归还、归集分配收益三个专门账簿。③在"评议授信"环节，由合作社组建的互助资金评议小组按照一定的规则对社员的信贷额度、期限等进行评审。④在"借款申请→审核审批→签订合同"环节，由有借贷需求的社员向合作社提出，并由合作社予以审核，两者之间最后签订借款合同，完善相关手续。⑤在"资金归集发放"环节，由合作社、托管银行和社员三者共同完成，即社员与合作社签订合同后，由合作社向托管银行发出指令，然后托管银行将按照承诺出资的社员账户资金归集到合作社专用账户，再从合作社账户上划转资金到借款社员账户。借款合同到期后，除了反向操作"两次转账"外，托管银行还需要将资金使用费留存合作社归集收益分配账户中，以便于年末进行合作社风险准备金的提取以及社员分红。⑥"借后管理"由合作社对借款社员不定时进行资金用途、归还期限等的检查和督促。

除此之外，合作社内部信用合作的"山东模式"在运行过程中还涉及以金融监管部门为代表的地方政府这一参与主体，主要体现在：①在合作社开展内部信用合作的资格认定、退出、日常监管等方面，由地方金融监管部门与合作社之间展开；②在"开立账户"的过程中，先要由合作社、托管银行地方金融监督管理部门共同签订资金托管协议，明确各方权利与义务；③在托管银行与地方金融监管部门之间也存在汇报与监管的关系。

由此而言，合作社内部信用合作的"山东模式"在具体运行过程中涉及的基本参与主体可以提炼出四个：社员、合作社、托管银行和地方金融监管部门。四者之间的关系则可以基于"业务"和"资金"两个方面进行说明。具体来看，如图6.3所示，①表示社员与托管银行之间是资金的归集和贷放关系；②表示社员与作为"母体"的农民专业合作社之间在出资承诺、评议授信、资金申请与签订合同以及生产合作等方面的关系；③表示托管银行吸收、发放、结算合作社内部信用合作互助资金，以及以合作社为担保下的外源式融资关系；④表示托管银行对合作社提供的业务指导、风险预警、财务辅导等关系；⑤表示金融监管部门与合作社内部信用合作试点资格认定、退出、日常监管、风险防范、相关政策制定等方面的关系；⑥表示两者之间存在的汇报与监管关系。

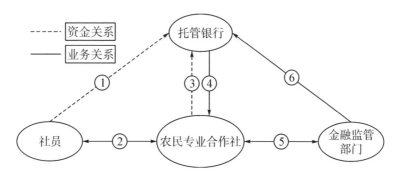

图6.3　合作社内部信用合作的"山东模式"运行方式示意

6.2.2　农村合作金融组织再生过程的主体行为特征

由6.2.1节对"山东模式"运行方式的分析中可以发现，合作社内部信用合作的参与利益主体主要有四个：社员、农民专业合作社、资金托管银行和金融监管部门。接下来，本书将对上述四个利益主体的行为特征进行分析。

6.2.2.1　异质性社员的行为特征

社员的"异质性"主要是指社员在资源禀赋、社会关系、入社目的、风险承担等方面存在的差异性①。社员异质性本质上反映的是社员之间存在的差异性利益诉求，即"异质性的根本表现在于利益诉求的差异"②。大多数学者在研究合作社社员异质性问题时，都认为可以将异质性的社员分为核心社员和普通社员两类（Banerjee, et al., 2001③；林坚 等，2007④；张德峰，2014）。

遵循对异质性社员的普遍划分办法，本书也认为异质性社员可以划分为普通社员和核心社员两类。其中，普通社员由于一般受"金融排斥"（financial exclusion）的影响，因此，他们的行为诉求往往表现为通过合作社内部信用合作获得融资需求、解决生产等资金困难以及具有"净贷款"的利益倾向；而核心社员以能人理事长、专业大户等为代表，他们由于掌握专有性资源（如企业家才能、原始股金、较高的个人信用以及社会资本）⑤而处于"结构洞"⑥位置，其通过入资信用合作，意在获取资产增值和促进合作社发展壮大。

6.2.2.2　农民专业合作社的行为特征

农民专业合作社是合作社内部信用合作的参与主体，这不仅因为农民专业合作社是合作社内部开展信用合作所依托的"母体"组织，还由于合作社本身的发展状况对开展资金互助也具有影响作用。戎承法和楼栋

---

① 其实，合作金融组织成员角色的异质性：成员既是资金的需求者，又是资金的供给者，也是合作金融组织与一般合作社的重要区别点。参见：SMITH, CARGILL, MEYER. CREDIT UNIONS: An economic theory of a credit union [J]. The journal of finance, 1981, 36 (2): 519-528.

② 张德峰. 农村合作金融组织异质社员间利益冲突的法律平衡 [J]. 法商研究, 2014, 31 (4): 90-98.

③ BANERJEE, MOOKHERJEE, MUNSHI, et al. Inequality, control rights, and rent seeking: sugar cooperatives in Maharashtra [J]. Journal of political economy, 2001, 109 (1): 138-190.

④ 林坚，黄胜忠. 成员异质性与农民专业合作社的所有权分析 [J]. 农业经济问题, 2007 (10): 12-17.

⑤ 朱乾宇，罗兴，马九杰. 组织成本、专有性资源与农村资金互助社发起人控制 [J]. 中国农村经济, 2015 (12): 49-62.

⑥ "结构洞"理论由 Burt（1992）在 Granovetter（1973）关于社会关系网络强弱关系的基础上提出，该理论认为结构洞是指具有互补资源和知识的两个群体之间的空白，如果某一主体能将这两个群体连接起来，则会获得极大的竞争优势。近年来，有研究运用这一理论分析合作社内部资金互助行为。参见：BURT. Structural holes: the social structural of competition [M]. Cambridge MA: Harvard University Press, 1992: 47；李明贤，周蓉. 社会信任、关系网络与合作社社员资金互助行为：基于一个典型案例研究 [J]. 农业经济问题, 2018 (5): 103-113.

（2011）的实证分析认为，农民专业合作社法人地位的确立是在合作社内开展资金互助的重要条件，合作社自身成员总数和资本总额的情况与合作社资金互助效果的相关性显著①。本书认为，专业合作社的行为特征集中体现在以下两个方面：

一是化解社员资金需求矛盾，获取合作社自身成长的可持续性。在外部商业性金融等不能解决合作社资金需求矛盾时，合作社通过内部社员之间的信用合作，调剂、周转社员资金，解决合作社部分社员的资金需求难题。而社员资金需求难题的化解，使得合作社能够实现产业链、信用链与资金链的紧密结合，享受"生产+销售+资金"等多重合作的规模经济和范围经济效应，从而提升合作社的品牌价值，推动合作社经营的连贯性和可持续性。

二是获取政策性资源的支持。合作社开展内部信用合作，能够满足中央与地方政府相关扶持政策的标准和要求，从而能够获得诸如财政资金、风险补偿等政策性资源的支持。需要说明的是，这里所谓的合作社获取政策性资源支持，既包括合作社在符合相关规定的条件下，获取理应享有的政府政策支持，也包括现实中，一部分合作社成立"空壳社"套取政府资金的非法行为。

6.2.2.3 第三方托管银行的行为特征

托管银行作为一个独立的参与主体，其行为诉求集中体现在两个方面：一是通过发挥好合作社内部信用合作互助资金调转的中介作用，推动合作社内部信用合作良性发展，助力解决"三农"融资问题；二是托管银行自身作为商业性的金融组织，其也有追求利润、扩大市场占有率的内在诉求。

其中，就前者而言，托管银行又主要是通过为合作社内部信用合作开立账户，存放、支付及结算资金，为合作社提供业务指导、风险预警、财务辅导等服务来实现的。就后者而言，则主要是通过与合作社的业务、资金往来，识别潜在目标客户，创新符合合作社及社员需求的金融产品和服务，以占有更多市场和获取额外利润。同时，在农村抵押资产逐渐增多、农村市场化改革的大背景下，托管银行还可以通过利用合作社对社员所拥有的信息、资本等"在地化"优势，实现"托管银行资金—合作社—社

---

① 戎承法，楼栋. 专业合作基础上发展资金互助的效果及其影响因素分析：基于九省68家开展资金互助业务的农民专业合作社的调查 [J]. 农业经济问题，2011，32（10）：89-95，112.

员"的贷款模式，满足合作社及社员信贷资金需求的同时，扩大自身的市场范围并获得更大利润。

6.2.2.4　以金融监管部门为代表的中央与地方政府及其行为

前文分析表明，2003 年以来中央与地方政府的行为偏好都具有"商业效率偏好"特征，但如前文所述，在这一偏好驱动下的农村金融供求矛盾并未得到有效解决。"三农"问题的重要性不言而喻，为此，中央政府不得不重新思考农村金融困境的化解之策，这也推动了中央与地方政府行为偏好的再次转变。

就中央政府而言，其行为偏好不再表现为对"商业效率偏好"的过度追求，而是重拾对"合作效率"的重视和支持，表现为对"商业效率偏好"与"合作效率偏好"的并重。这可以从两个方面得以体现：一是以 2006 年 12 月《中国银行业监督管理委员会关于调整放宽农村地区银行业金融机构准入政策 更好支持社会主义新农村建设的若干意见》的发布为标志，中央政府开始放松对农村金融市场的管制，降低农村金融市场的准入门槛。在这份具有标志性意义的文件中，作为新型农村合作金融组织的资金互助社被列为三类新型农村金融机构之中。这显示出在中央政府的偏好函数中，"合作效率"重新得到重视。

二是以 2008 年党的十七届三中全会首次提出"允许有条件的农民专业合作社开展信用合作"为标志，此后，中央政府连续出台多项相关政策积极支持和鼓励合作社内部信用合作的发展（见表 6.1）。这说明，在以合作社内部信用合作为典型组织形态的农村合作金融组织再生过程中，中央政府作为一个独立的利益主体，始终表现出对合作社内部信用合作的支持和鼓励。

就地方政府而言，其作为一个独立的经济利益主体，在地方"GDP 锦标赛"和地方政府成为金融管理、监督实际主体的环境下[1]，其行为偏好也不再表现为对"商业效率"的强烈偏好，而是表现为对"合作效率"的重视。但是，地方政府对"合作效率"的重视并不表示地方政府就会无条件地支持和鼓励包括合作社内部信用合作在内的新型农村合作金融的发展。实际上，地方政府独立经济利益主体的地位决定了其必然重视对合作

---

① 2003 年，国务院印发《深化农村信用社改革试点方案》，这份文件的核心内容之一就是"改革信用社管理体制，将信用社的管理交由地方政府负责"。同时，2015 年、2016 年的中央一号文件在关于积极发展新型农村合作金融的相关要求中都强调要"落实地方政府监管责任"。

金融发展风险的关注。

由此来看，地方政府在合作社内部信用合作的发展过程中具有两个方面的行为特征：一是通过制定相关的政策，鼓励包括合作社内部信用合作在内的合作金融发展，以填补当前农村合作金融发展"不力"的局面，更好地解决"三农"融资困境，化解农村金融供求矛盾；二是对合作社内部信用合作进行规范和监督，谨慎控制金融风险，防范非法融资等现象的发生。

综上，农村合作金融组织再生过程的参与主体及其行为特征如表6.2所示。

表6.2 农村合作金融组织再生过程的参与主体及其行为特征

利益主体	行为特征
社员	a. 获取信贷支持（普通社员）；b. 获取资产增值和促进合作社发展壮大（核心社员）
合作社	a. 化解社员资金需求矛盾，获取合作社自身成长的可持续性；b. 获取政策性资源的支持
第三方托管银行	a. 发挥互助资金存放、结算等功能中介，提供业务指导、风险预警等，服务合作社及"三农"；b. 扩大市场，获取利润
中央与地方政府	a. 鼓励合作社内部信用合作的发展；b. 防范金融风险

6.2.3 农村合作金融组织再生过程的博弈分析

6.2.1节和6.2.2节已经对中国农村合作金融组织再生过程中合作社内部信用合作这一代表性组织形态的参与主体及其行为特征进行了分析，在此基础上，本节将从不同主体之间的博弈出发研究这一组织形态的产生与发展过程。

在对不同主体之间的博弈展开分析之前，需要明确的问题是：上述四个利益主体之间的博弈关系如何确立？本书认为，与合作社内部信用合作相关的四个利益主体——社员、合作社、第三方托管银行和金融监管部门之间并不全是两两相互博弈的关系（如社员与金融监管部门之间的博弈等），也不是一对三的博弈关系（如社员与其他三者之间的博弈等）。实质上，四者之间可以从组织内与组织外两个角度出发划分为两对关系：一是异质性社员与合作社之间的组织内关系；二是合作社与第三方托管银行和金融监管部门之间的组织外关系。而第三方托管银行与金融监管部门对于合作社而言，其都体现为一种"监管"关系，不同之处在于，前者是业务上的监管，而后者是行政上的监管。

从博弈的时序来看，如果用 t 表示组织的形成，那么，中国农村合作金融组织再生过程的博弈又可以分为组织产生的博弈（$t-1$）与组织运转（$t+1$）的博弈。就合作社内部信用合作而言，则表现为博弈主体在其形成之前基于各自预期收益而展开的博弈，以及博弈主体在其运行过程中的博弈。

由此而言，这里可以将农村合作金融组织再生过程的博弈分为两个部分进行分析：一是社员和合作社之间在合作社内部信用合作这一组织设立前（$t-1$ 期）基于各自成本收益的预期展开的博弈；二是社员、合作社与监管方（第三方托管银行和金融监管部门）三者在合作社内部信用合作这一组织运转过程中（$t+1$ 期）所展开的博弈，具体分析内容如图 6.4 所示[①]。

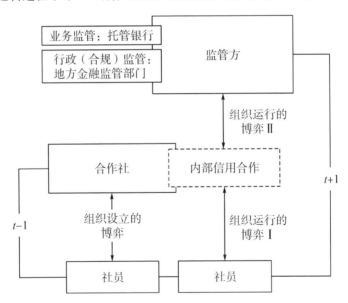

图 6.4　农村合作金融组织再生过程博弈分析的内容

---

①　据本书所掌握的文献，目前很少有研究运用博弈论的方法对合作社内部信用合作组织进行分析（杨楠 等，2019）。同时，运用博弈论方法对其他农村合作金融组织进行分析的资料中，较多都未对农村合作金融组织的产生进行研究，而直接研究其运行（朱乾宇 等，2015）。

6.2.3.1 合作社内部信用合作组织设立的博弈分析

合作社内部信用合作的建立是具有适应性理性特征的社员和合作社各自基于行动预期收益而相互博弈的均衡结果。下面，通过社员与合作社的演化博弈模型对合作社内部信用合作组织的形成及其影响因素进行分析。

（1）基本假设：策略空间与模型参数。

博弈的参与主体合作社用 H 表示，其策略空间有两个：发起设立内部信用合作和不设立内部信用合作，并且，合作社选择"设立内部信用合作"策略的概率为 $y(0 \leq y \leq 1)$，选择"不设立内部信用合作"策略的概率为 $1 - y$。

社员（S）作为博弈的另一参与主体，其策略选择为参与合作社内部信用合作和不参与合作社内部信用合作两种。其中，选择参与合作社内部信用合作的概率为 $x(0 \leq x \leq 1)$，选择不参与合作社内部信用合作的概率为 $1 - x$。

假设合作社与社员在未展开内部信用合作之前各自的基本收益为 Π_H、Π_S。就是否设立和参与合作社内部信用合作这一组织形态而言，如果合作社（H）选择"设立"，其将花费的组织成本为 C，此时，如果社员选择"参与"，其将获得包括年末留存收益、借贷利差收入、"生产+销售+资金"合作在内的多重合作效益等在内的多重收益 R。因此，此时合作社的收益为 $\Delta_H + \Pi_H$，其中 $\Delta_H = R - C$。而社员将会获得包括融资难题解决、期末按照交易额进行的盈余分配等在内的多重收益 r，但同时，社员"参与"也会产生如提交相关材料等在内的交易成本 c。此时，社员的收益表示为 $\Delta_S + \Pi_S$，其中 $\Delta_S = r - c$。但是，如果社员选择"不参与"，其就只能获得基本的收益 Π_S。

如果合作社选择"不设立内部信用合作"，其收益为 Π_H。此时，如果社员选择"参与"，即自我组织发起设立合作社内部信用合作，其获得的收益为 $\Pi_S - C_S$，其中 $C_S = r - C$。如果社员也"不参与"，那么，其获得基本收益 Π_S。

根据上述基本假设，可得出社员与合作社的博弈支付矩阵（见表6.3）。

表 6.3　社员与合作社的博弈支付矩阵（组织设立）

社员与合作社的博弈支付		合作社（H）	
		设立内部信用合作（y）	不设立内部信用合作（$1-y$）
社员（S）	参与（x）	$\Pi_S + \Delta_S$，$\Pi_H + \Delta_H$	$\Pi_S - C_S$，Π_H
	不参与（$1-x$）	Π_S，$\Pi_H - C_H$	Π_S，Π_H

注：Π_S，Π_H 表示不开展合作社内部信用合作，合作社和社员的基本收益。$\Delta_S = r - c$，$\Delta_H = R - C$，$C_H = C$，$C_S = r - C$。

（2）社员与合作社的复制者动态模型。

社员选择"参与"策略和"不参与"策略的期望收益及其平均收益分别为

$$U_S^1 = y(\Pi_S + \Delta_S) + (1-y)(\Pi_S - C_S)$$
$$U_S^2 = y\,\Pi_S + (1-y)\,\Pi_S$$
$$\overline{U_S} = xU_S^1 + (1-x)U_S^2$$

社员选择"参与"的复制者动态方程为

$$F_S(x) = \frac{dx}{dt} = x(U_S^1 - \overline{U_S}) = x(1-x)\left[(\Delta_S + C_S)y - C_S\right]$$

同理，可得合作社选择"设立内部信用合作"和"不设立内部信用合作"策略的期望收益及其平均收益分别为

$$U_H^1 = x(\Pi_H + \Delta_H) + (1-x)(\Pi_H - C_H)$$
$$U_H^2 = x\,\Pi_H + (1-x)\,\Pi_H$$
$$\overline{U_H} = yU_H^1 + (1-y)U_H^2$$

合作社选择"设立"的复制者动态方程为

$$F_H(y) = \frac{dy}{dt} = y(U_H^1 - \overline{U_H}) = y(1-y)\left[(\Delta_H + C_H)x - C_H\right]$$

令 $F_S(x) = 0$，$F_H(y) = 0$，则可求出在平面 $W = \{(x, y)；0 \leqslant x \leqslant 1, 0 \leqslant y \leqslant 1\}$ 上，x 和 y 的五个局部均衡点分别为

$$A(0, 0)、B(0, 1)、C(1, 0)、D(1, 1)、E(\varphi, \omega)$$

其中 $\varphi = \dfrac{C_H}{\Delta_H + C_H}$，$\omega = \dfrac{C_S}{\Delta_S + C_S}$。

（3）均衡点的稳定性分析。

根据 Friedman（1991）[①] 的方法，对由微分方程系统描述的群体动态

---

① FRIEDMAN. Evolutionary games in economics［J］. Econometrica：journal of the econometric society，1991：637-666.

均衡点稳定性的分析,可以采用雅克比矩阵的局部稳定性分析得到。根据社员与合作社的复制者动态方程,可求得其雅克比矩阵为

$$J = \begin{bmatrix} (1-2x)[(\Delta_S + C_S)y - C_S] & x(1-x)(\Delta_S + C_S) \\ y(1-y)(\Delta_H + C_H) & (1-2y)[(\Delta_H + C_H)x - C_H] \end{bmatrix}$$

其中,矩阵的行列式 $\det J$ 和迹 $\text{tr}J$ 分别为 $\det J = (1-2x)(1-2y)[(\Delta_H + C_S)y - C_S][(\Delta_H + C_H)x - C_H] - xy(1-x)(1-y)(\Delta_S + C_S)(\Delta_H + C_H)$;$\text{tr}J = (1-2x)[(\Delta_S + C_S)y - C_S] + (1-2y)[(\Delta_H + C_H)x - C_H]$。

根据雅克比矩阵行列式 $\det J$ 和迹 $\text{tr}J$ 的符号可以得出上述五个均衡点的稳定性情况(见表 6.1)。其中,A、D 点为稳定均衡点,即社员与合作社倾向于选择(不参与、不设立)和(参与,设立)的策略,B、C 两点为不稳定的均衡点,E 点为鞍点。表 6.4 的结果也可以由图 6.5 进行直观展示。

表 6.4　局部均衡点的稳定性分析

均衡点	$\det J$	符号	$\text{tr}J$	符号	稳定性
$A(0, 0)$	$C_S C_H$	+	$-C_S - C_H$	−	ESS
$B(0, 1)$	$C_H \Delta_S$	+	$\Delta_S + C_H$	+	不稳定
$C(1, 0)$	$C_S \Delta_H$	+	$C_S + \Delta_H$	+	不稳定
$D(1, 1)$	$\Delta_S \Delta_H$	+	$-\Delta_S - \Delta_H$	−	ESS
$E\left(\dfrac{C_H}{\Delta_H + C_H}, \dfrac{C_S}{\Delta_S + C_S}\right)$	$-\dfrac{C_H C_S \Delta_S \Delta_H}{(\Delta_H + C_H)(\Delta_S + C_S)}$	−	0	—	鞍点

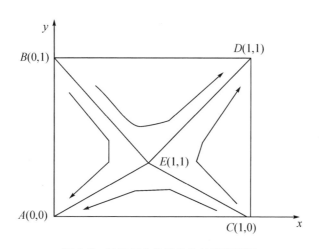

图 6.5　社员与合作社合作的演化路径

在图 6.5 中，链接 B、E、C 的曲线将策略空间分成两个区域，在 $ABEC$ 空间中，演化过程收敛于 A，即（不参与，不设立）的策略组合；在 $BECD$ 空间中，演化过程收敛于 D，即（参与，设立）的策略组合。到底两者博弈的演化稳定性最终将收敛于何处？显然其与鞍点 E 的位置有关。而鞍点 E 的位置取决于支付矩阵参数的变化情况，即取决于 Δ_S、C_S、Δ_H、C_H 的变化情况。由 E 点的数值情况可知，当 C_S、C_H 变小，而 Δ_S、Δ_H 变大时，策略空间 $BECD$ 的面积将会增大，此时，演化稳定结果向 D（1，1）收敛的概率更大，即社员与合作社将选择（参与，设立）策略；反之，当 C_S、C_H 变大，而 Δ_S、Δ_H 变小时，博弈的演化稳定结果向 A（0，0）收敛的概率将更大，（不参与，不设立）将是两者的策略选择。

根据前文的分析，对于社员而言，由于受到外部商业性金融的"排斥"，因此往往面临较为严重的融资约束，合作社内部信用合作因其具有的多重优势而能够成为解决社员融资困境的有效途径。同时，对于合作社而言，由于设立内部信用合作不仅能够形成"生产+销售+资金"的多重合作，而且能够获得一定的利差收益、品牌提升等收益，因此 Δ_S、Δ_H 的值都较大。

就 C_S、C_H 而言，由于合作社内部信用合作具有产业合作的基础，以及"熟人社会"的在地化优势，因此合作社设立内部信用合作的组织成本 C_H 一般较小。但是，由于合作社内部信用合作组织设立所依赖的企业家才能、较高的个人信用以及社会资本等专用性资源对于社员来说则显得过高，因此 C_S 通常较小。

由此来看，设立合作社内部信用合作对于社员和合作社的净收益预期是影响组织设立的关键因素。而从社员与合作社的初始状态出发，由于当 C_S、C_H 都比较小，而 Δ_S、Δ_H 对于合作社和社员来说都比较大，因此两者博弈的演化稳定结果将向 D（1，1）收敛，即两者最终将选择（参与，设立）的策略。

作为演化稳定的结果，社员参与，合作社设立内部信用合作组织，即（参与，设立）的策略将推动合作社内部信用合作组织的建立。但是，组织的建立并不代表组织运行的可持续性。实际上，在现实中，一些合作社内部信用合作组织因为社员借款后的违约、自身运营的非规范性以及政府等监管部门的监管不力等原因而陷入发展的停滞，甚至成为组织自身风险产生的诱因，或者成为地方农村金融风险发生的重点领域。因此，对农村合作金融组织再生过程的博弈分析，还必须对合作社内部信用合作组织建立后的运营状况进行分析。

从组织成长的可持续性和风险防范的思路出发，本部分对合作社内部信用合作组织建立后运营状况的分析将从两个方面展开：一是考察社员在与合作社内部信用合作组织往来的过程中是否违约的问题；二是研究合作社与监管方之间就是否规范运营与是否积极监管之间所展开的博弈。

6.2.3.2　合作社内部信用合作组织运行的博弈分析

合作社内部信用合作组织建立后，社员与组织将因资金借款而发生往来关系。那么，这一过程中，当社员向组织申请互助资金并通过合作社资金评议小组的审批后，社员是否按照借款合同按时还款对于合作社内部信用合作组织的可持续发展和风险防范就显得十分重要。本节需要探讨的问题正是社员在这一过程中是否会选择违约？这里将用一个动态博弈模型进行说明。

（1）基本假设：主体策略与参数设置。

博弈的参与主体为社员[①]和合作社内部信用合作组织。其中，对于社员的借款申请，合作社内部信用合作组织有两种策略选择：同意借款和不同意借款，即"放款"和"不放款"。而当合作社内部信用合作组织同意放款后，社员也有两种策略选择：按时还款或者不还款，即"履约"和"违约"。

假定社员申请的互助资金为 K，支付的借款利率为 r，社员将本金用于生产投资或消费获得的回报率为 v，不失一般性，有 $r < v$。那么，如果合作社内部信用合作组织"不放款"，其收益为 0。社员则由于资金缺口不能填补（如果通过外部商业性金融机构得以解决资金缺口，那么，其交易成本亦相当之高）而不能进行生产或消费的投资，其基本收益用 A 表示。

如果合作社内部信用合作组织"同意放款"，那么，社员如果选择按照借款合约的要求按时归还资金，即选择"履约"的收益为 $K(v-r)$。合作社内部信用合作组织的收益为 Kr。相反，如果社员不按时或者不归还所借资金，即选择"违约"策略的收益为 $K(1+v) - C$。其中，C 表示社员为掩盖违约动机而付出的如贿赂合作社评议小组成员等成本，以及因为"违约"而遭受的信誉损失、信用评级下降（拉入黑名单不能再获得信贷支

---

① 这里只分析了借款型社员，而对于存款型社员未进行分析。根据董晓琳等的分析，中国的农民社员表现出明显的"净贷款利益倾向"。

持）、合作社内部其他社员的"闲言细语"等引起的福利损失。合作社则损失本息收入，收益为 $-K(1+r)$。

对上述假设条件的分析如图 6.6 所示。

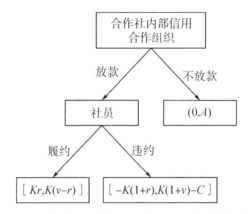

图 6.6　社员与合作社内部信用合作组织的动态博弈过程

（2）有限次重复博弈的情况。

如果社员和合作社内部信用合作组织之间进行的是有限的 n 次重复博弈（$n \geqslant 1$），那么，可以采用逆推归纳法论证，在第 $n-1$ 次博弈中，双方都认为第 n 次不会合作，于是在第 n 次博弈中，策略行动者社员从自身利益最大化考虑 $[K(1+v)>K(v-r)]$[1]将选择"违约"策略，面对社员的"违约"行为，合作社内部信用合作组织的理性选择必然是"不放款"$[-K(1+r)<0]$。由此逆推，最终社员不借款，合作社内部信用合作组织亦不放款。

（3）无限次重复博弈的情况。

上述有限次重复博弈的情况同社员同合作社内部信用合作组织资金互助往来的现实情况具有一定差异性，这主要是在村域范围内的"熟人社会"形态下，社员之间因为地缘、业缘、亲缘等关系的存在而相互较为了解，社员与合作社之间也不只是存在"资金互助"关系，还存在"生产+销售"等多重合作关系。因此，更为合理和现实的一个分析前提应该是：社员与合作社内部信用合作组织之间往往表现为一种无限次的重复博弈。

在无限次重复博弈的情况下，行为主体的收益是各阶段收益的现值之和，因此，未来收益的现值就是博弈主体必须考虑的变量。令表示局中人耐心程度的贴现因子为 $\delta(0<\delta<1)$。假定在这个博弈中，合作社内部信

---

① 由于是最后一次博弈，因此社员并不会考虑贿赂成本、信誉损失等成本 C。

用合作组织采取"触发策略"（trigger strategy），即一旦社员选择"违约"，那么，合作社内部信用合作组织将会永不对该社员的借款申请予以响应，即选择"不放款"。而如果社员一直"履约"，合作社内部信用合作组织也将长期选择"放款"。

给定合作社内部信用合作组织采取"触发策略"，如果社员一直"履约"，其收益 $V_1 = K(v-r) + \delta K(v-r) + \delta^2 K(v-r) + \cdots = \dfrac{K(v-r)}{1-\delta}$。

如果社员在第 n 期选择"履约"，而在第 $n+1$ 期选择"违约"，那么，在第 $n+2$ 期及以后，合作社内部信用合作组织对于社员的借款请求将选择"不放款"。这时，社员的收益 $V_2 = K(1+v)\delta^{n+1} + \dfrac{1-\delta^{n+1}}{1-\delta}K(v-r)$。

因此，当 $V_1 \geqslant V_2$，即 $\dfrac{K(v-r)}{1-\delta} \geqslant K(1+v)\delta^{n+1} + \dfrac{1-\delta^{n+1}}{1-\delta}K(v-r)$，也就是当 $\delta \geqslant \dfrac{1+r}{1+v}$ 时，社员选择"履约"将是最优策略；反之，当 $\delta < \dfrac{1+r}{1+v}$ 时，"违约"将是社员的最优选择。这表明，社员是否选择"履约"主要取决于在无限次重复博弈过程中其对未来预期收益重视程度的高低。如果十分重视未来收益，即 δ 足够大，那么，社员选择"履约"的可能性就很大；反之，社员选择更易选择"违约"。

（4）基本结论。

从社员与合作社内部信用合作组织的无限次博弈来看，在合作社内部信用合作组织的"触发战略"条件下，社员出于长远考虑，"履约"将是其最优的策略选择。因为对于社员来讲，在一个"熟人社会"中，"违约"的社员不仅会遭受来自邻里的"闲言碎语"（gossip），还会受到其他社员可能断绝交往的"惩罚"，因此，社员并不会为了短期利益而牺牲声誉损失（C）。换句话说，对于社员来讲，其因"违约"而造成的损失十分巨大（在图6.6的博弈树中，即社员"履约"需要偿还的本息之和小于"违约"时的贿赂成本和信誉福利损失 C）①，所以 δ 一般较大。也就是说，从长期来看，在社员与合作社内部信用合作组织的资金互助往来中，社员往往会选择"履约"的策略。

---

① 即 $K(v-r) > K(1+v) - C$，化简为 $K(1+r) < C$。

6.2.3.3 合作社内部信用合作组织运行的博弈分析

在合作社内部信用合作运营的过程中,除了社员是否违约是影响组织可持续性成长的重要因素之外,组织是否规范运营与监管方(第三方托管银行和地方金融监管部门)是否积极监管也是非常重要的因素。鉴于此,本节将通过合作社与监管方之间的演化博弈对这一问题进行回答。

(1)基本假设:策略空间与参数设定。

假设1:博弈主体之一的合作社内部信用合作组织(X),其策略集合为{规范运营,违规运营}。其中,"违规运营"表现为不遵循社员制、封闭性原则,吸储放贷,支付固定回报,对外投资,与合作社账务不分开核算,套取政策资金、卷款"跑路"等行为。监管方(G)作为另一博弈主体,其策略选择集合为{积极监管,消极监管}。其中,在"积极监管"行为下,监管方可以有效识别出合作社是否合规经营,并采取相应的奖惩措施;"消极监管"体现为监管执行力弱甚至不监管,对中央的相关政策落实不到位、乱监管等。

假设2:假设合作社内部信用合作组织选择"规范运营"策略的概率为 $p(0 \leqslant p \leqslant 1)$,选择"违规运营"策略的概率则为 $1-p$;监管方选择"积极监管"策略的概率为 $q(0 \leqslant q \leqslant 1)$,选择"消极监管"策略的概率则为 $1-q$。

假设3:如果合作社内部信用合作组织选择"规范运营",那么,在监管方"积极监管"的情况下,其收益为 $R_{X1} - C_{X1} + \Delta m$。其中,$R_{X1}$ 表示其获取的基本收益,如盈余公积金提取、存贷利差、品牌价值提升、政策支持等;C_{X1} 表示合作社内部信用合作组织建立制度规范、审核资料、后期跟踪等花费的成本支出;Δm 表示监管方给"规范运营"的合作社内部信用合作组织的额外奖励。此时,监管方的收益为 $R_{G1} - C_{G1}$。其中,R_{G1} 是监管方"积极监管"的收益,包括受到中央政府和地方政府的奖励与肯定、政府公信力的增加、政绩的提升等;C_{G1} 是其"积极监管"产生的成本支出,如投入较高成本制定监管规则、法律和制度等,以及投入较多人力进行监察等。相反,如果监管方选择"消极监管",那么,合作社内部信用合作组织的收益为 $R-C$。而监管方的收益为 $R_{G2} - C_{G2}$,其中 R_{G2} 为"消极监管"获得的如权力寻租等收益,C_{G2} 为相应的成本支出。

如果合作社内部信用合作组织选择"违规运营",那么,在监管方

"积极监管"的情况下，其收益为 $D - F - \Delta t$。其中，D 为违规运营所得的收益；F 为违规运营相应的成本开支，如声誉的损坏、自身风险的增加等；Δt 为监管方"积极监管"给"违规运营"的合作社内部信用合作组织的处罚。此时，监管方的收益为 $R_{G1} - C_{G1} + \Delta k$。其中，$\Delta k$ 为监管方"积极监管"发现违规经营的合作社内部信用合作组织而获得的额外收益，如社员的认可、上级政府的奖励等。相反，监管方如果"消极监管"，合作社内部信用合作组织的收益就为 $D - F$。而对于监管方来讲，则会带来额外损失 Δl，如上级的惩罚、政府公信力的损失、政绩负面影响、农村金融风险增大等，即其收益为 $R_{G2} - C_{G2} - \Delta l$（见表6.5）。

不失一般性，对于上述假设，有以下合理关系设定：①当合作社内部信用合作组织"违规运营"时，监管方"积极监管"的支付比"消极监管"的支付高，即 $R_{G1} - C_{G1} + \Delta k > R_{G2} - C_{G2} - \Delta l$。②当监管方"积极监管"时，合作社内部信用合作组织"规范运营"的支付比"违规运营"的支付高，即 $R_{X1} - C_{X1} + \Delta m > D - F - \Delta t$。③当监管方"消极监管"时，合作社内部信用合作组织"规范运营"的支付比"违规运营"的支付高，即 $R_{X1} - C_{X1} > D - F$。因为，在这一条件下，合作社内部信用合作组织如果违规运营，则会遭受品牌声誉败坏、自身风险增大、加速消亡等损失。④ $C_{G1} > C_{G2}$。

表6.5 合作社内部信用合作组织与监管方的博弈支付矩阵

两者的博弈支付矩阵		合作社内部信用合作组织（X）	
		规范运营（p）	违规运营（$1 - p$）
监管方（G）	积极监管（q）	K，$M + \Delta m$	$K + \Delta k$，$N - \Delta t$
	消极监管（$1 - q$）	L，M	$L - \Delta l$，N

注：$M = R_{X1} - C_{X1}$；$N = D - F$；$K = R_{G1} - C_{G1}$；$L = R_{G2} - C_{G2}$。

（2）合作社内部信用合作组织与监管方的复制者动态方程。

对于监管方而言，其选择"积极监管"策略和"消极监管"策略的期望收益及平均收益分别为

$$U_G^1 = pK + (1 - p)(K + \Delta k)$$
$$U_G^2 = pL + (1 - p)(L - \Delta l)$$
$$\overline{U_G} = qU_G^1 + (1 - q)U_G^2$$

监管方选择"积极监管"的复制者动态方程为

$$F_G(q) = \frac{\mathrm{d}q}{\mathrm{d}t} = q(U_G^1 - \overline{U_G}) = q(1-q)[(K+\Delta k) - (L-\Delta l) - (\Delta k + \Delta l)p]$$

同理,对于合作社内部信用合作组织而言,其选择"规范运营"策略和"违规运营"策略的期望收益及平均收益分别为

$$U_X^1 = q(M+\Delta m) + (1-q)M$$

$$U_X^2 = q(N-\Delta t) + (1-q)N$$

$$\overline{U_X} = pU_X^1 + (1-p)U_X^2$$

合作社内部信用合作组织选择"规范运营"的复制者动态方程为

$$F_X(p) = \frac{\mathrm{d}p}{\mathrm{d}t} = p(U_X^1 - \overline{U_X}) = p(1-p)[(\Delta m + \Delta t)q + (M-N)]$$

根据上述复制者动态方程,可以求出 q、p 的四个均衡点①:A $(0,0)$、B $(0,1)$、C $(1,0)$、D $(1,1)$。

(3)均衡点稳定性分析。

利用雅克比矩阵,可以判断系统稳定点是否为演化稳定策略,由复制者动态方程 $F_G(q)$、$F_X(p)$ 可以得到系统的雅克比矩阵 J 为

$$J = \left\{ \begin{array}{cc} (1-2q)[(K+\Delta k)-(L-\Delta l)-(\Delta k+\Delta l)p] & -q(1-q)(\Delta k+\Delta l) \\ p(1-p)(\Delta m+\Delta t) & (1-2p)[(\Delta m+\Delta t)q+(M-N)] \end{array} \right\}$$

其中,矩阵的行列式 $\det J$ 和迹 $\operatorname{tr} J$ 分别为

$$\det J = (1-2q)(1-2p)[(K+\Delta k) - (L-\Delta l) - (\Delta k + \Delta l)p]$$
$$[(\Delta m + \Delta t)q + (M-N)] + pq(1-p)(1-q)(\Delta m + \Delta t)(\Delta k + \Delta l)$$

$$\operatorname{tr} J = (1-2q)[(K+\Delta k) - (L-\Delta l) - (\Delta k + \Delta l)p] +$$
$$(1-2p)[(\Delta m + \Delta t)q + (M-N)]$$

根据雅克比矩阵行列式 $\det J$ 和迹 $\operatorname{tr} J$ 的符号可以判定上述四个均衡点的稳定性情况,根据 K 与 L 关系的不同,有表 6.6 所示的结果。

---

① 由于 $M > N$,因此,由复制者动态方程所得出的 E$\left(\dfrac{N-M}{\Delta m + \Delta t}, 1 + \dfrac{K-L}{\Delta k + \Delta l}\right)$ 不是均衡解。

表6.6 系统局部均衡点的稳定性分析

变量	均衡点	det$J$	符号	tr$J$	符号	稳定性
$K < L$	A(0,0)	$(a-b)(M-N)$	+	$(a-b)+(M-N)$	+	不稳定
	B(0,1)	$-(K-L)(M-N)$	+	$(K-L)-(M-N)$	−	ESS
	C(1,0)	$-(c-d)(a-b)$	−	$-(a-b)+(c-d)$	不定	鞍点
	D(1,1)	$(K-L)(c-d)$	−	$-(K-L)-(c-d)$	不定	鞍点
$K > L$	A(0,0)	$(a-b)(M-N)$	+	$(a-b)+(M-N)$	+	不稳定
	B(0,1)	$-(K-L)(M-N)$	−	$(K-L)-(M-N)$	不定	鞍点
	C(1,0)	$-(c-d)(a-b)$	−	$-(a-b)+(c-d)$	不定	鞍点
	D(1,1)	$(K-L)(c-d)$	+	$-(K-L)-(c-d)$	−	ESS

注：$a=K+\Delta k$、$b=L-\Delta l$、$c=M+\Delta m$、$d=N-\Delta t$。其中，$a-b>0$，$c-d>0$。

根据表6.6，当$K<L$时，（0，1）是ESS，表示监管方选择"消极监管"策略，合作社内部信用合作组织选择"规范运营"策略。而当$K>L$时，（1，1）是ESS，表示监管方选择"积极监管"策略，合作社内部信用合作组织选择"规范运营"策略。可见，无论是$K<L$还是$K>L$，"规范运营"都是合作社内部信用合作组织的策略选择。而对于监管方而言，其是选择"积极监管"还是选择"消极监管"主要与合作社"规范运营"时其监管的收益情况有关。如果"积极监管"的收益较大时，监管方则会选择"积极监管"，此时，（积极监管，规范运营）将是两者演化博弈的均衡路径；反之，如果"消极监管"的收益较大，那么，（消极监管，规范运营）将是两者演化博弈的均衡路径选择。

本书认为，（消极监管，规范运营）（积极监管，规范运营）这两个演化稳定均衡策略都具有合理性。但是，在环境发生一定变化的条件下，如中央政府积极鼓励和支持合作社内部信用合作组织的发展，合作社内部信用合作组织成为破解农民"金融抑制"的有效途径等，监管方选择"积极监管"的概率更大。因此，从长期来看，（积极监管，规范运营）将是两者的演化稳定策略。

根据表6.6可以画出系统动态演化的相图，如图6.7所示。

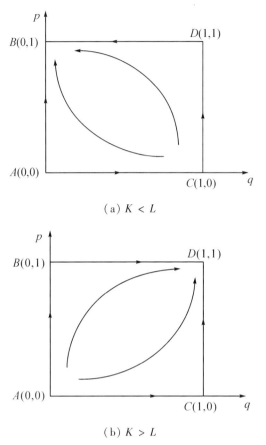

（a）$K < L$

（b）$K > L$

图 6.7　合作社内部信用合作组织与监管方的演化博弈路径

6.2.3.4　小结

本节运用博弈论的方法对农村合作金融组织的再生过程进行了分析，主要得出以下三点基本结论：

（1）合作社内部信用合作组织作为农村合作金融组织再生阶段的代表性组织形态，其产生是具有适应性理性特征的社员和合作社各自基于行动预期收益而相互博弈的均衡结果。尽管社员与合作社的演化博弈稳定结果有两种：合作社设立内部信用合作组织且社员参与、合作社不设立内部信用合作组织且社员也不参与，但是，结合社员与合作社的初始状态以及其面临的外部环境来看，（参与，设立）的策略将是社员与合作社的理性选择。

（2）合作社内部信用合作组织建立后，在其运行过程中首要面对的问题是社员在借款申请获得同意后是否会选择按时还款？从社员与合作社内部信用合作组织的无限次重复博弈来看，在合作社内部信用合作组织的"触发战略"条件下，社员出于长远考虑，对未来收益以及个人声誉十分重视（耐心系数 δ 较大），"履约"是其最优的策略选择。因此，从长期来看，在社员与合作社内部信用合作组织的资金互助往来中，社员往往会选择"履约"的行动策略。

（3）合作社内部信用合作组织运行过程中面临的另一个重要问题是其自身是否规范运营以及监管方是否强化监管？通过对合作社内部信用合作组织与监管方的演化博弈过程进行分析发现，在长期演化过程中，无论监管方的监管强度如何，合作社内部信用合作组织都将始终选择"规范运营"。而监管方监管强度的确定取决于在合作社内部信用合作组织"规范运营"时，其监管的净收益情况。但从长期来看，在中央政府积极支持和鼓励合作社内部信用合作组织发展等环境的作用下，（积极监管，规范运营）将是两者的理性选择。

6.3 农村合作金融组织再生阶段的绩效

如同前文，对农村合作金融组织再生阶段绩效的分析仍然从经营性绩效和社会性绩效两个方面展开。在具体研究对象上，主要以合作社内部信用合作这一代表性组织形态为分析对象。

6.3.1 经营性绩效

合作社内部信用合作组织的经营性绩效表现最为突出的是其交易成本较低、运营风险较小，具有财务可持续性。但同时，其在运行过程中也存在资金来源受限、互助资金不足，以及具有"合作金融企业家"式的专业人才缺乏等问题。

6.3.1.1 较好地坚持了合作金融的基本属性

主体的同一性、运行的民主性、目标的非营利性和自我服务性是合作金融的基本属性。就合作社内部信用合作组织而言，其在发展过程中较好地坚持了合作金融的基本属性。以全国唯一获批试点合作社内部信用合作的山东省为例，其在试点过程中，以坚持社员制、封闭性、民主管理，不吸储放贷，不支付固定回报，不对外投资，不以营利为目的，社员自愿、互助合作、风险自担为基本原则。这些基本原则的贯彻，正是对合作金融基本属性的坚持。

但是，在合作社内部信用合作组织的实际运行过程中，也有一些违背合作金融基本属性的行为发生。例如，在管理的民主性方面，由于不少合作社内部信用合作组织是在能人、大户的带动下发展起来的，能人、大户影响互助资金运用和发放，存在资金互助部与专业合作社的组织管理人员重合，其内部管理由理事长、监事长等少数人决定；信息披露不透明，没有向参与资金互助的社员公开账户、分红等相关信息的现象。而在目标的非营利性和自我服务性方面，违背"资金互助互惠"原则，存在高利贷现象（高达15%~24%），个别资金互助社甚至将资金投向房地产、基建等非农高风险领域①。

6.3.1.2 交易成本较低，运营风险较小，具有财务可持续性

合作社内部信用合作组织具有较低的交易成本主要由以下三方面因素所驱动：一是社员之间由于业缘、血缘、地缘等关系的存在，大家相处于一个费孝通意义上的"熟人社会"之中，社员之间的交易往往具有"非正式""人情化交易"等特征，由此产生较低的交易费用；二是社员和合作社之间在生产资料购买、产品销售等方面建立起来的关系，使得合作社"免费"掌握了社员的真实资金需求状况和信用资质特征，从而降低了社员与合作社内部信用合作组织之间达成合约所需要的信息搜寻成本②；三是依托合作社开展内部信用合作，可以充分利用合作社在资金、市场、民主管理等方面的优势。因此，合作社内部信用合作组织并不需要（足量）投入相应的专有性资产。

除了具有较低的交易成本之外，合作社内部信用合作组织还能够有效抑制并解决社员之间的道德风险和逆向选择问题。一般来说，在信贷市场上，由于信息不对称，借款人可能会在获得所得款项后从事高风险投资，从而增加违约的可能性。但是，就合作社内部信用合作组织而言，社员生活在一个相对较小的"熟人社会"中，社员之间彼此熟悉，信息对称，相互信任，从而能将事前由于借贷双方信息不对称所产生的逆向选择问题减

---

① 黄迈，谭智心，汪小亚. 当前中国农民合作社开展信用合作的典型模式、问题与建议 [J]. 西部论坛，2019，29（3）：70-79.

② 陈东平，张雷，高名姿. 互联性交易与股份合作制专业合作社内信用合作契约治理研究：以旺庄果品专业合作社为例 [J]. 农业经济问题，2017，38（5）：28-32.

小到最低甚至消除。同时，小范围的合作也使得事后监督较为便利，能够较好地抑制道德风险的产生。因为，一旦借款人选择违约，其为此付出的直接或者间接代价十分昂贵[①]。

对于合作社内部信用合作组织而言，其至少具有以下三重风险防范机制：

第一，不同于专门经营货币、资金的组织，合作社作为经济实体和市场主体，其产业发展为开展内部信用合作提供了坚实的基础，实现了"虚拟"与"实体"的有机融合和"虚拟"支持/服务"实体"的良性发展。

第二，在合作社内部信用合作组织的运行过程中，由于互联性交易机制的存在，社员违约的可能性很低。由于社员处于"熟人社会"之中，社员与合作社内部信用合作组织之间除了资金上的互助合作外，在产品生产、销售等方面也存在合作，并且社员之间在生活上还存在各种关联交易。也就是说，在合作社内部信用合作组织的运行过程中，社员所面临的并不是无限次重复的单一博弈，而是一个涉及跨期跨域的无限次重复关联博弈。在多重关联性博弈下，社员如果一旦违约，其损失不仅包括已经投入的社会资本，还包括未来必须付出的成本，如家庭信任风险暴露、村落"熟人社会"的"惩罚"、其他社会交易被排除等[②]。可以证明，随着关联博弈强度的增大，成员违约的收益越小。

在合作社内部信用合作的运行过程中，假设社员选择"不违约"的收益为 M，那么，在一直选择不违约的条件下，其收益可以表示为 $Q = \dfrac{M}{1-\delta}$，其中 δ 是贴现率。如果社员在某一期选择违约，设其当期收益为 H，那么，其违约的净收益 $R = H - Q$。但是，除了信用合作之外，社员与合作社及其他社员之间还存在生产、生活上的关联博弈，假设社员在其他关联博弈上的收益为 $U(s)$，有 $U(s)' > 0$，$U(s)'' < 0$，其中 s 为关联博弈的强度。那么，在关联博弈下，社员选择"违约"的收益 $R_1 = H - Q - U(s)$，化解可得 $\delta > 1 - \dfrac{M}{H - U(s)}$ 时，存在合作解。这表明，$U(s) > H - M$ 时，社员没有选择违约的动力。

① 程勇峰. 农村资金互助社的制度变迁与制度绩效分析 [J]. 金融经济, 2011 (22): 66-67.
② 张永升, 金宝翔, 谷彬, 等. 合作制、在地化与农村信贷供给: 以合作金融组织资金互助社为例 [J]. 中国延安干部学院学报, 2015, 8 (4): 132-136.

第三，依托产业链的资金运作模式是农民合作社信用合作风险防范的又一机制。合作社把资金发放与回收与合作社产业发展活动紧密结合起来，通过利用产业供应链运营过程中产生的预付款、应收账款等动产或权利作为担保，扩大担保范围，增强担保信度。例如，山东佳福奶牛养殖专业合作社与收购牛奶企业达成协议，奶款统一拨付到托管银行账户，托管银行按月结算，如果借款社员到期不能偿还贷款，则通过扣奶款的方式抵偿借款。通过奶款控制风险是佳福奶牛养殖专业合作社的一道有效"防火墙"[1]。根据丁玉和汪小亚（2016）的研究，通过利用合作社产业链实现风险的管控，山东潍坊市信用互助试点运行一年均未发生一笔坏账，不良率远低于商业银行[2]。

总之，合作社内部信用合作组织的风险较小，具有财务可持续性。戎承法和楼栋（2011）对全国 68 家开展资金互助业务的农民专业合作社的调查显示，仅有 13.2% 的合作社违约[3]。但是，运营风险较低，并不意味着合作社内部信用合作组织没有经营风险。实际上，在合作社内部信用合作组织的发展过程中，仍然存在没有实体项目支撑的合作社信用合作等风险隐患。

6.3.1.3 资金来源受限，互助资金不足

由于合作社内部信用合作组织的成员本身资金较少，属于"净贷款利益倾向型"社员，加之即使有富余资金的社员，不少也"用脚投票"，倾向于将资金投向回报率较高的商业性金融、理财等组织。因此，对于不少合作社内部信用合作组织而言，社员入股的股金往往只达到了最低限度的"门槛"。在外部商业性资金、社会资本等连接渠道不畅的条件下，互助资金总量不足是合作社内部信用合作组织在运行过程中面临的较为现实的问题。这一问题反映在现实中，就表现为资金来源的存款化现象较为严重。为了吸收更多的社员和存款，合作社内部信用合作组织突破封闭范围，开始跨域在不同合作社中吸收社员和股金，或者通过设置较高的利率水平，以扩大互助资金规模。

---

① 聂左玲，汪崇金. 专业合作社信用互助：山东试点研究 [J]. 农业经济问题，2017，38（11）：27.

② 丁玉，汪小亚. 山东潍坊市信用互助试点的经验和启示 [J]. 清华金融评论，2016（12）：69-72.

③ 戎承法，楼栋. 专业合作基础上发展资金互助的效果及其影响因素分析：基于九省 68 家开展资金互助业务的农民专业合作社的调查 [J]. 农业经济问题，2011，32（10）：89-94.

6.3.1.4 "合作金融企业家"式的专业人才缺乏

"具有合作精神的企业家人才是合作组织产生的必要条件①。"合作社内部信用合作组织同样需要具有合作精神的企业家人才。但是，由于合作社兴起于农村，管理者主要是农村能人、大户，农业生产经营能力较强，文化水平却普遍不高，对现代财务管理、金融知识、政策法规等了解较少。因此，在合作社内部信用合作组织的发展过程中，"合作金融企业家"式的专业人才较为缺乏。实地调研的结果也反映出，大部分合作社的财务人员都不具备专业的金融知识，合作社内部信用合作组织资金发放和回收工作主要依靠工作经验和对农民社员的个人了解②，而未能通过现代财务技术进行专业处理。

6.3.2 社会性绩效

合作社内部信用合作组织的社会性绩效也主要体现在三个方面：丰富了农村金融供给体系，缓解了农村金融供求压力；支持了乡村社会治理和精准扶贫；促进了农民专业合作组织的发展，孕育了综合性合作经济组织的雏形。

6.3.2.1 丰富了农村金融供给体系，缓解了农村金融供求压力

合作社内部信用合作是"弱势群体"在农村正规金融无法满足金融需求情况下的一种自发制度创新，其从增量角度改善了农村金融机构结构和布局③，并有效缓解了农村金融供给主体偏少，商业性金融对农村"小额、分散、短期"金融需求"排斥"，农村资金"非农化"等供求矛盾。这种缓解主要通过以下三个方面得以实现：

（1）合作社内部信用合作依托"熟人社会"的作用机制，在很大程度上减小了抵押品、担保物等作为获取商业性信贷需求必要条件的作用力度。因为，在合作社内部信用合作组织的运行过程中，蔬菜大棚、奶牛、果品等专属性较强的抵押物对于社员和合作社而言，其与业务高度吻合，

---

① 苑鹏. 中国农村市场化进程中的农民合作组织研究 [J]. 中国社会科学, 2001 (6)：63-73.

② 张照新，曹慧，高强，等. 农民合作社内部信用合作：实践困境与发展前景 [J]. 中国农村金融, 2015 (10)：75-77.

③ 何广文. 合作社信用合作的制度优势及可持续发展的路径探讨 [J]. 中国农民合作社, 2017 (4)：47.

从而使其具有较强的流通性而成为可抵押、可担保的资产①。

（2）"双杠杆"对资金的撬动效应。"双杠杆"是指社员利用互助"资金池"、合作社作为担保物的方式产生的"双杠杆"获得资金支持。其中，社员通过入股缴纳一定数量的互助金形成"资金池"，对于某一社员 A 而言，如果他有信贷需求，那么 A 可以获得 $1:X(X>1)$ 的信贷资金量，此谓杠杆 1。杠杆 2 是指通过合作社及"资金池"进行外部担保、抵押，从而从商业性银行等方面获得更大数额的资金支持以解决合作社和社员的融资问题。

（3）增加了商业性金融"支农"的可能性。利用地域和业务相互熟悉的天然优势，合作社内部信用合作的运行过程可以对社员的信用度、资源禀赋等特征进行有效识别，从而为商业性金融低成本地进行社员贷前征信等"摸底"提供可能途径，在"社员—商业性金融"之间架起了一道桥梁。

对于合作社内部信用合作在化解农村资金供求矛盾方面的实证数据，可以通过"山东模式"运行过程中的服务社员的情况得以说明。

自 2015 年试点以来，截至 2018 年年末，山东省已有 3.2 万人参与合作社内部信用合作，全省累计发生信用互助业务 5 126 笔，互助金额达 22 147 万元，单笔互助资金规模为 4.32 万元。2015—2018 年，山东省合作社内部各年度以及月度（以双月为代表）信用合作业务发展情况分别如表 6.7、图 6.8 所示。

表 6.7　2015—2018 年山东省合作社内部信用合作业务发展情况

年份	试点合作社数量/家	参与社员/万人	信用互助业务量/笔	信用互助金额/万元
2015	78	0.814	556	1 748.4
2016	284	2.0	1 187	4 693.8
2017	397	2.7	1 487	6 962
2018	460	3.2	1 896	8 742.8

资料来源：根据山东省地方金融监督管理局官方网站相关资料整理。

---

① 丁玉，汪小亚. 山东潍坊市信用互助试点的经验和启示［J］. 清华金融评论，2016（12）：69-72.

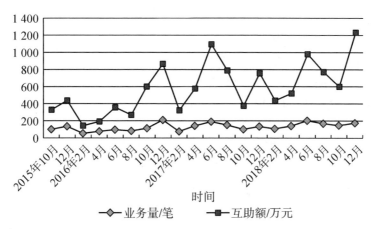

图 6.8 2015—2018 年山东合作社内部信用合作业务月度发展情况

资料来源：根据山东省地方金融监督管理局官方网站相关资料整理。

由表 6.7 和图 6.8 可知，自 2015 年试点以来，山东省合作社内部信用合作业务的地域、人员、具备相应资格的合作社覆盖范围逐渐增加，月度业务量亦呈上升态势。由此可见，"山东模式"在缓解农民生产经营中"短期、小额、分散"的贷款需求压力，为"三农"提供最直接、最基础的金融服务方面发挥了积极作用。

6.3.2.2 支持了乡村社会治理和精准扶贫

发挥合作社内部信用合作组织在乡村社会治理和精准扶贫方面的功能是其社会性绩效的重要体现。其中，在助力乡村社会治理方面，合作社内部信用合作组织主要是通过将社员的信用评级、贷款金额等与社员的道德品质、村规民约履行程度等相联系而实现的。例如，山东华安瓜菜合作社将社员履行村规民约的情况纳入其信用等级评定，实行百分制，将信用等级与农民合作社股本金分红比例、资金互助贷款额度和利率挂钩，以此激励社员自觉树立良好村风。又比如，湖南省沅陵县马底驿乡农村产业信用协会通过对社员参与乡村活动、邻里关系、好人好事、环境卫生、个人道德品质、尊老爱幼等乡村治理因素赋予不同分值和权重，纳入对社员的信用等级评定过程中。

而在参与精准扶贫方面，合作社内部信用合作组织也发挥了积极作用。如湖南省沅陵县王家岭养鸡专业合作社通过技术支持帮扶、资金互助帮扶、就业带动帮扶、资本参股帮扶等途径将产业捆绑、资金互助与精准扶贫、脱贫有机结合，成功帮助 30 户贫困户社员、94 名贫困人口实施精准脱贫①。

6.3.2.3 促进了农民专业合作组织的发展，孕育了综合性合作经济 组织的雏形

合作社内部信用合作嵌入和内生于合作社，其通过调动合作社内部社员的资金，成为解决社员和合作社融资困境的有效途径，从而保持了农民专业合作社发展的连续性。同时，合作社通过"资金（信用）+生产+销售"等的多重合作，孕育了综合性合作经济组织的雏形。综合性合作经济组织在日本（农协）、韩国等东亚国家中发展较为成熟，是解决农村资金困难的一种有效途径。在我国，综合性合作经济组织体现为在浙江一带广泛实践并于 2017 年写入中央一号文件的"生产+供销+信用""三位一体"综合合作的组织形态。

6.4　本章小结

中国农村合作金融组织的再生过程是以农村信用合作社为代表的存量农村合作金融组织形成但异化后以合作社内部信用合作为代表性增量农村合作金融组织产生和发展的过程。运用 ECP 框架，本章研究的内容要点有以下三个：

第一，就农村合作金融组织再生过程的环境而言，这一阶段，一些新的技术环境和制度环境开始出现。首先，整个农村金融市场的供求矛盾仍然突出，而以农村信用合作社和农村资金互助社为代表的存量和增量农村合作金融的发展并不理想。其次，自 2006 年正式颁布《中华人民共和国农民专业合作社法》后，我国的专业合作社得以快速发展，也诱致了内部信用（资金）互助的产生和发展。与此相应地，中央与地方政府也出台了一系列支持性政策文件对合作社内部信用合作进行鼓励和支持。

第二，在对农村合作金融组织再生过程主体行为的分析中，本章通过对唯一获批国务院新型农村合作金融试点的"山东模式"进行分析，识别出社员、合作社、托管银行和地方金融监管部门四个利益主体，并分别对其各自的行为诉求进行研究发现，这些利益主体关于农村合作金融组织再生过程的博弈可以归结为三个主体之于组织产生的博弈（$t-1$）与组织运

---

① 蓝虹，穆争社. 中国新型农村合作金融发展十大问题论争 [J]. 上海金融，2017（4）：35-49.

转（$t+1$）的博弈。其中，组织产生前的博弈主要体现为社员和合作社之间基于各自成本收益的预期展开的博弈；组织运转过程的博弈主要是社员、合作社与监管方（第三方托管银行和金融监管部门）三者之间所展开的博弈。演化博弈分析的结果显示，社员参与，合作社设立内部信用合作组织，即（参与，设立）的策略将是社员与合作社博弈的演化稳定结果。而在合作社内部信用合作组织的运作过程中，社员往往会选择"履约"的行动策略，而无论监管方的监管强度如何，合作社内部信用合作组织都将始终选择"规范运营"。但从长期来看，监管方会选择"积极监管"，即（积极监管，规范运营）将是两者的理性选择。

第三，就农村合作金融组织再生过程的绩效表现而言，合作社内部信用合作组织的绩效总体是"令人满意"的。其较好地坚持了合作金融的基本属性；具有较低的交易成本，且能有效抑制并解决农村信贷市场上的道德风险和逆向选择问题；运行的风险总体较低，具有财务可持续性。同时，其在丰富农村金融供给体系，缓解农村金融供求矛盾；支持乡村社会治理和精准扶贫；孕育综合性合作经济组织雏形等方面也发挥了积极作用。但是，合作社内部信用合作组织在管理的民主性、目标的自我服务性和非营利性等关于合作金融基本属性的问题上还存在改善的空间，并且在运行过程中，还存在互助资金来源渠道受限、总量不足、"合作金融企业家"式的专业人才缺乏等问题。

综上，可以用表6.8表示农村合作金融组织再生过程的ECP分析。

表6.8　农村合作金融组织再生过程的ECP分析

环境（E）	行为（C）	绩效（P）
• 农村金融供求矛盾依然突出 • 农村信用合作社异化、农村资金互助社发展缓慢； • 专业合作社快速发展； • 合作社内部信用合作相关政策持续推出	• 异质性社员：获取信贷支持 • 农民专业合作社：成长可持续 • 第三方托管银行：业务指导 • 金融监管部门：防范风险 • 组织设立的博弈：合作社是否积极设立，社员是否参与 • 组织运行的博弈 I：社员是否违约 • 组织运行的博弈 II：合作社内部信用合作组织是否规范运行，监管方是否积极监管	• 经营性绩效：基本坚持了合作金融的基本属性；低交易成本，抑制道德风险和逆向选择；风险小，财务可持续；资金来源受限；"合作金融企业家"式人才缺乏 • 社会性绩效：丰富了农村金融供给体系；支持了乡村社会治理和精准扶贫；孕育了综合性合作经济组织雏形

7 中国农村合作金融组织演进过程的总体考察

如果本书第 3 章建立的 ECP 框架属于"总",然后运用 ECP 框架对中国农村合作金融组织演进的形成过程、异化过程和再生过程进行的分析,即第 4 章、第 5 章、第 6 章属于"分",那么,本章对中国农村合作金融组织演进过程的总体考察则又属于"总",即本书采取的"总—分—总"的行文结构。接下来,本章主要从中国农村合作金融组织演进的阶段划分及路径、动力机制和基本特征三个方面对中国农村合作金融组织的演进进行总体考察。

7.1 农村合作金融组织演进的阶段划分及路径

7.1.1 农村合作金融组织演进的阶段划分

从 ECP 框架的基本内容出发,可以将中国农村合作金融组织的演进划分为三个阶段:形成阶段、异化阶段和再生阶段。

7.1.1.1 农村合作金融组织演进的形成阶段

新中国成立后,在中国共产党关于如何建设社会主义、如何改造小农等的认知,广大农户对中国共产党崇拜的认知,新中国成立以前农村合作金融组织发展历史实践以及当时土地改革后农村地区出现的系列经济环境等因素的综合影响下,中央政府和农民之间的博弈推动了农村合作金融组织——农村信用合作社的建立。以农村信用合作社为典型代表的农村合作金融组织的形成是中央政府和农民策略互动的必然结果,即在当时的历史条件下，中央政府"创设"农村合作金融组织，农户"支持"这一决定是两者博弈的一个均衡解。

从绩效表现来看，这一阶段的农村合作金融组织基本上都较好地坚持了合作金融的基本属性，形成了包括农村信用合作社、供销合作社信用部、信用互助小组在内的三种主要组织形态。同时，在支持农业互助合作运动的开展、打击农村高利贷、建立农村社会主义新型借贷关系、服务社员、配合"统购统销"、服务国家工业化等方面，农村合作金融组织也发挥了积极作用。

如上所述，在一定的技术和制度环境下，中央政府和农户之间的博弈共同推动了中国农村合作金融组织在较短的时间内得以形成，并实现了总体"令人满意"的经营性与社会性绩效表现。但是，也正是由于其形成的时间较短，表现出明显的"强制性制度变迁"特点，以及其在经营绩效方面"不好的"表现也给中国农村合作金融组织的演进埋下了"强制外力干预""利润诉求"等"基因"，所以在一定程度上推动了农村合作金融组织步入异化阶段。

7.1.1.2 农村合作金融组织演进的异化阶段

中国农村合作金融组织形成以后，面临一系列新的技术与制度环境，如经济体制实现了由高度集中的计划经济体制向社会主义市场经济体制的逐步转变；农村领域掀开了以家庭联产承包责任制、乡镇企业等为主要内容的改革进程；20世纪80年代初期开启了财政分权改革；农村金融供给体系深刻变化所形成的垄断性市场结构等。这些新的技术和制度环境的变化，推动了中国农村合作金融组织"完全、彻底"地走向异化阶段。之所以是"完全、彻底"地走向异化，是由于中国农村合作金融组织的异化实际上经历了一个较长的过程，包括管理体制反复调整的"官办"合作金融阶段、恢复"三性"规范发展的合作金融属性复归阶段和实施产权改革走向商业化的合作金融属性异化阶段。其中，"官办"合作金融阶段和商业化合作金融阶段都代表了合作金融组织的异化，而恢复"三性"规范发展也由于在这些新的制度和技术环境的影响下而走向实质性"失败"，因而体现为农村合作金融组织异化的"完全"和"彻底"。

新的技术和制度环境形塑了农村合作金融组织包括中央政府、地方政府、中国农业银行、农村信用合作社内部人和农民社员在内的不同利益主体的行为目标选择和利益诉求。其中，中央政府的行为目标经历了"租金偏好→合作效率偏好→商业效率偏好"的转变过程，而地方政府的行为目标则经历了"租金偏好→商业效率偏好"的发展过程。就中国农业银行而言，其主要是通过维持对农村信用合作社的管理和控制追求自身利益最大化。而农村信用合作社内部人的行为偏好则体现为从维护"国家银行基层组织"的既得利益到抵制合作制和追求商业化的转变。农民社员的主要目标在于获取信贷支持，但作为制度的"边缘人"，其始终未能成为农村合作金融组织发展过程中的"局中人"。正是由于不同组织利益主体利益诉求的不同，在面对中央政府恢复农村信用合作社"三性"和按照合作制对其进行规范的策略举动时，各方之间的博弈共同促成了这一策略的失败。

农村合作金融组织异化阶段的经营性绩效表现总体是"令人失望"的，体现为对合作金融基本属性的严重偏离（包括主体同一性的严重分离、运行的民主性流于形式以及非自愿性等）以及亏损严重，不良资产较多。农村信用合作社在社会性绩效方面的表现总体较好，这主要体现为三个方面：服务国家工业化战略、稳定农村金融市场和服务地方经济发展。但同时，农村信用合作社也存在资金"非农化"较为严重、服务社员的绩效不突出等不足。

农村合作金融组织的异化是不同利益主体力量相互博弈和较为严重的路径依赖的必然结果。因为，农村合作金融组织在较短的时间内得以普遍建立，其产生的背后实际上折射的是政府自上而下"强制性"推动农村合作金融组织创设这一基本事实。因此，农村合作金融组织的形成伊始就具备了"政府干预"的"基因"。随后，中央政府的租金偏好阶段进一步强化了这一"基因"特点。在历史路径依赖的作用下，虽然20世纪80年代至21世纪初期，中央政府曾试图恢复农村信用合作社的"三性"并按照合作制对其进行规范，但是，此时的农村信用合作社已经是一个"病态"的且含有"强烈行政干预基因"的组织。同时，在一系列新的制度和技术环境条件下，农村合作金融组织的五个相关利益主体博弈的均衡最终推动了农村信用合作社"回归"合作制的失败。但是，农村信用合作社的异化并不说明中国农村合作金融组织的发展就走向了"末路"；相反，以农村信用合作社为典型组织形态的合作金融的"失败"，能为中国农村合作金融的进一步发展以及新的农村合作金融组织的再生提供理论参照和实践参照。

7.1.1.3 农村合作金融组织演进的再生阶段

农村合作金融组织异化后，整个农村金融市场的供求矛盾仍然突出。

与此同时，我国新的农村合作金融组织如农村资金互助社的发展又十分缓慢。但是，农民专业合作社却发展迅速，加之中央与地方政府的积极支持和鼓励，共同推动了以合作社内部信用合作为典型代表的农村合作金融组织的再生。

农村合作金融组织的再生阶段包括了农村合作金融组织的产生和发展两个过程。以"山东模式"为例，合作社内部信用合作组织涉及的利益主体包括社员、合作社、托管银行和地方金融监管部门。合作社内部信用合作组织的产生和发展运行正是上述四个利益参与主体博弈的均衡。其中，合作社内部信用合作的产生，是具有适应性理性特征的社员和合作社各自基于行动预期收益而相互博弈的均衡结果。合作社内部信用合作运行发展过程中面临的"社员是否违约？""合作社内部信用合作组织是否选择规范运营？""监管层是否积极监管？"等问题，社员、合作社与监管方三者之间的博弈将形成社员"履约"的行动策略、合作社内部信用合作组织"规范运营"、监管方"积极监管"的策略均衡。合作社内部信用合作组织也在上述博弈过程中不断发展。

就农村合作金融组织再生过程的绩效表现而言，合作社内部信用合作组织的绩效总体是"令人满意"的。其较好地坚持了合作金融的基本属性；具有较低的交易成本，且能有效地抑制农村信贷市场上的道德风险和逆向选择问题；运行的风险总体较低，具有财务可持续性。同时，其在丰富农村金融供给体系，缓解农村金融供求矛盾；支持乡村社会治理和精准扶贫；孕育"三位一体"综合性合作经济组织雏形等方面也发挥了积极作用。但是，合作社内部信用合作组织在管理的民主性、目标的自我服务性和非营利性等关于合作金融基本属性的问题上还存在改善的空间，并且在运行过程中还存在互助资金来源渠道受限、总量不足、"合作金融企业家"式的专业人才缺乏等问题。

7.1.2　农村合作金融组织演进的路径

对农村合作金融组织演进路径特征的分析是对农村合作金融组织演进过程本身的客观呈现和描述。组织演进不仅包括组织属性的变化，也包括组织形态的变化。因此，就中国农村合作金融组织的演进路径而言，其从组织形态上就表现为由农村信用合作社向合作社内部信用合作的演进（当然，还有其他的组织形态，如农村资金互助社、贫困村资金互助社等，但正如前文的分析，那些都不是代表性的组织形态）；而在组织属性上，如果以合作金融的基本属性为主要参照基准来看，中国农村合作金融组织演进的上述三个阶段呈现出对合作金融基本属性"坚持—背离—坚持"的演进之路。因此，可以用图 7.1 对农村合作金融组织的"U"形演进路径进行表示。其中，横轴表示典型组织形态的变化，纵轴表示组织基本属性的变化情况。

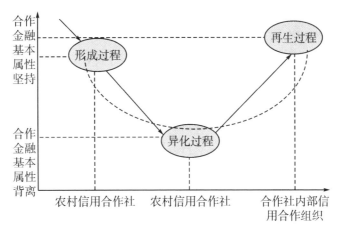

图 7.1　农村合作金融组织演进的"U"形特征

7.2　农村合作金融组织演进的动力机制

中国农村合作金融组织演进的动力机制由组织利益主体的博弈这一内部动力和制度环境、技术环境的变化这一外部动力共同推动。但是，中国农村合作金融组织演进的内部动力和外部动力并不是"离心式"地推动农村合作金融组织的演进，而是体现为一种"耦合力"，协同发挥作用。

7.2.1　外部动力：技术环境与制度环境的变化

技术环境与制度环境构成了农村合作金融组织演进的背景和约束条件，成为推动农村合作金融组织演进的外部动力。

7.2.1.1　外部动力Ⅰ：技术环境的变化

本书所指的技术环境包括两个层面的含义：纯粹技术意义上的技术环境（如信贷合约设计、区块链等信息技术、数字技术等）和经济意义上的技术环境（如经济发展状况、农村金融市场结构、农业生产特性等）。外部技术环境变化是农村合作金融组织演进的外部动力之一。具体来看：

（1）在农村合作金融组织的形成阶段，新中国成立前农村合作金融组织发展的成功实践为中国农村合作金融组织的形成奠定了经验与实践基础。同时，土地改革后，大多数农民分得了土地等生产资料，有强烈的生产积极性。但不少农民尤其是贫下中农由于底子薄，加之受资金、人员等要素的限制，国家银行机构又未能普遍深入农村，面临较严重的金融供给约束，生产、生活资金需求得不到妥善解决。并且，随着农村经济得到恢复，农民收入开始增多，农村地区出现了资金互助和调剂的需要，客观上推进了具有新型借贷关系特征的资金互助组织的建立。

（2）在农村合作金融组织的异化阶段，乡镇企业"异军突起"，对农村合作金融组织的发展产生了深刻影响。一方面，乡镇企业成为农村合作金融组织的主要服务对象。另一方面，乡镇企业的快速发展也对农村合作金融组织在信贷资金投向（到底是坚守合作金融服务社员、服务"三农"的初心，还是投向利润更高、规模更大的乡镇企业）等方面提出了新的挑战。同时，无论是从存量农村金融供给体系还是从增量农村金融体系来看，这一阶段我国农村金融供给体系都已经形成了一种垄断性的市场结构，农村信用合作社"一枝独大"，成为"支农主力军"。农村金融供给体系的这种垄断性特征并不利于多元化竞争，客观上推动了农村信用合作社采用趋利性的导向投放资金。

（3）在农村合作金融组织的再生阶段，农村金融的供求矛盾依然突出，能够有效契合农村金融需求特点的金融供给主体严重不足，农村资金大量"外流"或者说"非农化"现象突出，大量农村金融需求得不到满足。作为在契合农村金融需求特点方面最具优势的农村合作金融组织，其发展状态又不理想（主要表现为农村信用合作社的异化以及原银监会框架下的农村资金互助社发展缓慢）。与此同时，能够充分发挥"生产+供销+信用"合作的多重优势的农民专业合作社得以快速发展，并推动了合作社内部信用合作组织的产生。

7.2.1.2 外部动力Ⅱ：制度环境的变化

制度环境不仅包括一般意义上的正式制度（如经济体制、法律、政府政策等）与非正式制度（如价值信念、社会规范、惯例、道德准则、文化习俗等）环境，也包括合作金融组织内部所形成的包括产权、成员价值观念等在内的微观意义上的制度环境。制度环境的变化是农村合作金融组织演进的外部动力之一。具体来看：

（1）在农村合作金融组织的形成阶段，中国共产党关于"如何改造个体小农？""如何建设社会主义？""如何巩固新生的无产阶级政权？"等问题的认知（受马列主义合作经济思想的影响）以及当时农民充分信任党的领导、坚决"跟党走"的认知有机叠加，共同推动了农村合作金融组织的形成。同时，党和政府及时制定了一系列支持农村合作金融组织发展的政策。这些文件、政策、重要讲话对农村合作金融组织的形成起到了极大的促进作用。

（2）在农村合作金融组织的异化阶段，我国经济体制实现了由计划经济体制向社会主义市场经济体制的逐步转变。党的十一届三中全会以后，我国农村逐步掀开了以家庭联产承包责任制、农产品流通体制、财政分权等为核心内容的经济改革，这些改革举措的推进为农村合作金融组织的发展提供了新的组织和业务基础。同时，以改革开放为时间节点，党和政府出台了不少关于农村合作金融组织发展的政策。其中，改革开放之前的政策主要涉及农村合作金融组织管理体制及性质的一些制度安排；改革开放之后，则主要是围绕恢复农村合作金融组织的"三性"以及按照合作制进行规范和发展设计了一些制度安排。这些制度环境推动了农村合作金融组织的异化。

（3）在农村合作金融组织的再生阶段，推动"普惠金融"理念落地，对《中华人民共和国农民专业合作社法》的颁布及其修订，以及在包括诸多中央一号文件在内的政策文件中都对合作社内部信用合作进行鼓励和支持，这些制度环境的变化极大地推动了农村合作金融组织的再生。

7.2.2 内部动力：组织利益主体的博弈

在中国农村合作金融组织演进过程的不同阶段，涉及的组织利益主体并不相同，正是不同利益主体之间的博弈行为推动了农村合作金融组织的演进，成为农村合作金融组织演进的内部动力所在。具体来看：

（1）农村合作金融组织形成阶段的利益主体主要是国家（中央政府）和农户两个。其中，国家（中央政府）的行为目标主要有三个：①打击高利贷，调剂农村资金，恢复农业生产；②促进农业生产互助合作的发展，实现农业合作化，服务工业化需要；③巩固无产阶级政权，建立社会主义制度。而农户的行为目标主要是获取农业信贷资金，解决生产、生活困难。在当时的技术与制度环境条件的作用下，中央政府与农民社员之间就是否创设农村合作金融组织这一问题展开博弈，其结果就是，政府创设农村合作金融组织，农民支持，即（创设，支持）成为农村合作金融组织形成过程中博弈主体的均衡解。

（2）农村合作金融组织异化阶段的利益主体有五个：中央政府、地方政府、中国农业银行、农村信用合作社内部人和农民社员。其中，中央政府和地方政府的行为偏好都经历了由租金偏好向效率偏好的转变。但由于面临的技术和制度环境不同，这一转变的发生时间在中央政府和地方政府之间存在差异性。就中央政府而言，其行为目标表现为：①租金偏好，维持垄断性的合作金融组织产权结构，获取农村金融剩余服务重工业优先战略，建立计划经济体制（1957—1983 年）；②合作效率偏好，恢复"三性"和按合作制进行规范（1984—2002 年）；③商业效率偏好（2003 年至今）。就地方政府而言，其行为目标则体现为：①租金偏好，干预农村信用合作社最大限度地获取地方经济发展的资金、税收等收益（1982—2002 年）；②商业效率偏好（2003 年至今）。中国农业银行的行为偏好和目标集中体现为：①领导、控制农村信用合作社以获取廉价资金（1979—1996 年）；②转移呆账、坏账，提升自身资产质量，追求商业利润（1997 年至今）。农村信用合作社内部人的行为目标体现为：①维护农村信用合作社作为"国家银行基层组织"的"内部人控制"等既得利益（1957—1983 年）；②对"三性"以及合作制规范的抵触和对商业化利润的追求（1984 年至今）。获取信贷支持则成为农民社员的行为目标。

由于不同利益主体的行为目标的差异性，因此在面对中央政府力推的恢复农村信用合作社"三性"和按照合作制进行规范的改革策略时，地方政府作为独立的经济利益主体，其出于"租金偏好"自然选择"抵制"策略；而中国农业银行与农村信用合作社脱钩前，出于自身利益最大化的考虑，也不配合；农村信用合作社内部人作为最直接的利益主体，其具有选择"抵制"的极大动力；农民社员由于处于"边缘人"的角色，因此对于中央政府主导的这一场改革并不关心。作为一种结果，组织利益主体之间的博弈使得农村信用合作社实质上走向"异化"。

（3）以"山东模式"为例，可以发现，农村合作金融组织再生阶段的参与利益主体有四个：社员、农民专业合作社、资金托管银行和金融监管部门（以中央与地方政府为代表）。其中，社员的行为特征表现为：①获取信贷支持（普通社员）；②获取资产增值和促进合作社发展壮大（核心社员）。合作社的行为特征表现为：①化解社员资金需求矛盾，获取合作社自身成长的可持续性；②获取政策性资源的支持。第三方托管银行的行为特征表现为：①发挥互助资金存放、结算等功能，提供业务指导、风险预警等，服务合作社及"三农"；②扩大市场，获取利润。以中央与地方政府为代表的金融监管部门的行为特征则表现为：①鼓励合作社内部信用合作的发展；②防范金融风险。

农村合作金融组织再生过程组织利益主体的博弈行为可以分为两个部分进行分析：一是社员和合作社之间在合作社内部信用合作这一组织设立前（$t-1$ 期）基于各自成本收益的预期展开的博弈，作为两者博弈的演化稳定结果，其最终将选择（参与，设立）的策略；二是社员、合作社与监管方（第三方托管银行和金融监管部门）三者在合作社内部信用合作这一组织运转过程中（$t+1$ 期）所展开的博弈。从组织成长的可持续性和风险防范的思路出发，在社员与合作社内部信用合作组织往来的过程中是否违约的问题上，社员出于长远考虑，"履约"将是其最优的策略选择；在合作社与监管方之间就是否规范运营与是否积极监管的问题上，在长期演化过程中，无论监管方的监管强度如何，合作社内部信用合作组织都将始终选择"规范运营"。而监管方监管强度的确定取决于在合作社内部信用合作组织"规范运营"时，其监管的净收益情况。但从长期来看，在中央政府积极支持和鼓励合作社内部信用合作组织发展等环境的作用下，（积极监管，规范运营）将是两者的理性选择。因此，在合作社内部信用合作组织的运行过程中，社员"履约"、合作社内部信用合作组织"规范运营"、监管方"积极监管"三者的策略行为共同推动了组织的发展。

7.2.3 内部动力与外部动力耦合推动农村合作金融组织演进

作为农村合作金融组织演进的内部动力，组织利益主体的博弈行为产生的前提是组织利益主体受外部技术环境、制度环境变化的影响而做出不同的策略选择。换句话说，是外部技术环境与制度环境的变化改变了组织利益主体的利益函数和主观认知，进而才推动了组织利益主体博弈行为策略的改变，组织利益主体之间的策略博弈才推动了农村合作金融组织形态和基本属性的演进。一言概之，农村合作金融组织的演进既不是由外部动力单一推动决定的，也不是由内部动力单一推动决定的，而是在一定的制度与技术环境下组织利益主体的博弈均衡解，是内部动力与外部动力的耦合协同发挥作用的结果。

中国农村合作金融组织演进的动力机制可以用图7.2进行表示。

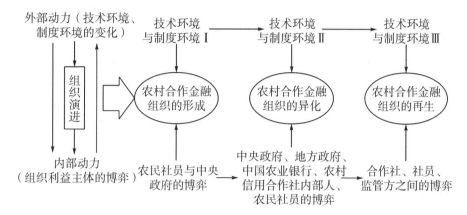

图7.2 中国农村合作金融组织演进的动力机制

7.3 农村合作金融组织演进的基本特征

7.3.1 始终服从服务于农业农村现代化的需要

经济决定金融，为实体经济服务是金融的天职，农村合作金融亦不例外。2017年，习近平总书记在全国第五次金融工作会议上强调，金融要"回归本源，服从服务于经济社会发展①"。就我国农村合作金融来看，其就体现为始终服从服务于农业农村现代化的需要。农业农村现代化不仅是关系社会主义现代化建设全局的重大问题，还是社会主义现代化建设的重要内容。习近平总书记指出，"没有农业现代化，没有农村繁荣富强，没有农民安居乐业，国家现代化是不完整、不全面、不牢固的。"② 纵观中国农村合作金融组织的演进过程，贯穿其中的一个基本特征就是始终坚持服从

① 习近平. 习近平谈治国理政：第二卷［M］. 北京：外文出版社，2017：278-279.
② 《十八大以来治国理政新成就》编写组. 十八大以来治国理政新成就：上册［M］. 北京：人民出版社，2017：429.

服务于农业农村现代化的需要。

从服从服务于农业现代化来看，自 1962 年党中央将农业现代化与工业现代化、国防现代化、科学技术现代化一道明确为"四个现代化"以来，我们党不断丰富和发展农业现代化的内容，探索出了中国特色新型农业现代化道路。在这一过程中，我国农村合作金融组织通过不断扩大信贷规模、优化信贷结构、创新信贷产品等举措，促进了农业现代化的发展。如20 世纪 50 年代，农村的信用合作运动通过资金融通促进了农业生产和供销合作。在农村合作金融组织演进的异化过程中，农村信用合作社通过改变资金服务对象和投向结构，极大地推动了农户、乡镇企业和各种经济联合组织的全面发展，改变了过去单一的粮食生产格局，形成了农林牧渔、农工商综合经营的新格局。

从服从服务于农村现代化来看，改革开放初期的农村改革和 21 世纪初的社会主义新农村建设为我国农村现代化奠定了现实基础①。2017 年，党的十九大报告首次提出"加快推进农业农村现代化"。2018 年，实施农村现代化就是要推进乡村振兴战略"五位一体"总体布局体现在农村各项工作中②。伴随农村现代化的这一过程，我国农村合作金融组织通过组织形式创新、业务创新等推动了农村基础设施和公共服务实现新提升，农村生态环境保护与修复呈现新局面，极大地促进了农村现代化的发展。如 1990 年10 月，中国人民银行颁发的《农村信用合作社管理暂行规定》第三条明确提出农村信用合作社的基本任务是"帮助农民和农村合作经济组织解决资金困难，支持农业生产和农村商品经济稳定发展……为农村社会主义现代化建设服务。"③ 2006 年发布的中央一号文件，即《中共中央 国务院关于推进社会主义新农村建设的若干意见》提出"引导农户发展资金互助组织"，以服务社会主义新农村建设。2010 年发布的中央一号文件，即《中共中央 国务院关于加大统筹城乡发展力度进一步夯实农业农村发展基础的若干意见》又提出要"加快培育农村资金互助社"，以进一步夯实农业农村发展基础。近年来，我们更是提出要"做好金融扶贫这篇文章""提升

---

① 蒋永穆. 中国农村改革 40 年的基本经验："四个始终坚持"[J]. 政治经济学评论，2018，9（6）：87-94.

② 陈锡文. 实施乡村振兴战略，推进农业农村现代化 [J]. 中国农业大学学报（社会科学版），2018，35（1）：5-12.

③ 卢汉川. 当代中国的信用合作事业 [M]. 北京：当代中国出版社，2001：253.

金融服务乡村振兴能力和水平"。这些举措的出台，推动了农村合作金融组织服从服务于农村现代化。

7.3.2　农民社员相对缺位与政府相对越位

农民社员与政府是贯穿农村合作金融组织演进全过程的两个关键行为主体。农村合作金融组织演进在主体角色层面表现出来的基本特征是：农户社员角色的相对缺位和政府角色的相对越位。

7.3.2.1　农民社员角色的相对缺位

农民社员的相对缺位是指农民社员在农村合作金融组织的产生与发展过程中，并未成为真正的博弈主体。但之所以是"相对"缺位，是因为在农村合作金融组织的演进过程中，农民社员也并不一直是处于缺位的状态。实际上，农村合作金融组织产生和发展的最根本理由，在于解决农民社员的融资需求。因此，农民社员理应成为农村合作金融组织演进过程中具有"分量"的行为主体。但现实的情况却表明，农民社员在农村合作金融组织演进过程中处于相对缺位的角色。从农村合作金融组织演进的三个阶段来看，在农村合作金融组织的形成阶段和异化阶段（尤其是异化阶段），农民社员的角色处于"缺位"的状态。因此，在中央政府主导的恢复农村信用合作社"三性"和按照合作制进行规范的改革过程中，农民社员对此表现出了不关心的态度。施皓明（2001）认为，"缺乏下层结构有效参与的政府主导型金融制度变迁，是造成目前农村合作金融组织发展困境的根本原因。"[①] 张杰和高晓红（2006）认为，"对于中国农村信用合作社体制乃至农村金融制度改革，最为关键的是，引入新的博弈主体，改变现有博弈格局，构建一个充分考虑金融需求者现实要求的农村内生金融体制。"[②] 他们的研究实际上也认为金融需求者并未成为农村信用合作社的博弈主体。但是，农民社员也并不是一直处于"缺位"的状态，在农村合作金融组织演进的再生阶段，农民社员则承担了推动农村合作金融组织产生"初级行动团体"的角色，这以2004年7月吉林省梨树县闫家村八户村民自发组织成立了全国第一家资金互助合作社为标志。在我国所形成的四类[③]

---

① 施皓明. 农村信用合作社演进的制度分析 [J]. 中国农村观察，2001 (4)：13-19.

② 张杰，高晓红. 注资博弈与中国农信社改革 [J]. 金融研究，2006 (3)：48-56.

③ 其他三类新型农村合作金融组织分别是：原银监部门批准设立的农村资金互助社、由原扶贫办和财政部门联合开展的贫困村互助资金试点、由农业等相关部门推动并依托农民专业合作社而建立的农民资金互助合作社。参见：汪小亚. 发展新型农村合作金融 [J]. 中国金融，2014 (5)：22-24.

新型农村合作金融组织中，农民自发形成的资金互助社（包括依托农民专业合作社在社员内部开展的资金互助）也体现出农民社员的"合理在位"角色。

7.3.2.2 政府角色的相对越位

政府角色的相对越位是指政府作为博弈主体，在农村合作金融组织的演进过程中过多、过渡干预农村合作金融组织的发展。如同农民社员的相对缺位，政府之所以是"相对"越位，是因为在农村合作金融组织的演进过程中，其也并不总是处于越位的状态。同样，从农村合作金融组织演进的三个阶段来看，在农村合作金融组织演进的形成过程和异化过程（尤其是异化过程）中，中央政府和地方政府的越位较为严重。在当时特定的政治经济环境下，农村信用合作社作为实现新民主主义向社会主义过渡的工具和政府的附属物，隶属关系"三下三收"，完全是在政府的主导下发展的。周小川（2004）曾指出，"农信社搞得不好，有经营不善的问题，但很可能行政干预方面的原因更多。"① 张杰和高晓红（2006）认为，农村信用合作社的发展历史始终与地方政府有着千丝万缕的联系。其现有的问题大都归结为地方政府在人事安排、业务经营等方面的各种干预行为，其现有的不良资产中，大部分都与地方政府的非规范行为有关②。

而在农村合作金融组织演进的再生过程中，则主要表现为部分地方政府的相对"越位"。蓝虹和穆争社（2017）认为，地方政府在当前新型农村合作金融运行中存在干预过多、干预过渡的问题，表现为从市场准入、业务范围及人、财、物配置等具体经营活动等方面深度介入，具体干预其内部治理、经营决策等方面③。但需要说明的是，中央政府以及部分地方政府在农村合作金融组织演进的再生过程中，其角色定位从"行政主导、控制"向"引导、规范和扶持"转变，实现了合理"归位"。在2004年吉林省梨树县闫家村村民自发组织成立全国第一家资金互助合作社以后，尤其是2015年山东获批成为全国新一轮农村合作金融试点省份以来，2014年、2015年、2017年发布的中央一号文件以及原银监会等多个政府部门通过出台《农村资金互助社管理暂行规定》《农村资金互助社示范章程》《山东省

---

① 周小川. 关于农村金融改革的几点思路 [J]. 经济学动态, 2004 (8)：10-15.
② 张杰, 高晓红. 注资博弈与中国农信社改革 [J]. 金融研究, 2006 (3)：48-56.
③ 蓝虹, 穆争社. 论地方政府对新型农村合作金融的监管 [J]. 金融理论与实践, 2017 (3)：26-30.

农民专业合作社信用互助业务试点方案》等文件，从业务准入范围、机构登记、税收减免、财政补贴、合作金融观念培训教育、风险监管等方面对农村合作金融予以引导、规范，推动农村合作金融健康发展。

7.3.3　强制性制度变迁与诱致性制度变迁的结合

从新制度经济学关于制度变迁的理论来看，农村合作金融组织的演进过程是强制性制度变迁与诱致性制度变迁相结合的过程。在趋势上，则表现为强制性制度变迁方式的逐渐减弱，而诱致性制度变迁方式逐步增强。

7.3.3.1　形成阶段：弱诱致性制度变迁与强强制性制度变迁的结合

新中国成立以后，在当时的技术和制度环境条件下，我国在短短七年的时间里（从1949年3月毛泽东在党的七届二中全会上的讲话算起，到1956年上半年为止）就实现了"一乡一社"的信用合作化目标。在这一过程中，政府充当了农村合作金融组织变迁"第一行动团体"的角色，其之所以供给农村合作金融组织，是在衡量"成本—收益"之后的理性选择。而农民为了避免高利贷剥削，在政府的宣传和鼓励下，也参与到了农村合作金融组织的创设中来，充当了"次级行动团体"的角色。但是，总体而言，政府的"强制性"因素要多些，这也使得中国农村合作金融组织的形成具有明显的"他组织"特征。因此，农村合作金融组织的形成是一个强"强制性制度变迁"与弱"诱致性制度变迁"相结合的过程，是在政府自上而下主导推动下而实现的。

7.3.3.2　异化阶段：强制性制度变迁的过程

农村合作金融组织的建立形成了"政府干预"的"基因"。在农村合作金融组织的异化过程中，租金偏好阶段的中央政府认为，直接控制农村合作金融组织、强化农村信用合作社的集体性结构、弱化其财产组织形式的合作制性质、实现对农村金融资源集中管理以获取租金最大化成为其最优选择。到了后期，虽然中央政府选择了"合作效率偏好"，但是地方政府在财政分权改革下又表现出强烈的"租金偏好"。因此，中央政府和地方政府的租金偏好进一步强化了对农村合作金融组织进行干预的"基因"特点。作为诱致性制度变迁主体的农民社员，在农村合作金融组织的异化过程中，由于受到奥尔森意义上的"集体行动困境"的制约，以及自身参股数量少等因素的影响，而缺乏参与农村合作金融组织治理、分配、产权等问题改革的积极性和动力，从而成为组织演进的"局外人"。因此，农村合作金融组织的异化阶段主要体现为一种强制性制度变迁的过程。

7.3.3.3 再生阶段：诱致性制度变迁与强制性制度变迁的结合

2004 年 7 月，吉林省梨树县闫家村八户村民自发组织成立了全国第一家资金互助合作社。同时，随着我国农民专业合作社的大量发展，为了解决合作社和社员的融资问题，不少合作社开启了内部信用合作。农民社员和专业合作社基于解决资金需求的目的自发成立合作金融组织，自下而上地推动了农村合作金融组织的发展。与此同时，政府也从顶层设计的角度积极鼓励和支持由农民社员和专业合作社自发组织成立的合作金融组织。并且，对于农村合作金融组织在发展过程中出现的一些非规范性现象，政府也充分发挥监管力量予以正向引导，而不是"一刀切"式的予以取缔或者直接干预。因此，在农村合作金融组织的再生阶段，农民社员与专业合作社成为制度变迁的"初级行动团体"，政府则充当了"次级行动团体"的角色。整体上表现为一个诱致性制度变迁与强制性制度变迁相结合的过程。

7.3.4 路径依赖与适应性选择共同作用的过程

诺思在关于制度及制度变迁的研究中提出了著名的路径依赖理论，他认为路径依赖类似于物理学中的"惯性"，一旦进入某一路径（无论是"好"的还是"坏"的）就可能对这种路径产生依赖。中国农村合作金融组织的演进集中体现为两大"路径依赖"：行政干预的路径依赖和所有权主体缺位的路径依赖。其中，农村合作金融组织演进的形成过程和异化过程具有强烈的政府主导性，这本身就是政府行政"惯性"干预的过程。而从农村合作金融组织所有权来看，农民社员本应拥有农村信用合作社的产权（剩余控制权和剩余索取权），但长期以来，伴随农村信用合作社管理体制的反复调整，这都只表现为一种名义上的所有权，实质上却转移到农村信用合作社内部人员和管理部门手中①。究其原因，农村合作金融组织演进的这种"路径依赖"显然受到我国农村经济发展水平、金融体制的制

---

① 有研究分析了改革开放以来，农村信用合作社所有权与控制权的转移过程，认为"行社合一"是所有权与控制权的最初分离，1982 年改革是控制权向所有权的第一次不成功靠拢，1993—1996 年的改革实现控制权向行政当局的转移，2003 年改革则推动地方主导和纵向集中。参见：陆磊，丁俊峰. 中国农村合作金融转型的理论分析 [J]. 金融研究，2006（6）：1-14.

度环境和农民素质及组织化水平的影响和制约①，但从根本上讲，其是不同利益主体在不同目标函数导向下，反复博弈动态调整的"均衡"结果②。但令人遗憾的是，在各主体反复的博弈过程中，农民作为重要的利益主体，却始终处于制度"边缘人"的状态，并未真正获得多少利益。

适应性选择来源于对新古典增长理论、内生经济增长理论和诺思关于制度"适应性效率"思想的反思③，其不同于农业信贷补贴论下的政府强势主导和干预，也不同于农村金融市场论下的政府"无为"，更不同于关注长期经济增长绩效对"适应性效率"的追求，而是体现为一种对外部环境变化持续的能动反应能力，并持续产生学习、成长、创新等行为，以增进制度效率。中国农村合作金融组织的演进不仅具有明显的"路径依赖"特征，还是一个"适应性选择"的过程。中国农村合作金融组织演进的再生过程就是对农村合作金融组织演进的形成过程和异化过程"存量式"改革的适应性调整。更为具体的是，伴随我国经济体制由"高度集中的计划经济—有计划的商品经济—社会主义市场经济"的发展历程，中国农村合作金融组织演进的这种适应性选择还体现为农村合作金融组织形式的不断创新。改革开放前期，我国政府先后试办了农村信用合作社、信用互助小组、供销合作社信用部三种信用合作组织，后又把农村信用合作社和银行营业所合并，成为人民公社的信用部，然后又下放至生产大队改为信用分部，再到成为国家银行的基层机构。党的十一届三中全会以后，我国迈入了社会主义市场经济的探索之路，尤其是党的十四大确立建立社会主义市场经济体制以来，适应产权和法人治理改革的需要，农村信用合作社更是创新出农村信用合作社县联社、农村合作银行、县（市）统一法人和县（市）、乡镇两级法人农村信用合作社、农村信用合作社省联社等不同的组织形式。

总之，在中国农村合作金融的演进过程中，强烈的行政干预路径依赖

① 许圣道. 农村信用社改革的"路径依赖"问题 [J]. 金融研究, 2006 (9): 37-42.

② 谢家智，冉光和. 中国农村金融制度变迁的路径依赖 [J]. 农业经济问题, 2000 (5): 25-28.

③ "适应性选择"与"适应性成长"内涵相近，关于两者以及"适应性"的更多研究可参见: 周孟亮. 新型农村金融组织发展模式: 适应性成长: 基于现实剖析与理论溯源的创新 [J]. 金融经济学研究, 2015, 30 (2): 74-84; 向林峰，文春晖. 路径依赖还是适应性选择: 我国农村金融制度演进 [J]. 江西社会科学, 2013, 33 (3): 70-73; 周孟亮. 新型农村金融组织发展模式: 适应性成长: 基于现实剖析与理论溯源的创新 [J]. 金融经济学研究, 2015, 30 (2): 74-84.

和所有权主体缺位路径依赖倾向于将农村合作金融组织"锁定"在低效率状态，而"适应性选择"则倾向于推动农村合作金融组织不断发展，增强了"路径依赖"的效率，两者共同作用，整体推进了中国农村合作金融组织的演进。

7.3.5　农村合作金融组织的功能价值不断拓展

功能价值的不断拓展是中国农村合作金融组织演进过程的又一特征。农村合作金融组织功能价值的不断拓展可以通过中国农村合作金融改革从"机构观"到"功能观"的转变予以说明。"机构观"以既有机构作为分析前提，在此基础上研究如何改革并发挥其功能，然后通过其行为绩效判断其功能实现的效应，其遵循"结构—功能—绩效"的思路。而20世纪90年代，由兹维·博迪（Zvi Bodie）和罗伯特·默顿（Robert C. Merton）等提出的基于金融体系基本功能来分析和研究金融与经济关系的"功能观"则认为金融功能比金融机构更加稳定，竞争和创新将导致金融体系更加富有效率。其从分析系统的目标和外部环境出发，演绎出外部环境对金融功能的需求，然后探究通过何种载体来承担和实现其功能，遵循"外部环境—功能—结构"的思路①。从本质上看，"机构观"从供给端入手，关注存量，而"功能观"从需求端入手，关注增量。

在农村合作金融组织演进的形成过程和异化过程中，农村合作金融的探索都是一种典型的"机构路径"，集中体现在主要围绕农村信用合作社进行改革，且都是一种自上而下的政府强制性行为。结果就是，农村合作金融发展出现农村信用合作社"一家独大"，垄断效应明显，缺乏竞争与创新，且农村信用合作社以产权和管理体制为核心的改革导致了商业化倾向明显，以及农村弱势群体"短、急、小"金融需求供给不足等问题。对此，本书推动了农村合作金融由"机构观"向"功能观"的转变。一方面，通过不断引导、规范各类农村资金互助组织的发展，填补农村合作金融需求空白，优化农村金融竞争生态；另一方面，通过贫困村扶贫资金互助社、建立合作托管银行制度、鼓励发展农业互助保险、采取社员联保方式发放互助资金、将资金互助与乡村治理联动等措施不断拓展农村合作金融在资金融通、风险防范、乡村治理等方面的功能价值。

---

① 罗来武，刘玉平，卢宇荣. 从"机构观"到"功能观"：中国农村金融制度创新的路径选择［J］. 中国农村经济，2004（8）：20-25.

8　农村合作金融组织演进：
　　趋势展望与政策优化

如果说，第 7 章的分析是着眼于"过于和现在"，那么，本章的分析则着眼于"未来"。本章主要对未来农村合作金融组织演进的趋势进行合理展望，并立足于全书提出推动农村合作金融组织演进的政策优化建议。

8.1　农村合作金融组织演进的趋势展望

本书认为，对农村合作金融组织演进趋势的回答关乎三个问题：一是农村合作金融组织的发展前景如何？二是农村合作金融组织自身将走向何方？三是农村合作金融组织与商业性金融组织等农村金融组织生态之间的关系如何？接下来，将沿着这三个问题展开对农村合作金融组织演进趋势的分析。

8.1.1　农村合作金融组织将长期是农村金融体系的有机组成部分

未来，农村合作金融组织本身是否还会存在？这是对农村合作金融组织演进趋势进行预判必须回答的问题。既有的一些文献对此有不少否定观点，如认为正规的合作金融在我国从来就没有真正存在过，中国没有发展合作金融的土壤（谢平，2001；雷曜 等，2012）。当然，更多的学者认为我国具有发展合作金融组织的必要性（谢家智 等，2000；杜晓山，2002；祝国平 等，2018）①。在徐旭初（2019）② 的研究基础上，本书基于以下四点理由认为，

---

　　① 蒋永穆，等. 新中国"三农"十大理论问题研究：70 年发展与变迁 [M]. 北京：社会科学文献出版社，2019：294-295.

　　② 徐旭初. 农村合作金融路在何方 [J]. 中国农民合作社，2019（4）：34.

农村合作金融组织将长期是农村金融体系的有机组成部分:

第一,农村金融市场的基本特征较长时期不会发生改变。周立(2007)认为,农村金融市场存在的四大基本问题是:严重的信息不对称、抵押物缺乏、特质成本与风险、非生产性借贷为主。马勇和陈雨露(2009)的分析认为,中国农村金融市场存在三大基本特征:市场内在结构的不平衡、金融供给和需求的"双重不足"、市场发育和制度规范的"双重缺失"①。对此,本书仍然支持他们的判断并认为,随着乡村信息化、区块链、大数据等金融科技化程度的提升,农村金融市场在信息不对称、抵押物缺乏等方面的严重程度将会得到一定减弱,但总体来看,农村金融市场存在的这些基本特征在相当长时期内并不会发生根本性变化。农村金融市场的这些基本特征使得合作金融组织在监督信贷合约执行、利用声誉机制降低交易成本等方面的优势仍然存在。

第二,农村人口及其弱势群体将会长期存在。尽管伴随城镇化、工业化的发展,城乡人口流动性增强,传统"熟人社会"的稳定性受到影响,但在相当时期内,大量农村人口的存在以及经济发展水平的非均衡性将是我国经济现实的基本写照。很多预测认为,2030年前后中国的总人口会达到15亿人,城镇化率达到70%,这仍然意味着届时农村还有约4.5亿人口②。农村弱势群体的存在给予了农村合作金融组织产生和发展的土壤。因此,以农村人口的快速城镇化去否定农村合作金融组织发展的必要性难以成立③。

第三,商业性金融服务"三农"出现"使命漂移"。商业性金融组织具有资金规模等方面的优势,并将持续加大对农村金融市场的争夺力度。但是,现实情况表明,商业性金融组织受天然"逐利"动机的支配,在服务"三农"的过程中主要以发展优势明显的项目提供资金扶持,普遍将"中高端客户"作为服务供给对象,而对自然环境恶劣、资源相对贫乏地

---

① 马勇,陈雨露.农村金融中的政府角色:理论诠释与中国的选择 [J].经济体制改革,2009 (4):86-91.

② 陈锡文.陈锡文:一个人口超10亿的现代化大国,应呈现怎样的城乡格局? [EB/OL].(2018-01-24) [2024-01-27]. http://baijiahao.baidu.com/s? id = 1590431770681363034&wfr = spider&for=pc.

③ 龙超,叶小娇.农村合作金融社会价值、立法规制与我国农村合作金融发展 [J].金融理论探索,2019 (5):8-15.

区的项目很少投资①。商业性金融组织服务"三农"的这种"使命漂移"给合作金融组织提供了空间。

第四，农村合作金融组织发展的相关法律、政策环境向好的总体趋势不会发生改变。农村合作金融组织异化后，为化解农村金融供求矛盾，中央与地方政府出台了多项促进农村合作金融发展的政策。以农村信用合作社内部信用合作为例，自2008年党的十七届三中全会提出允许有条件的农民专业合作社开展信用合作以来，连续多个中央一号文件、多部门联合意见等都对其进行了鼓励和支持（见表6.1）。基于合作金融的独特优势以及其在解决农村弱势群体、农民专业合作社融资难题的实践中所取得的积极成效，本书合理预判，农村合作金融组织将继续享受来自中央与地方政府及相关部门长期向好的支持与鼓励政策。

8.1.2 "三位一体"综合性合作金融组织发展空间充足

未来，农村合作金融组织的可能发展方向是什么？这是从组织自身（内部）的角度对农村合作金融组织演进趋势的回答。基于国际经验等基本理由，本书预判，生产、供销、信用"三位一体"综合性合作金融组织将会具有充足的发展空间。同时，本书还将对这种组织形态的边界问题进行分析。

8.1.2.1 "三位一体"综合性合作金融组织发展空间充足的基本理由

从合作金融组织发展的国际经验来看，尤其是在文化、地理、农业等方面与我国具有一定相似性的东亚国家如日本、韩国等，其农村合作金融组织发展的典型特点是提供综合性服务，即根据农民的生产生活需要，开展多种多样的服务②。其经验表明，综合发展的农村合作经济组织更具生命力。

从合作金融组织运行的中国实践来看，早在1943年11月，毛泽东就明确提到了延安南区合作社式的包括生产合作、消费合作、运输合作（运盐）、信用合作的综合性合作社③。后来，在我国农村合作金融组织演进的

---

① 王修华. 乡村振兴战略的金融支撑研究 [J]. 中国高校社会科学, 2019 (3)：35-43, 157.

② 高强, 张照新. 日本、韩国及中国台湾信用合作运行模式、发展经验与启示 [J]. 中国农村经济, 2015 (10)：89-96.

③ 毛泽东. 毛泽东选集：第三卷 [M]. 北京：人民出版社, 1991：931-932.

形成过程中，信用合作与生产合作、供销合作一起共同构成了农业合作化的三种形式。2005年，时任浙江省委书记习近平指导了瑞安进行生产合作、供销合作和信用合作的"三位一体"农村改革试验，并取得积极成效。担任中共中央总书记之后，习近平总书记仍然对"三位一体"农民合作社模式高度重视①。2017年发布的中央一号文件，即《中共中央 国务院关于深入推进农业供给侧结构性改革加快培育农业农村发展新动能的若干意见》首次提出要积极发展生产、供销、信用"'三位一体'综合合作"。2018年1月发布的《中共中央 国务院关于实施乡村振兴战略的意见》明确指出，要"大力发展生产、信用、供销'三位一体'综合合作"。由此可见，"三位一体"综合合作在我国已经具有了实践并受到了来自中央政策的支持和鼓励。

从"三位一体"综合合作自身的功能价值来看，温铁军和杨春悦（2010）认为，通过发展业务范围涉及生产、加工、流通、金融、保险以及文化建设等众多领域的综合性农民专业合作社，有利于发挥其提升农民组织化程度的作用②。当"农户"="资金互助成员"="生产合作成员"="经济合作社成员"时，农户合作收益能实现最优化③。丁玉和汪小亚（2016）认为，信用互助内嵌于合作社，和生产合作、销售合作融为一体，可盘活"无效抵押物"④。

从传统"熟人社会"的信任关系变化来看，合作金融独特优势的发挥依赖于"熟人社会"下成员之间相对稳定的社会信任关系。韦伯曾认为，"在中国一切信任、一切事业关系的基石明显地建立在亲戚关系或亲戚式的纯粹个人关系上面，这有十分重要的经济意义。"⑤ 我国社会学家费孝通先生所使用的"礼制社会""差序格局"等概念也是基于此提出的。但是，受乡村人口流动加快（每年进城人口达1 000万~2 000万人⑥）、市场经济发展以及互联网信息技术普及等因素的影响，传统乡村"熟人社会"的内

---

① 徐祥临. 习近平农村经济体制改革顶层设计科学性初探 [J]. 马克思主义与现实, 2017 (4)：19-26.

② 温铁军, 杨春悦. 综合性农民专业合作社的发展问题 [J]. 中国农民合作社, 2010 (2)：26.

③ 何广文. 农村资金互助合作机制及其绩效阐释 [J]. 金融理论与实践, 2007 (4)：3-8.

④ 丁玉, 汪小亚. 山东潍坊市信用互助试点的经验和启示 [J]. 清华金融评论, 2016 (12)：69-72.

⑤ 韦伯. 儒教与道教 [M]. 洪天富, 译. 南京：江苏人民出版社, 2010：110.

⑥ 车士义. 规范发展农村合作性金融 [J]. 中国金融, 2016 (9)：34-35.

涵将由基于地缘、亲缘、血缘等链接的"熟人社会共同体"朝着基于产业链、产品链、信息链而链接的"新式熟人社会"转变。相应地，社会的信任关系也将由"人情信任"更多转向"契约信任"/"法律信任"，由乡土文化下的无"契约精神"向商业文化的"契约精神"转变。传统"熟人社会"受到的这种冲击将会成为影响农村合作金融组织产生基础、服务范围等的重要环境，客观上要求农村合作金融组织的扩大。

从乡村振兴战略背景下的农村金融需求的新特征来看，伴随乡村振兴战略的深入实施，农村产业的推进将主要以适度规模化、专业化、合作化的方式推进，农村金融的需求主体既包括大量的小农户，也包括现代家庭农场、农业专业合作社、农业庄园主、农业社会化服务组织、农村电商户、龙头企业等新农人和新型农业经营主体。农村金融需求主体的异质性特征将更为明显。农村金融需求的综合化、集团化、规模化特征将更为突出，生产发展型金融需求与生活质量改善型的消费金融需求将并存。农村金融这些新的需求特征要求发展规模更大、更具综合服务功能的农村合作金融组织。

8.1.2.2 "三位一体"综合性合作金融组织的边界将进一步扩大

保持合理的合作边界是合作金融组织有效发挥作用的基本前提。陆磊和丁俊峰（2006）认为，"真正的金融合作的范围和资金来源必须局限于具有信任关系的经济主体之间，此类经济主体或者具有行业上的相关性，或者具有地缘上的关联性。"① 因为，如果超出一定的地域范围或者成员数量规模过大，合作社的社会资本功能就会变弱，社会网络的信息传递效率会降低（张德元 等，2016）②。本书认为，这样的认识和判断并无错误。但是，正如前文所分析的那样，随着区块链、大数据等金融科技的发展，城乡人口流动性的增强，工业化、市场化的深度开展，传统的"熟人社会共同体"将受到一定程度的冲击，加之"三位一体"综合性合作金融组织合作内容的增加，未来，合作金融组织的边界将突破一定的地域，走向扩大化。

值得说明的两个问题是：首先，组织边界进一步扩大的同时也必然带来更加复杂、系统的风险，因此对于资金来源、用途等各种风险的防范也

---

① 陆磊，丁俊峰. 中国农村合作金融转型的理论分析 [J]. 金融研究，2006（6）：1-14.

② 张德元，潘纬. 农民专业合作社内部资金互助行为的社会资本逻辑：以安徽J县惠民专业合作社为例 [J]. 农村经济，2016（1）：119-125.

将变得必要。其次，合作金融组织边界的扩大并不意味着基于"业缘、地缘、亲缘"关系的较小范围和规模的合作金融组织不存在；相反，大、小各异的合作金融组织形态共存将是未来合作金融组织发展的一种常态。

8.1.3 合作金融与商业性金融、政策性金融组织的通约性进一步增强

未来，农村合作金融组织与外部其他金融组织形态的关系怎么样？这是从合作金融组织外部的角度对农村合作金融组织演进趋势的回答。

本书基于农村合作金融、商业性金融和政策性金融"三维"金融组织之间具有的内在联系以及区块链、大数据等技术将深入运用于农村合作金融领域两个主要理由合理预判，从农村金融组织的生态来看，农村"三维"金融组织的通约性将进一步增强。其中，对于农村"三维"金融组织之间的内在联系及其各自优势在前文已经进行了说明，这里主要对区块链、大数据等技术将深入运用于农村合作金融领域这一主要理由进行说明。

以区块链、人工智能、云计算、大数据、移动互联网、机器学习等为代表的新技术的发展，推动人类社会从信息化走向数字化和智能化。通过在金融领域运用这些技术，不仅可以对客户的信用状况、资产状况等进行"画像"，还能够通过数字化的方式，将农户的人际信任、社会网络等"软"资产进行抵押，从而在风险识别、缓解信息不对称、降低交易成本、社员信用评级等方面能够发挥重要作用。以信用评级为例，湖南省沅陵县王家岭养鸡专业合作社资金互助部通过建立社员的交易数据系统，汇集了社员养鸡全流程的生产与交易数据，通过大数据的分析为社员信用等级的评定提供了客观、科学的分析结论。实际上，利用这些技术解决"三农"融资难题的实践不仅在一些农村合作金融组织中得以成功应用，而且包括阿里巴巴、京东、腾讯等在内的一些互联网头部企业也在这方面进行了布局。比如，蚂蚁金服就借助阿里巴巴的交易数据信息、芝麻信用积分等对用户进行信用评估，并在此基础上为用户发放信用贷款，从而成为解决农村用户小微贷款难问题的有效途径①。

可见，区块链、人工智能、大数据、云计算等在农村金融领域的运用

---

① 庞艳宾. 数字普惠金融助力乡村振兴 [J]. 人民论坛，2020（1）：98-99.

及解决方案已经有了初步的成功尝试。作为一种趋势，本书合理预测，未来这些新技术在农村合作金融领域的运用将会不断深入，改变农村合作金融组织运行的外部技术环境，传统农村金融发展面临的抵押物缺少、交易成本高等问题将从技术层面得到解决，从而增强农村"三维"金融组织的可通约性。

农村合作金融组织、商业性金融组织和政策性金融组织因各具优势以及协同服务"三农"实践的不足将走向更强的通约性。这种通约性表现在以下三个方面：一是以资金为核心要素的通约性。即合作金融组织与商业性、政策性金融组织将增加资金调配的数量并提高资金调配的频率，尤其是在农业资金需求较为集中的时段更是如此。除了资金要素的通约性之外，在技术、业务指导、风险防范等方面，两者之间的通约性也将进一步增强。二是在组织形态转化上的通约性。前文的分析已经表明，合作金融与商业性金融具有内在的可通约性。随着外部技术与制度环境的变化，合作金融组织可能向商业性金融组织转化。换句话讲，农村信用合作社商业化的历史可能在未来农村合作金融的发展过程中再现。三是农村金融市场服务定位的通约性。在农村金融市场上，由于经济发展的非均衡性在较长时期内都将继续存在。因此，在服务农村金融市场尤其是经济发展较为贫弱的地区时，合作金融组织作为理想的组织形态，可获得优先发展。但是，商业性金融组织也可以在网点等硬件方面随后跟进，或者作为资金、服务支持的"后台"参与到协同支持和服务"三农"的金融需求上来。

8.2 农村合作金融组织演进的政策优化

基于对农村合作金融演进过程尤其是绩效分析所揭示出的基本问题、农村合作金融组织演进基本特征和未来演进趋势分析的基础上，本节将从五个方面给出促进农村合作金融组织健康发展的政策优化建议。

8.2.1 系统、分类推进农村合作金融组织发展

系统论的基本观点表明，所有的物质系统都不是孤立、封闭的，而是开放、非平衡的，其与外部环境存在着不间断的物质、能量和信息方面的交换、交流。普利高津（Prigogine）指出，"只有与周围环境的介质进行

物质和能量的交换才能维持生命力。然而，只是一个开放系统并没有充分的条件保证出现这种结构……只有在系统保持'远离平衡'和在系统的不同元素之间存在着'非线性'的机制的条件下，耗散结构才可能出现。"①

其实，农村合作金融组织的发展从来都不是孤立的，而是深深"嵌入"整个农村经济社会发展的网络系统中。因此，相关部门必须坚持系统的思路推进农村合作金融组织发展。同时，由于农村经济发展水平的非均衡性、农村合作金融发展模式的差异性，坚持分类发展农村合作金融组织也显得十分必要。

8.2.1.1 系统推进农村合作金融组织的发展

从系统观来看，农村合作金融组织的发展至少"嵌入"两个系统：农村经济发展的系统和农村金融发展的系统。因此，系统推进农村合作金融组织的发展，在政策优化层面也就主要从两个方面展开：一是发展农村经济；二是推动农村合作性、政策性和商业性"三维"金融组织联动发展。

第一，深化农村改革，发展农村经济。农村改革和农村经济的发展是农村合作金融组织演进的环境变量。对此，农村合作金融组织应加快推动确权登记颁证、价值评估、交易流转、处置变现等配套机制建设，积极稳妥推广农村承包土地的经营权抵押贷款、农民住房财产权抵押贷款等业务，促进农村土地资产和金融资源的有机衔接；积极扩大农业农村抵质押物范围，推动形成全方位、多元化的农村资产抵（质）押融资模式；强化农村信息基础设施建设，积极推动大数据、区块链等新技术在农村金融领域的应用推广；聚焦产业兴旺，推动农村一二三产业融合发展；通过深化农村产权改革、信息基础设施建设等促进农村经济发展。

第二，强化金融联结，推进农村"三维"金融组织联动发展。农村"三维"金融组织之间各具优势，强化金融联结，可以充分发挥协同"支农"的作用，共同服务"三农"。具体来看，农村合作金融组织与农村商业性金融组织、政策性金融组织可在资金管理、业务培训、征信资源等方面强化合作，如可采用转贷、联合贷款、批发贷款等多种方式，打通"三维"金融组织之间的资金通道。在资金投放方式上，"三维"金融组织可采用"商业性/政策性金融组织—合作金融组织—农户"的模式，这一模式的优点在于可以充分利用合作金融组织联合担保、联合资产抵押形成的

---

① 湛垦华，等. 普利高津与耗散结构理论 [M]. 西安：陕西科学技术出版社，1982：155-156.

集体信用增加资金融通量，同时降低信贷资金投放风险。

8.2.1.2　分类推进农村合作金融组织的发展

第一，基于不同经济发展水平的分类发展。随着市场化、城市化和农业现代化的发展，农村经济、农民收入的整体水平将会不断提高。由于地理区位、资源禀赋、基础设施、产业结构等方面的差异，我国城乡及农村内部经济发展的非均衡性、结构性差异一定时期内仍将存在。地区经济发展水平的非均衡性和动态转化性，要求金融组织的发展也要有差异性。具体来说，对于经济发展水平较为落后的地区而言，相关部门应优先发展农村合作金融，并且适宜采取农村合作金融的"经典模式"，即严格坚持合作金融的基本原则予以建立和运行。对于经济发展水平较高的地区，则主推合作金融组织发展的"升级模式"，即允许一定程度的"渐进性异化"现象发生，甚至对农村合作金融组织的商业化转型应予以支持，因为其有助于更好地发挥"支农"效果。对介于两者之间的经济区域，则适宜采取"合作金融组织+商业性金融组织"的发展模式，即合作金融组织充分发挥其在地化和信息化的优势，直接面向"三农"，商业性金融组织则发挥资金优势，在"后台"通过信贷、技术指导等支持合作金融组织的发展。

第二，基于不同合作金融组织发展模式的分类发展。合作金融组织的发展模式并非整齐划一，而是存在多种模式。以当前最典型的合作社内部信用合作为例，就有"社员股金+合作资金"的内置式资金互助模式、"社员股金+银行资金"的外置式担保互助模式、依托产业链或银政资金的混合式信用合作模式等不同的发展模式。对此，农村合作金融组织也应该予以分类指导和发展。如对于外置式资金互助模式应该予以推广，内置式资金互助模式应该予以规范发展，为防止龙头企业等对农村合作金融形成实际控制，对于龙头企业或种养大户主导的混合式信用合作则应该进行严格管理，"山寨银行"则应该予以坚决取缔①。

8.2.2　坚持合作制方向，强化合作金融组织的内部治理

农村合作金融组织的演进过程已经充分揭示，坚持合作制方向是避免农村合作金融组织走向异化的根本保障。为了防范未来农村合作金融组织再次走偏，农村合作金融组织必须坚持合作制的基本方向不动摇，强化自

---

① 黄迈，谭智心，汪小亚. 当前中国农民合作社开展信用合作的典型模式、问题与建议[J]. 西部论坛，2019，29（3）：70-79.

身的内部治理。

8.2.2.1 坚持合作制的基本原则，规范发展农村合作金融

一是坚持自愿性。自愿是发展农村合作金融组织的基本原则。马克思列宁主义和中国共产党的合作经济思想对此都有充分的描述。未来，发展农村合作金融组织仍然要坚持社员自愿的原则，避免政府的强制干预。

二是坚持互助性，不以营利为目的。农村合作金融组织的发展应以坚持为农民服务、不以营利为目的，通过发放小额、短期、信用贷款开展资金互助合作，为农村的弱势群体服务。但是，不以营利为目的并不代表农村合作金融组织不盈利，基于可持续发展的需要，农村合作金融组织仍需要微利经营。

三是坚持不对外吸储放贷，不对成员支付过高回报。为保护社员利益，防止风险扩散，甚至出现"山寨银行"，农村合作金融组织应坚持在社员内部吸收互助资金，不对外吸收存款，发放贷款。同时，支付给社员缴纳的股本金和互助资金的回报不宜过高，应将盈余更多用于积累①，发展合作金融组织。

8.2.2.2 完善农村合作金融组织的内部法人治理结构

合作金融组织的机构设置上应包括权力机构（社员代表大会）、执行机构（理事会）、监督机构（监事会）和经营班子，各机构之间应明确分工，确立制约与协调关系，加强社员监督和信息披露，防止内部人控制。在社员异质性背景下，作为发起人和带动者的能人占有剩余控制权，具有合理性和必然性，但是仍然需要防范"精英俘获"现象的发生。对于依托专业合作社等合作组织发展起来的农村合作金融组织，应分别独立运营、核算，确保各自独立的法人地位和自主权利，防止账目不清、混合使用的情况。在管理体制方面，相关部门可以采用市场化的方式，委托专业管理团队或机构对农村合作金融组织进行管理②。

8.2.2.3 保持合理的合作金融组织边界

合理的农村合作金融组织边界是凸显农村合作金融组织独特优势的基本前提。边界过窄、规模过小的农村合作金融组织可能引起服务功能降低、边界过宽、规模过大的农村合作金融组织则更加不利于社会信任的建

---

① 蓝虹，穆争社.中国新型农村合作金融发展十大问题论争 [J].上海金融，2017（4）：35-49.

② 蒋永穆，王丽程.新中国成立70年来农村合作金融：变迁、主线及方向 [J].政治经济学评论，2019，10（6）：78-94.

立并更容易诱发风险。然而，如前文所分析的，由于随着乡村人口流动的增强、金融科技等的发展，农村合作金融组织走向进一步扩大将是一种可能趋势。因此，对于农村合作金融组织的边界问题，本书认为，关键是把握"合理"，农村合作金融组织边界的"合理"和"适度"必须坚持以"血缘、地缘、业缘"等基本社会关系所形成的具有共同的信任纽带关系为根本。为此，本书提出以下观点：

一是优先发展能够充分彰显信任关系的规模较小、边界较窄的农村合作金融组织，这种合作金融组织应该是未来的主流组织形态。具体可从具有一定业缘关系的农户（如基于同一合作社所具有的生产、交易关系）以及处于同村或邻近村域范围内、有一定血缘或亲缘关系的人出发进行判定。

二是在边界、规模较小的农村合作金融组织充分发展的基础上，应该审慎发展突破一定地域范围（由社、村域拓展至镇、县域）、产业边界（如产业链上、下游的充分拓展）、资金规模（由几百万到几千万甚至上亿规模）、成员规模（上千/万人）的农村合作金融组织，如农村合作金融组织的联合组织。

8.2.3 积极培育合作金融企业家，重视农民社员博弈主体的地位，走内生性农村合作金融组织发展之路

合作金融企业家以及农民社员是农村合作金融组织发展的重要行为主体，但是，合作金融企业家欠缺、农民社员博弈主体地位尚未真正重视是农村合作金融组织演进过程所反映出来的重要问题。为此，相关部门应积极培育合作金融企业家，重视农民社员的博弈主体地位，推动农村合作金融组织内生发展。

8.2.3.1 积极培育合作金融企业家

"企业家"的概念在奥地利学派的分析中较为常见，奈特、熊彼特、柯兹纳等都对企业家精神进行了分析。苑鹏（2001）认为，"具有合作精神的企业家人才是合作组织产生的必要条件"[①]。事实上，合作金融组织的发展也一样，其产生和发展的过程都需要具有合作精神的企业家人才。合作金融发展的国际经验表明，大量合作金融机构在成长初期或多或少具有

---

① 苑鹏. 中国农村市场化进程中的农民合作组织研究 [J]. 中国社会科学, 2001 (6): 63-73, 205-206.

"土生土长"性质，但在后来的发展中都会遇到专业人才数量不足和现有职员质量有待提高的问题（贺力平，2002)①。当前，我国农村合作金融组织发展也面临"合作金融企业家"式专业人才的缺乏。因此，积极培育具有合作精神的合作金融企业家就显得尤为重要。

那么，合作金融企业家具有怎样的特质呢？本书认为，合作金融企业家不仅要具备熊彼特意义上的企业家所具有的创新、冒险等精神特质，还需要是合作金融组织社员利益的代表，对合作金融组织及其社员全面负责，具有合作意识，以合作金融组织发展、财产增值作为事业成就大小的衡量尺度②。

应该如何培育合作金融企业家呢？本书认为，可以采取的策略包括：一是通过相应的测试甄选合作金融企业家，建立合作金融企业家人才数据库。二是强化对合作金融企业家的培训，提升合作金融企业家的胜任力。三是从合作金融组织治理层面出发，在剩余控制权、分配权等方面给予合作金融企业家相应的刺激性激励；同时，建立科学的决策机制，降低合作金融企业家创新、经营决策的风险性。四是引导形成尊重合作金融企业家的社会氛围。

8.2.3.2 切实重视农民社员的博弈主体地位

农民社员是农村合作金融组织演进过程中的行为主体，但作为真正的所有者，农民社员在农村合作金融组织演进过程中的"重要性"却始终未能得到切实关注，农民社员的角色处于相对缺位的状态。为推进农村合作金融组织的发展，本书认为应充分重视农民社员的博弈主体地位，通过对农民社员主体地位的重视，走内生性农村合作金融组织发展之路。

一是在农民社员个体意愿的基础上引导农村合作金融组织的演进。农民社员的个体意愿是农民社员行动的基础，农村合作金融组织的发展必须以尊重农民社员的个体意愿为基础。由于我国农村经济发展的非均衡性以及农民社员个体意愿的差异性，因此在推进农村合作金融组织发展的过程中，如果条件尚不具备，应加强对农民社员参与合作金融组织意愿的培训和引导，从塑造基础环境入手，在农民社员意愿转变的基础上发展农村合作金融组织。

---

① 贺力平. 合作金融发展的国际经验及对中国的借鉴意义 [J]. 管理世界，2002 (1)：48-57，154.

② 何广文. 合作金融组织的制度性绩效探析 [J]. 中国农村经济，1999 (2)：37-42.

二是充分保障农民社员在农村合作金融组织中的利益。农村合作金融组织设立的目标之一在于为农民社员解决融资困境。但是，由于农民社员知识、信息等的缺乏，其在农村合作金融组织中的利益并不能得到充分保障。为此，政府应通过提供宣传培训、信息咨询、法律援助等服务，建立起保障农民社员利益的有效机制，提高农民社员在农村合作金融组织中的自我保护能力。

三是审慎发展突破一定地域范围、产业边界、资金规模和成员规模的农村合作金融组织。由于农村合作金融组织在缓解农民社员资金压力、提升农民的组织化程度等方面发挥了积极作用，因此审慎发展更高形态、更大规模的农村合作金融组织是保护农民社员利益的有益途径。

8.2.4　完善农村合作金融组织演进中的政府角色

政府的"身影"贯穿于农村合作金融组织演进过程的始终，其不仅在制度环境方面影响农村合作金融组织的演进，还是农村合作金融组织演进过程中的重要行为主体。前文对农村合作金融组织从"形成—异化—再生"演进过程的分析中也根本上反映出这样一个问题：政府之于农村合作金融组织的发展应该如何进行角色定位。显然，相对越位的政府角色并不合理。因此，为推动农村合作金融组织的健康发展，相关部门必须进一步完善政府角色。

8.2.4.1　适时推进合作金融立法

当前，农村合作金融组织的发展仍然面临顶层法律设计的不确定性。2017 年，新修订的《中华人民共和国农民专业合作社法》并未对合作社内部信用合作进行明确规定，这表明，以农村合作社内部信用合作为典型组织代表的农村合作金融组织在我国的发展实践还不成熟，还需要再实验和深入研究。不能从顶层的法律层面给予支持和认可，给农村合作金融组织的演进带来了一定的不确定性。因此，未来，相关部门应在继续深入探索和总结农村合作金融组织发展实践与经验的基础上，从国家层面适时推出合作金融法及其完整的配套管理条例，如"农村合作金融管理条例"，从性质和地位、经营原则、设立条件、产权制度和法人治理等方面对其进行规范，从而使农村合作金融的发展做到真正有法可依。

8.2.4.2　强化合作金融理念、业务技能培训和资金支持

农村合作金融组织本身具有"弱势、微利"等草根金融特征，且其致

力于解决农村经济弱势群体的资金需求难题，承担了部分政府职能。因此，其理应获得政府多方面的扶持。具体来看，本书认为可以从下述两方面入手：

一是合作金融理念的培育和业务技能的培训。理念关乎思想上的认识，是解决农村合作金融组织受众认可度的问题，而业务技能的培训有助于合作金融组织内生性的可持续发展。前文的分析和国际实践经验都显示，强化合作金融理念的培训、教育，提升成员的金融素养，不仅是WCCU的重要原则，还是合作金融组织健康发展的基础性支撑体系。本书认为，地方政府可借助新闻媒体、培训交流会等多种方式，大力宣传合作金融的理念、特点、运行机制、风险防范、应急处理等，让广大农民形成了解合作金融、关心合作金融、支持合作金融、参与合作金融的浓厚社会气氛。

二是实施阶段性持股支持制度。资金匮乏是农村合作金融组织发展过程中面临的一个经常性问题，对于初创期的农村合作金融组织尤其如此。因此，相关部门应该加大政府对农村合作金融组织的资金、税收等支持力度。具体而言，政府可考虑实施阶段性持股制度，即基于帮扶的目的，通过资金入股的方式参与农村合作金融组织，当农村合作金融组织走上正轨后，则选择有序退出的一种制度安排①。这种制度的好处在于可以充分利用政府的信用增强农村合作金融组织吸引社员参与的能力，同时推动各方的积极支持配合。

8.2.4.3 理顺农村合作金融组织的管理体制

当前，农村合作金融组织的管理体制并未理顺。调研的情况发现，县（市、区）金融办、农办（农业局）、农合联（供销合作社）、民政局以及当地政府均为农村合作金融组织的管理部门。信用合作组织的登记部门，有的隶属于工商部门，有的则属于民政部门，还有的并不登记（刘俊杰等，2018）。由此容易造成管理的缺位或者越位，对监管产生不利影响，容易形成"监管真空"。由前文的分析可知，尽管从长期来看，监管方会选择"积极监管"的行为策略，但是，"消极监管"也是监管方可能的策略选择之一。因此，相关部门应该从理顺管理体制入手，强化对农村合作金融组织的监管，以促进农村合作金融组织健康发展。具体来看：

---

① 蓝虹，穆争社. 论地方政府对新型农村合作金融的监管［J］. 金融理论与实践，2017（3）：26-30.

一是明确农村合作金融组织的统一管理规范。根据发展实践，可考虑由地方金融管理部门制定农村合作金融组织管理规范，实施审批与监管权，发放金融许可证，由工商管理部门负责统一注册登记。

二是实施统一而有差别的监管。合作金融组织既具有"金融"的一般性，又具有"合作"的特殊性。根据现阶段农村合作金融的特征，监管方式应以非审慎监管为主，即更多地从创造促进农村合作金融组织发展的良好环境入手，淡化资本充足率、拨备覆盖率等量化的审慎经营指标，允许农村合作金融在没有突破合作制底线的前提下，自主经营、自主发展，实行差别化监管。

8.2.5 防范农村合作金融组织发展中的各种风险

防范风险是金融组织发展的永恒主题，合作金融组织同样如此。对于农村合作金融组织而言，本书认为，可以从以下五个方面进行风险防范：

一是强化源头控制。农村合作金融组织风险防范的源头控制主要体现在两个方面：从农村合作金融组织资金的来源来看，主要是防止吸收社员互助资金的行为转变为非法或变相非法吸收社会公众存款；从"母体"组织来看，对于以合作社内部信用合作为代表的农村合作金融组织，尽量选择具有一定产业发展基础、资产实力、规模和内部管理规范性的合作社开展内部信用合作。

二是强化内部监管。加强内部监管是防范农村合作金融组织各种风险的根本力量。具体来看：①在资金的用途上，合作金融组织应优先支持社员将资金用于生产性用途，严格限制将互助资金用于房地产、基建等高风险领域。②实施资金限额报告制度，即当互助资金单次使用额度达到一定限度时（如 50 万元），须经过理事会或者社员代表大会等进行讨论决定。③适当引入信贷的抵押、担保制度。④加强信息主动披露的周期和内容，形成定期信息披露制度。⑤提升农民社员等行为主体的风险辨别和防范意识。

三是强化外部监管。强化政府、第三方托管银行（山东模式）对农村合作金融组织风险的监管和防范。如第三方托管银行可以通过对农村合作金融组织资金存入、借出的数量、期限等的监测，起到监管功能。政府则可以通过设立专项风险补偿基金等，化解农村合作金融组织的风险。

四是利用现代科技，创新风险防范手段。大数据、区块链、人工智能等现代科技为农村合作金融的风险防范提供了新的手段。如可以探索建立社员电子信用档案以及社员与农民合作社之间的生产交易信息系统，发挥大数据在评定社员信用评级中的积极作用，利用大数据全面监测社员的信用状况，科学预判社员的偿还能力；利用区块链可以提升合作金融风险管理的针对性和可溯源性，实现源头追查；利用人工智能则可以提高合作金融风险防范的准确性。

　　五是充分发挥保险、担保等的风险锁定与转嫁功能。农业的高风险性是农村合作金融组织风险诱生的重要原因。为此，相关部门可以通过健全农业保险、为借用互助金购买保险的方式，降低因自然灾害、社员意外等对农民收入造成的影响，从而实现农村合作金融组织的资金安全和可持续发展。

参考文献

《党的十九大报告辅导读本》编写组，2017. 党的十九大报告辅导读本 [M]. 北京：人民出版社.

埃格特森，1996. 新制度经济学 [M]. 吴经邦，译. 北京：商务印书馆.

奥尔森，1995. 集体行动的逻辑 [M]. 陈郁，等译. 上海：上海人民出版社.

白景坤，罗仲伟，2015. 组织的变与不变："目标—结构"框架下的组织演进研究 [J]. 经济与管理研究，36（12）：113-122.

白钦先，1998. 政策性金融论 [J]. 经济学家（3）：80-88.

鲍尔斯，2006. 微观经济学：行为，制度和演化 [M]. 江艇，等译. 北京：中国人民大学出版社.

鲍威尔，迪马吉奥，2008. 组织分析的新制度主义 [M]. 姚伟，译. 上海：上海人民出版社.

波纳斯，1998. 作为一个企业的合作联合会：一份交易经济学的研究 [A] //菲吕博顿，瑞切特. 新制度经济学 [M]. 孙经纬，译. 上海：上海财经大学出版社.

曾祥凤，朱其鳌，2008. 农业合作组织的演进：基于内生交易费用视角的考察 [J]. 生产力研究（17）：27-29.

常亮，贾金荣，2010. 起承转合：我国农村合作金融的功能演进 [J]. 商业研究（8）：27-29.

常明明，2006. 绩效与不足：建国初期农村信用合作社的借贷活动的历史考察：以鄂湘赣三省为中心 [J]. 中国农史（3）：95.

车士义，2016. 规范发展农村合作性金融 [J]. 中国金融（9）：34-35.

陈东平，张雷，高名姿，2017. 互联性交易与股份合作制专业合作社内信用合作契约治理研究：以旺庄果品专业合作社为例 [J]. 农业经济问题，38 (5)：28-32.

陈东平，周振，2012a. 农村资金互助社的内部治理机制缘何"异化"?：社员合作博弈的视角与来自浙南 M 镇的证据 [J]. 江苏社会科学 (2)：62-67.

陈东平，周振，2012b. 组织场域对新型农村合作金融机构支农绩效的影响：以盐城市试点为例的实证研究 [J]. 农业经济问题，33 (2)：50-56.

陈俭，2016a. 农村信用社变迁的阶段性特征及其改革指向 [J]. 江汉论坛 (10)：11-15.

陈俭，2016b. 中国农村信用社研究：1951—2010 [M]. 北京：北京大学出版社.

陈立辉，刘西川，2016. 农村资金互助社异化与治理制度重构 [J]. 南京农业大学学报 (社会科学版)，16 (3)：111-122.

陈林，2014-01-15. "三位一体"开创新型合作化道路 [N]. 农民日报 (003).

陈锡文，(2018-01-24) [2024-01-27]. 陈锡文：一个人口超 10 亿的现代化大国，应呈现怎样的城乡格局？ [EB/OL]. http://gdupi.com/Common/news_detail/article_id/1870.html.

陈锡文，2018. 实施乡村振兴战略，推进农业农村现代化 [J]. 中国农业大学学报 (社会科学版)，35 (1)：5-12.

陈晓枫，李建平，2019. 中国农民合作经济思想的发展与创新 [J]. 毛泽东邓小平理论研究 (1)：27.

陈学光，徐金发，2006. 网络组织及其惯例的形成：基于演化论的视角 [J]. 中国工业经济 (4)：52-58.

陈雪飞，2005. 农村信用社制度：理论与实践 [M]. 北京：中国经济出版社.

陈雪飞，2006. 农村信用社改革与发展中的政府干预 [J]. 财经理论与实践 (4)：31-34.

陈雨露，马勇，2010. 中国农村金融论纲 [M]. 北京：中国金融出版社.

谌赞雄，2002. 中国农村合作金融异化问题探析 [J]. 武汉金融 (11)：15-18.

程恩富，张杨，2019. 论新时代社会主义农业发展的若干问题：以马克思主义及其中国化理论为指引［J］. 内蒙古社会科学（汉文版），40（5）：16.

程勇峰，2011. 农村资金互助社的制度变迁与制度绩效分析［J］. 金融经济（22）：66-67.

褚保金，陈涤非，2002. 试论我国农村合作金融组织的改革与发展［J］. 中国农村经济（8）：20-25.

戴相龙，1987. 坚持把信用社办成合作金融组织［J］. 农村金融研究（12）：1-7.

邓国取，2007. 农村信用社改制进程中农户相关行为分析与评价：基于陕西省214家农户的调查与思考［J］. 财经论丛（1）：64-69.

邓宏图，2003. 组织、组织演进及制度变迁的经济解释：质疑"伪古典化"的"杨小凯范式"［J］. 南开经济研究（1）：23-27.

邓宏图，2011. 组织与制度：基于历史主义经济学的逻辑解释［M］. 北京：经济科学出版社.

邓宏图，王雪梅，2010. 组织演进与效率原则：文化类型与意识形态的决定性要素的相关阐释［J］. 江苏社会科学（2）：94-98.

邓向荣，2004. 企业组织演化理论评析［J］. 经济学动态（8）：108-111.

邓小平，1994a. 邓小平文选：第二卷［M］. 北京：人民出版社.

邓小平，1994b. 邓小平文选：第三卷［M］. 北京：人民出版社.

邓岩，2012. 农村信用社变迁进程的政府行为与效率因应：鲁省证据［J］. 改革（3）：90-96.

邓毅，等，1997. 合作银行概论［M］. 广州：广东高等教育出版社.

丁述军，关冬蕾，2011. 农村信用社改革过程中的博弈分析［J］. 宏观经济研究（8）：65-71.

丁伟国，2005. 试论农村合作金融在我国的异化问题［J］. 哈尔滨商业大学学报（社会科学版）（1）：14-16.

丁玉，汪小亚，2016. 山东潍坊市信用互助试点的经验和启示［J］. 清华金融评论（12）：69-72.

董玄，孟庆国，周立，2018. 混合型组织治理：政府控制权视角：基于农村信用社等涉农金融机构的多案例研究［J］. 公共管理学报，15（4）：68.

杜传忠, 2003. 企业组织结构演进的逻辑及其效率分析 [J]. 人文杂志 (2): 48-53.

恩格斯, 1971. 自然辩证法 [M]. 中共中央马克思恩格斯列宁斯大林著作编译局, 译. 北京: 人民出版社.

范玉仙, 袁晓玲, 2016. R-SCP 框架下政府规制改革对中国电力行业技术效率的影响 [J]. 大连理工大学学报 (社会科学版), 37 (3): 27-33.

丰雷, 江丽, 郑文博, 2019. 认知、非正式约束与制度变迁: 基于演化博弈视角 [J]. 经济社会体制比较 (2): 165-177.

冯海发, 李溦, 1993. 我国农业为工业化提供资金积累的数量研究 [J]. 经济研究 (9): 60-64.

冯婷, 安德宁, 颜华, 2015. 基于新制度经济学的农村资金互助社演进及绩效分析 [J]. 农业经济 (9): 90-92.

冯兴元, 2017. 论农村信用社系统金融机构的产权、治理与利益关系 [J]. 社会科学战线 (2): 32.

高杰, 2013. 中国农业产业化经营组织演进论 [D]. 成都: 四川大学.

高杰, 2017. 中国农业产业化经营组织演进研究 [M]. 北京: 科学出版社.

高强, 孔祥智, 2014. 中国农业结构调整的总体估价与趋势判断 [J]. 改革 (11): 80-91.

高强, 张照新, 2015. 日本、韩国及中国台湾信用合作运行模式、发展经验与启示 [J]. 中国农村经济 (10): 89-96.

龚关, 等, 2016. 国民政府与中国农村金融制度的演变 [M]. 天津: 南开大学出版社.

郭晓鸣, 雷晓明, 1998. 中国农村金融体制改革与评价 [J]. 经济学家 (5): 18-23.

国鲁来, 2001. 合作社制度及专业协会实践的制度经济学分析 [J]. 中国农村观察 (4): 36-48.

韩俊, 1998. 关于农村集体经济与合作经济的若干理论与政策问题 [J]. 中国农村经济 (12): 11-19.

韩俊, 等, 2009. 中国农村金融调查 [M]. 上海: 上海远东出版社.

何大安, 丁芳伟, 2006. 中国农村金融市场化非均衡推进现象分析 [J]. 中国农村经济 (6): 32-37.

何德旭, 饶明, 2008. 我国农村金融市场供求失衡的成因分析: 金融排斥

性视角 [J]. 经济社会体制比较 (2)：108-114.

何广文，1999a. 从农村居民资金借贷行为看农村金融抑制与金融深化 [J]. 中国农村经济 (10)：42-48.

何广文，1999b. 合作金融组织的制度性绩效探析 [J]. 中国农村经济 (2)：37-42.

何广文，2001. 合作金融发展模式及运行机制研究 [M]. 北京：中国金融出版社.

何广文，2006. 农信社制度变异及其动因 [J]. 银行家 (2)：116-119.

何广文，2007. 农村资金互助合作机制及其绩效阐释 [J]. 金融理论与实践 (4)：3-8.

何广文，2017. 合作社信用合作的制度优势及可持续发展的路径探讨 [J]. 中国农民合作社 (4)：47.

何广文，何婧，郭沛，2018. 再议农户信贷需求及其信贷可得性 [J]. 农业经济问题 (2)：38-49.

贺力平，2002. 合作金融发展的国际经验及对中国的借鉴意义 [J]. 管理世界 (1)：48-57，154.

赫什莱弗，赖利，2000. 不确定性与信息分析 [M]. 刘广灵，李绍荣，译. 北京：中国社会科学出版社.

胡必亮，2004. 村庄信任与标会 [J]. 经济研究 (10)：115-125.

胡锦涛，2016a. 胡锦涛文选：第二卷 [M]. 北京：人民出版社.

胡锦涛，2016b. 胡锦涛文选：第三卷 [M]. 北京：人民出版社.

胡士华，2005. 农村合作金融功能异化的制度分析 [J]. 重庆社会科学 (2)：39-43.

扈映，毛玉芬，2011. 民间标会何以盛行不衰 [J]. 西北农林科技大学学报（社会科学版），11 (4)：155-160.

黄惠春，杨军，2011. 县域农村金融市场结构与农村信用社绩效关系检验：基于 GMM 动态面板模型 [J]. 中国农村经济 (8)：63-71.

黄凯南，2010. 现代演化经济学基础理论研究 [M]. 杭州：浙江大学出版社.

黄凯南，2016. 制度演化经济学的理论发展与建构 [J]. 中国社会科学 (5)：65-78.

黄凯南，黄少安，2008. 企业的性质：契约理论和演化理论的比较和融合

[J]. 求索 (4)：1-5.

黄迈，谭智心，汪小亚，2019. 当前中国农民合作社开展信用合作的典型模式、问题与建议 [J]. 西部论坛，29 (3)：70-79.

黄少安，1999. 制度变迁主体角色转换假说及其对中国制度变革的解释：兼评杨瑞龙的"中间扩散型假说"和"三阶段论" [J]. 经济研究 (1)：72.

黄晓渝，2019. 中国社会组织演化：过程、动因及政策 [D]. 成都：四川大学.

黄志豪，于蓉，2005. 银行产业组织理论研究综述 [J]. 经济学动态 (2)：91-94.

贾根良，2004. 演化经济学 [M]. 太原：山西人民出版社.

江曙霞，罗杰，2004. 国有商业银行改革中政府效用函数的动态优化：基于租金偏好和效率偏好的选择 [J]. 财经研究 (11)：52-62.

江泽民，2006. 江泽民文选：第二卷 [M]. 北京：人民出版社.

姜旭朝，杨杨，2004. 合作金融的制度视角 [J]. 山东大学学报（哲学社会科学版）(1)：75-80.

姜长云，2001. 乡镇企业融资问题新探 [M]. 太原：山西经济出版社.

姜长云，2002. 从乡镇企业融资看农村金融改革 [J]. 经济学家 (6)：44-50.

蒋颖，2013. 合作社规范、制度创新与合作机制评价 [J]. 农村经济 (5)：112-116.

蒋永穆，2018. 中国农村改革40年的基本经验："四个始终坚持"[J]. 政治经济学评论，9 (6)：87-94.

蒋永穆，等，2019a. 新中国"三农"十大理论问题研究：70年发展与变迁 [M]. 北京：社会科学文献出版社.

蒋永穆，王丽程，2019b. 新中国成立70年来农村合作金融：变迁、主线及方向 [J]. 政治经济学评论，10 (6)：78-94.

蒋永穆，杨少垒，2012. 欧债危机：当代资本主义一体化异化噩梦 [J]. 政治经济学评论，3 (2)：84.

蒋玉珉，2008. 合作经济思想史论 [M]. 合肥：安徽人民出版社.

阚先学，韩秀兰，罗剑朝，2009. 政府在农村信用社推行合作制的动态博弈分析 [J]. 中国软科学 (2)：46-50，70.

康芒斯，1997. 制度经济学：上册［M］. 于树生，译. 北京：商务印书馆.

孔祥智，片知恩，2019. 新中国 70 年合作经济的发展［J］. 华南师范大学学报（社会科学版）（6）：1-10.

赖南冈，1982. 合作经济研究集［M］. 台北：东峰出版社.

蓝虹，穆争社，2012. 中国农村信用社改革的全景式回顾、评价与思考［J］. 上海金融（11）：25.

蓝虹，穆争社，2016. 我国农村信用社改革绩效评价：基于三阶段 DEA 模型 Malmquist 指数分析法［J］. 金融研究（6）：159-175.

蓝虹，穆争社，2017a. 论地方政府对新型农村合作金融的监管［J］. 金融理论与实践（3）：26-30.

蓝虹，穆争社，2017b. 中国新型农村合作金融发展十大问题论争［J］. 上海金融（4）：35-49.

冷冰，周盛武，1996. 发展合作金融是我国社会经济发展的必然［J］. 金融研究（10）：39.

李爱喜，2009. 新中国 60 年农村信用社改革发展的回顾与展望［J］. 财经论丛（6）：45-50.

李恩慈，牛素鸽，1991. 合作金融通论［M］. 北京：中国经济出版社.

李海舰，李燕，2019. 企业组织形态演进研究：从工业经济时代到智能经济时代［J］. 经济管理，41（10）：22-36.

李明贤，黄亚林，2005. 农村金融利益相关者博弈及对改革的影响［J］. 求索（6）：8-11.

李明贤，周蓉，2016. 异质性社员参与农村资金互助业务的博弈分析［J］. 农业经济问题，37（2）：77-82.

李明贤，周蓉，2018. 社会信任、关系网络与合作社社员资金互助行为：基于一个典型案例研究［J］. 农业经济问题（5）：103-113.

李祺，2009. 中国农村信用社制度变迁的博弈分析与路径选择［J］. 农村经济（4）：64-66.

李祺，2010. 农村信用社制度创新：博弈与均衡［J］. 调研世界（5）：3-4，43.

李锐，朱喜，2007. 农户金融抑制及其福利损失的计量分析［J］. 经济研究（2）：146-155.

李树生，2001. 我国合作金融发展的一个理论偏差［J］. 财贸经济（3）：

57-59.

李树生, 2004. 合作金融 [M]. 北京: 中国经济出版社.

李维安, 王世权, 2007. 利益相关者治理理论研究脉络及其进展探析 [J]. 外国经济与管理 (4): 10-17.

廖运凤, 2004. 对合作制若干理论问题的思考 [J]. 中国农村经济 (5): 4-9.

列宁, 2017. 列宁全集: 第三十卷 [M]. 2 版增订版. 中共中央马克思恩格斯列宁斯大林著作编译局, 译. 北京: 人民出版社.

列宁, 2017a. 列宁全集: 第三十七卷 [M]. 2 版增订版. 中共中央马克思恩格斯列宁斯大林著作编译局, 译. 北京: 人民出版社.

列宁, 2017b. 列宁全集: 第三十五卷 [M]. 2 版增订版. 中共中央马克思恩格斯列宁斯大林著作编译局, 译. 北京: 人民出版社.

列宁, 2017c. 列宁全集: 第十九卷 [M]. 2 版增订版. 中共中央马克思恩格斯列宁斯大林著作编译局, 译. 北京: 人民出版社.

列宁, 2017d. 列宁全集: 第四卷 [M]. 2 版增订版. 中共中央马克思恩格斯列宁斯大林著作编译局, 译. 北京: 人民出版社.

列宁, 2017e. 列宁全集: 第四十三卷 [M]. 2 版增订版. 中共中央马克思恩格斯列宁斯大林著作编译局, 译. 北京: 人民出版社.

列宁, 2017f. 列宁全集: 第四十一卷 [M]. 2 版增订版. 中共中央马克思恩格斯列宁斯大林著作编译局, 译. 北京: 人民出版社.

列宁, 2017g. 列宁全集: 第五十卷 [M]. 2 版增订版. 中共中央马克思恩格斯列宁斯大林著作编译局, 译. 北京: 人民出版社.

林坚, 黄胜忠, 2007. 成员异质性与农民专业合作社的所有权分析 [J]. 农业经济问题 (10): 12-17.

刘广生, 吴启亮, 2011. 基于 ESCP 范式的中国电信业基础运营市场分析 [J]. 中国软科学 (4): 34-35.

刘红, 高海, 2012. 农地金融、合作金融与政策性金融的立法嫁接: 基于"三位一体化"的分析框架 [J]. 南京农业大学学报 (社会科学版), 12 (1): 67-73.

刘俊杰, 闫辉, 2018-07-22. 完善体制机制推进农村合作金融组织健康发展: 浙江温州农民信用合作改革的调研与思考 [N]. 农民日报 (002).

刘民权, 徐忠, 俞建拖, 等, 2005. 农村信用社市场化改革探索 [J]. 金融研究（4）：99-113.

刘西川，钟觅琦，2018. 合作金融组织剩余控制权安排的另一种可能：分权型及半阁村实例［J］. 财贸经济，39（10）：91.

龙超，叶小娇，2019. 农村合作金融社会价值、立法规制与我国农村合作金融发展［J］. 金融理论探索（5）：8-15.

龙超，袁天昂，2017. 从合作金融演进形态看我国农村资金互助组织监管模式的构建［J］. 时代金融（36）：24-27.

卢汉川，1985. 合作金融组织存在的客观必然性及其本质特征［J］. 金融研究（1）：50-51.

卢汉川，1991. 合作金融概论［M］. 北京：中国金融出版社.

卢汉川，2001. 当代中国的信用合作事业［M］. 北京：当代中国出版社.

陆磊，丁俊峰，2006. 中国农村合作金融转型的理论分析［J］. 金融研究（6）：1-14.

罗必良，2000. 经济组织的制度逻辑：一个理论框架及其对中国农民经济组织的应用研究［M］. 太原：山西经济出版社.

罗必良，2004. 农业经济组织的效率决定：一个理论模型及其实证研究［J］. 学术研究（8）：50.

罗必良，李孔岳，吴忠培，2001. 中国农业生产组织：生存、演进及发展［J］. 当代财经（1）：52-55.

罗宾逊，1961. 不完全竞争经济学［M］. 陈良璧，译. 北京：商务印书馆.

罗来武，刘玉平，卢宇荣，2004. 从"机构观"到"功能观"：中国农村金融制度创新的路径选择［J］. 中国农村经济（8）：20-25.

马君潞，田岗，金铁鹰，2005. 利益不一致与农村信用社的发展和改革：基于新政治经济学视角［J］. 南开经济研究（3）：70-77.

马克思，2004a. 资本论：第三卷［M］. 中共中央马克思恩格斯列宁斯大林著作编译局，译. 北京：人民出版社.

马克思，2004b. 资本论：第一卷［M］. 中共中央马克思恩格斯列宁斯大林著作编译局，译. 北京：人民出版社.

马克思，恩格斯，2003a. 马克思恩格斯全集：第二十一卷［M］. 中共中央马克思恩格斯列宁斯大林著作编译局，译. 北京：人民出版社.

马克思，恩格斯，2003b. 马克思恩格斯全集：第四十六卷［M］. 中共中央马克思恩格斯列宁斯大林著作编译局，译. 北京：人民出版社.

马克思,恩格斯,2012a. 马克思恩格斯选集:第二卷 [M]. 中共中央马克思恩格斯列宁斯大林著作编译局,译. 北京:人民出版社.

马克思,恩格斯,2012b. 马克思恩格斯选集:第三卷 [M]. 中共中央马克思恩格斯列宁斯大林著作编译局,译. 北京:人民出版社.

马克思,恩格斯,2012c. 马克思恩格斯选集:第四卷 [M]. 中共中央马克思恩格斯列宁斯大林著作编译局,译. 北京:人民出版社.

马克思,恩格斯,2012d. 马克思恩格斯选集:第一卷 [M]. 中共中央马克思恩格斯列宁斯大林著作编译局,译. 北京:人民出版社.

马歇尔,1994. 经济学原理:上卷 [M]. 朱志泰,译. 北京:商务印书馆.

马勇,陈雨露,2009. 农村金融中的政府角色:理论诠释与中国的选择 [J]. 经济体制改革 (4):86-91.

麦金龙,1988. 经济发展中的货币与资本 [M]. 卢骢,译. 上海:三联书店.

毛泽东,1991a. 毛泽东选集:第三卷 [M]. 北京:人民出版社.

毛泽东,1991b. 毛泽东选集:第四卷 [M]. 北京:人民出版社.

毛泽东,1991c. 毛泽东选集:第一卷 [M]. 北京:人民出版社.

毛泽东,1999a. 毛泽东文集:第八卷 [M]. 北京:人民出版社.

毛泽东,1999b. 毛泽东文集:第六卷 [M]. 北京:人民出版社.

穆勒,1964. 政治经济学原理 [M]. 北京:商务印书馆.

穆争社,2011. 农村信用社管理体制改革:成效、问题及方向 [J]. 中央财经大学学报 (4):33-38.

纳尔逊,1997. 经济变迁的演化理论 [M]. 胡世凯,译. 北京:商务印书馆.

聂辉华,2008. 制度均衡:一个博弈论的视角 [J]. 管理世界 (8):158-167.

聂左玲,汪崇金,2017. 专业合作社信用互助:山东试点研究 [J]. 农业经济问题,38 (11):27.

农村金融研究课题组,2000. 农民金融需求及金融服务供给 [J]. 中国农村经济 (7):55-62.

诺思,1994a. 经济史中的结构与变迁 [M]. 陈郁,罗华平,等译. 上海:三联书店.

诺思,1994b. 制度、制度变迁与经济绩效 [M]. 刘守英,译. 上海:三联书店.

诺思，2007. 理解经济变迁过程 [M]. 钟正生，等译. 北京：中国人民大学出版社.

庞艳宾，2020. 数字普惠金融助力乡村振兴 [J]. 人民论坛（1）：98-99.

钱书法，2004. 产业组织演进的理论依据与经验检验：分工与专业化经济 [J]. 经济社会体制比较（6）：126-131.

青木昌彦，2001. 比较制度分析 [M]. 周黎安，译. 上海：远东出版社.

曲小刚，罗剑朝，2013. 农村资金互助社的运行绩效和影响因素：以内蒙古通宁市辽河镇融达农村资金互助社为例 [J]. 农村经济（4）：61-65.

戎承法，楼栋，2011. 专业合作基础上发展资金互助的效果及其影响因素分析：基于九省68家开展资金互助业务的农民专业合作社的调查 [J]. 农业经济问题，32（10）：89-94.

盛松成，应柏荣，黄翔，2001. 我国农村信用社体制改革的回顾与展望 [J]. 金融研究（10）：42-49.

盛学军，于朝印，2010. 中国农村合作金融异化语境下的法律制度重构 [J]. 社会科学（12）：105-113.

施皓明，2001. 农村信用合作社演进的制度分析 [J]. 中国农村观察（4）：13-19.

史敬棠，等，1959. 中国农业合作化运动史料：下册 [M]. 北京：三联书店.

斯科特，2002. 组织理论：理性、自然和开放系统 [M]. 黄洋，译. 北京：华夏出版社.

斯密德，2004. 制度与行为经济学 [M]. 刘璨，吴水荣，译. 北京：中国人民大学出版社.

斯密德，2006. 财产、权力和公共选择：对法和经济学的进一步思考 [M]. 黄祖辉，等译. 上海：上海人民出版社.

宋洪远，赵长保，2002. 国民经济结构变革与农村产业结构调整 [J]. 农业经济问题（12）：10-19.

孙同全，冯兴元，张玉环，等，2019. 中国农村金融体制变迁70年 [J]. 农村金融研究（10）：3-16.

孙阳昭，穆争社，2013. 论农村信用社制度变迁特征的演变 [J]. 中央财经大学学报（1）：20-25.

汤武，简瑞林，2001. 民主制的悖论与准国有制的选择：对农村信用社体制的现状观察与改革思考 [J]. 金融研究（12）：131-135.

汪三贵，李莹星，2004. 中国西部地区农村信用社的治理结构、行为与业绩研究 [J]. 农业经济问题（6）：38-42.

汪小亚，2014. 发展新型农村合作金融 [J]. 中国金融（5）：22-24.

汪小亚，等，2016. 新型农村合作金融组织案例研究 [M]. 北京：中国金融出版社.

王彬，2008. 中国农村合作金融功能异化与重构 [J]. 华东理工大学学报（社会科学版）（2）：33-36.

王曙光，2010. 中国农民合作组织历史演进：一个基于契约—产权视角的分析 [J]. 农业经济问题，31（11）：24.

王伟光，2019. 辩证唯物主义世界观方法论是中国共产党全部理论与实践的思想基础 [J]. 哲学研究（3）：3-13.

王苇航，2008. 关于发展农村资金互助合作组织的思考 [J]. 农业经济问题（8）：61-65.

王修华，2019. 乡村振兴战略的金融支撑研究 [J]. 中国高校社会科学（3）：35-43，157.

王杨，2018. 新型农村合作金融的异化及法律规制 [J]. 农村经济（10）：72-77.

威廉姆森，2016. 治理机制 [M]. 石烁，译. 北京：机械工业出版社.

韦伯，2010. 儒教与道教 [M]. 洪天富，译. 南京：江苏人民出版社.

韦森，2009. 经济理论与市场秩序 [M]. 上海：格致出版社.

温铁军，杨春悦，2010. 综合性农民专业合作社的发展问题 [J]. 中国农民合作社（2）：26.

温铁军，朱守银，1994. 农村合作金融六年改革试验研究报告 [R] //余国耀，温铁军，张晓山. 九十年代产权制度的对策研究：中国农村股份合作经济专辑 [M]. 北京：中国商业出版社.

毋俊芝，安建平，2008. 试论我国农村合作金融制度的异化 [J]. 农业经济问题（2）：18-21.

吴彬，徐旭初，2013. 合作社的状态特性对治理结构类型的影响研究：基于中国 3 省 80 县 266 家农民专业合作社的调查 [J]. 农业技术经济（1）：107-119.

吴少新，王国红，2006. 中国农村信用社制度的变迁与创新 [J]. 财贸经济（7）：45-48.

吴晓灵，1997. 有关合作金融发展的认识与政策支持问题 [J]. 金融研究（2）：11-15.

习近平，1992. 摆脱贫困 [M]. 福州：福建人民出版社.

习近平，2001. 中国农村市场化建设研究 [M]. 北京：人民出版社.

习近平，2003. 关于社会主义市场经济的理论思考 [M]. 福州：福建人民出版社.

习近平，2017. 习近平谈治国理政：第二卷 [M]. 北京：外文出版社.

夏英，宋彦峰，濮梦琪，2010. 以农民专业合作社为基础的资金互助制度分析 [J]. 农业经济问题，31（4）：29-33，110.

向林峰，文春晖，2013. 路径依赖还是适应性选择：我国农村金融制度演进 [J]. 江西社会科学，33（3）：70-73.

谢富胜，2005. 马克思主义经济学中生产组织理论的发展 [J]. 经济评论（4）：40-49.

谢家智，冉光和，2000. 中国农村金融制度变迁的路径依赖 [J]. 农业经济问题（5）：25-28.

谢佩洪，王在峰，2008. 基于制度基础观的ICP范式的构建及其分析：对我国企业多元化经营的剖析 [J]. 财经科学（2）：65-72.

谢平，2001. 中国农村信用合作社体制改革的争论 [J]. 金融研究（1）：1-13.

谢平，徐忠，沈明高，2006. 农村信用社改革绩效评价 [J]. 金融研究（1）：23-39.

谢元态，2007. 合作经济理论与合作金融实践 [M]. 南昌：江西科学技术出版社.

熊彼特，2017. 经济分析史：第2卷 [M]. 杨敬年，译. 北京：商务印书馆.

熊德平，2013. 中国农村金融产业组织问题研究述评与展望 [J]. 金融发展研究（1）：17-22.

徐传谌，张万成，2004. "经济人" 假设的发展 [J]. 当代经济研究（2）：27-31.

徐建奎，刘西川，2018. 合作社内部信用合作研究综述：基于风险控制的

视角 [J]. 浙江理工大学学报（社会科学版），40（2）：105-111.

徐孟洲，2007. 金融法 [M]. 北京：高等教育出版社.

徐祥临，2017. 习近平农村经济体制改革顶层设计科学性初探 [J]. 马克思主义与现实（4）：19-26.

徐笑波，等，1994. 中国农村金融的变革与发展（1978—1990）[M]. 北京：当代中国出版社.

徐旭初，2011. 农民专业合作社开展信用合作正当时 [J]. 农村工作通讯（18）：11-13.

徐旭初，2019. 农村合作金融路在何方 [J]. 中国农民合作社（4）：34.

徐永健，1998. 论合作金融的基本特征 [J]. 财贸经济（1）：22-27.

许圣道，2006. 农村信用社改革的"路径依赖"问题 [J]. 金融研究（9）：37-42.

杨蕙馨，刘明宇，2002. 技术变迁与企业组织演进 [J]. 外国经济与管理（10）：8-12，17.

杨久栋，2019-02-23. 2019 中国新型农业经营主体发展分析报告（二）[N]. 农民日报（007）.

杨楠，周林，2019. 新型农村合作金融三方博弈及行为选择研究 [J]. 东岳论丛，40（5）：158-166.

杨永忠，雷琼，2008. 提升竞争力的产业制度及其传导：基于ISCP分析框架 [J]. 云南财经大学学报（1）：38-44.

姚会元，陈俭，2008. 农村信用社制度异化问题探析 [J]. 学术交流（11）：109-113.

姚耀军，2006. 中国农村金融发展状况分析 [J]. 财经研究（4）：103-114.

叶李伟，施佰发，2019. 金融扶贫背景下我国农村资金互助社绩效评价：基于福建省南安市助民合作社资金互助部的调研与案例分析 [J]. 福建论坛（人文社会科学版）（1）：195-202.

叶雯，姜涛，熊德平，2015. 新时期我国农村金融产业组织发展的逻辑：基于供给主体行为的分析 [J]. 科技与管理，17（5）：94-99.

易棉阳，陈俭，2011. 中国农村信用社的发展路径与制度反思 [J]. 中国经济史研究（2）：78-87.

易棉阳，罗拥华，2016. 农业合作化运动中的农民行为：基于行为经济学

的研究视角 [J]. 中国经济史研究 (6)：42-52.

尹志超，2007. 信用合作组织：理论与实践 [M]. 成都：西南财经大学出版社.

苑鹏，2001. 中国农村市场化进程中的农民合作组织研究 [J]. 中国社会科学 (6)：63-73.

苑鹏，彭莹莹，2013. 农民专业合作社开展信用合作的现状研究 [J]. 农村经济 (4)：3-6.

岳志，2002. 现代合作金融制度研究 [M]. 北京：中国金融出版社.

湛垦华，等. 普利高津与耗散结构理论 [M]. 西安：陕西科学技术出版社.

张德峰，2011. 农村信用合作社：民主困境与法律突围 [J]. 政法论坛，29 (6)：96-106.

张德峰，2014. 农村合作金融组织异质社员间利益冲突的法律平衡 [J]. 法商研究，31 (4)：90-98.

张德元，潘纬，2016. 农民专业合作社内部资金互助行为的社会资本逻辑：以安徽 J 县惠民专业合作社为例 [J]. 农村经济 (1)：119-125.

张德元，张亚军，2008. 关于农民资金互助合作组织的思考与分析 [J]. 经济学家 (1)：40-47.

张贵乐，于左，2001. 合作金融论 [M]. 大连：东北财经大学出版社.

张海洋，2017. 融资约束下金融互助模式的演进：从民间金融到网络借贷 [J]. 金融研究 (3)：101-115.

张杰，2003. 中国农村金融制度：结构、变迁与政策 [M]. 北京：中国人民大学出版社.

张杰，高晓红，2006. 注资博弈与中国农信社改革 [J]. 金融研究 (3)：48-56.

张璟，沈坤荣，2008. 财政分权改革、地方政府行为与经济增长 [J]. 江苏社会科学 (3)：56-62.

张乐柱，2005. 农村合作金融制度研究 [M]. 北京：中国农业出版社.

张晓山，1998-02-06. 外部环境对中国农村合作组织经济行为的制约和干预 [N]. 经济信息报 (006).

张晓山，苑鹏，2009. 合作经济理论与中国农民合作社的实践 [M]. 北京：首都经济贸易大学出版社.

张永升，金宝翔，谷彬，等，2015. 合作制、在地化与农村信贷供给：以合作金融组织资金互助社为例［J］.中国延安干部学院学报，8（4）：132-136.

张照新，曹慧，高强，等，2015.农民合作社内部信用合作：实践困境与发展前景［J］.中国农村金融（10）：75-77.

赵凌云，2009.1949—2008 年间中国传统计划经济体制产生、演变与转变的内生逻辑［J］.中国经济史研究（3）：24-33.

赵爽，2019.我国农村合作金融制度变迁：历程、规律与趋势［J］.高校马克思主义理论研究，5（2）：43-52.

浙江省农业厅课题组，2008.农民专业合作社绩效评价体系初探［J］.农村经营管理（10）：31-35.

郑启福，2011.中国合会起源之考辨［J］.湖北经济学院学报，9（2）：19-23，76.

中共中央编写组，2013.《中共中央关于全面深化改革若干重大问题的决定》辅导读本［M］.北京：人民出版社.

中共中央文献编辑委员会，1986.毛泽东著作选读：下册［M］.北京：人民出版社.

中共中央文献研究室，1986.十二大以来重要文献选编：上［M］.北京：人民出版社.

中共中央文献研究室，1993a.建国以来重要文献选编：第七册［M］.北京：中央文献出版社.

中共中央文献研究室，1993b.建国以来重要文献选编：第四册［M］.北京：中央文献出版社.

中共中央文献研究室，1996.十四大以来重要文献选编：上［M］.北京：人民出版社.

中共中央文献研究室，1998.新时期经济体制改革重要文献选编［M］.北京：中央文献出版社.

中共中央文献研究室，2004.邓小平年谱（一九七五—一九九七）：下［M］.北京：中央文献出版社.

中共中央文献研究室，2006.十六大以来重要文献选编：中［M］.北京：中央文献出版社.

中共中央文献研究室，2008.改革开放三十年重要文献选编［M］.北京：中央文献出版社.

中共中央文献研究室，2014. 十八大以来重要文献选编：上［M］．北京：中央文献出版社．

中共中央文献研究室，国务院发展研究中心，1992. 新时期农业和农村工作重要文献选编［M］．北京：中央文献出版社．

中共中央文献研究室，中央档案馆，2011a. 建党以来重要文献选编：第二册［M］．北京：中央文献出版社．

中共中央文献研究室，中央档案馆，2011b. 建党以来重要文献选编：第二十册［M］．北京：中央文献出版社．

中共中央文献研究室，中央档案馆，2011c. 建党以来重要文献选编：第十四册［M］．北京：中央文献出版社．

中共中央文献研究室，中央档案馆，2011d. 建党以来重要文献选编：第十一册［M］．北京：中央文献出版社．

中共中央文献研究室，中央档案馆，2011e. 建党以来重要文献选编：第一册［M］．北京：中央文献出版社．

中国人民银行，银保监会，证监会，等，（2019-02-11）［2024-02-10］. 五部门联合发布《关于金融服务乡村振兴的指导意见》［EB/OL］. https://www.gov.cn/xinwen/2019-02/11/content_5364842.htm.

中国人民银行代表团，2002. 论合作金融的混合治理结构：从法国农业信贷银行的制度变迁看中国农村信用社体制改革［J］．金融研究（7）：1-9.

中国人民银行抚州市中心支行课题组，2001. 非正式制度安排、技术约束下的农村信用合作社发展问题：抚州个案研究与一般政策结论［J］．金融研究（1）：21-31.

周黎安，2008. 转型中的地方政府：官员激励与治理［M］．上海：格致出版社，2008.

周立，2005. 中国农村金融体系发展逻辑［J］．银行家（8）：36-40.

周立，2007. 农村金融市场四大问题及其演化逻辑［J］．财贸经济（2）：56-63.

周立，周向阳，2009. 中国农村金融体系的形成与发展逻辑［J］．经济学家（8）：22-30.

周脉伏，稽景涛，2004. 农村信用社合作制规范的博弈分析［J］．中国农村经济（5）：35-39.

周孟亮，2015. 新型农村金融组织发展模式：适应性成长：基于现实剖析与理论溯源的创新 [J]. 金融经济学研究，30 (2)：74-84.

周其仁，1995. 中国农村改革：国家和所有权关系的变化（上）：一个经济制度变迁史的回顾 [J]. 管理世界 (3)：185-186.

周其仁，1996. 市场里的企业：一个人力资本与非人力资本的特别合约 [J]. 经济研究 (6)：71-80.

周小川，2004. 关于农村金融改革的几点思路 [J]. 经济学动态 (8)：10-15.

周玉玺，王家传，2004. 合作金融制度绩效辨析 [J]. 济南金融 (5)：42-44.

周治富，郭梅亮，2011. 中国农村信用社改革绩效评价：基于 Yaron 农村金融机构业绩评估指标的研究 [J]. 经济问题探索 (10)：59-65.

朱泓宇，李扬，蒋远胜，2018. 发展村社型合作金融组织推动乡村振兴 [J]. 农村经济 (1)：21-27.

朱华明，2004. 制度、流动性与农村信用社支农绩效的实证研究 [J]. 金融研究 (12)：119-127.

朱乾宇，罗兴，马九杰，2015. 组织成本、专有性资源与农村资金互助社发起人控制 [J]. 中国农村经济 (12)：49-62.

祝国平，郭连强，2018. 农村金融改革的关键问题、深层原因与战略重点 [J]. 江汉论坛 (6)：46-54.

ALCHIAN, DEMSETZ, 1972. Production, information costs, and economic organization [J]. The American economic review, 62 (5)：777-795.

ALCHIAN, 1950. Uncertainty, evolution, and economic theory [J]. Journal of political economy, 58 (3)：211-221.

ALLEN, SANTOMERO, 1997. The theory of financial intermediation [J]. Journal of banking & finance, 21 (11-12)：1461-1485.

AMBURGEY, RAO, 1996. Organizational ecology：past, present, and future directions [J]. Academy of management journal, 39 (5)：1265-1286.

AUGIER, MARCH, 2008. A retrospective look at a behavioral theory of the firm [J]. Journal of economic behavior and organization, 66 (1)：0-6.

BANERJEE, MOOKHERJEE, MUNSHI, et al., 2001. Inequality, control rights, and rent seeking：sugar cooperatives in Maharashtra [J]. Journal of political economy, 109 (1): 138-190.

BAROU, 1932. Cooperative banking [M]. London: London Press.

BESLEY, COATE, 1995. Group lending, repayment incentives and social collateral [J]. Journal of development economics, 46 (1): 1-18.

BESLEY, COATE, LOURY, 1993. The economics of rotating savings and credit associations [J]. American economic review (83): 230-265.

COASE, 1937. The nature of the firm [J]. Economica, 4 (16): 386-405.

DAVIS, 2001. Credit Union governance and survival of the cooperative form [J]. Journal of financial services research, 19 (2-3): 197-210.

DUNCAN, 1972. Characteristics of organizational environments and perceived environmental uncertainty [J]. Administrative science quarterly, 17 (3): 313-327.

FOSS, 1997. Austrian insights and the theory of the firm [J]. Advances in Austrian economics, 4 (97): 175-198.

FRIED, LOVELL, EECKAUT, 1993. Evaluating the performance of US credit unions [J]. Journal of banking & finance, 17 (2-3): 251-265.

FRIED, LOVELL, TURNER, 1996. An analysis of the performance of university-affiliated credit unions [J]. Computers & operations research, 23 (4): 375-384.

FRIEDMAN, 1991. Evolutionary games in economics [J]. Econometrica: journal of the econometric society, 21 (50): 637-666.

GEERTZ, CLIFFORD, 1962. The rotating credit association: a " Middle Rung" in development [J]. Economic development and cultural change, 10 (3): 241-263.

GODDARD, WILSON, 2005. US Credit Unions: an empirical investigation of size, age and growth [J]. Annals of public and cooperative economics, 76 (3): 375-406.

HANNAN, FREEMAN, 1977. The population ecology of organizations [J]. American journal of sociology, 82 (5): 929-964.

HART, MOORE, 1996. The governance of exchanges: members' cooperatives versus outside ownership [J]. Oxford review of economic policy, 12 (4): 53-69.

HODGSON, 1998. Competence and contract in the theory of the firm [J]. Journal of economic behavior & organization, 35 (2): 179–201.

HUNT, 1974. Environment and organizational effectiveness [J]. Administrative science quarterly, 19 (2): 231–246.

IOANNIDES, 1999. Towards an Austrian perspective on the firm [J]. The review of Austrian economics, 11 (1–2): 77–97.

KLEIN, CRAWFORD, ALCHIAN, 1978. Vertical integration, appropriable rents, and the competitive contracting process [J]. The journal of law and economics, 21 (2): 297–326.

MASSINI, LEWIN, NUMAGAMI, et al., 2002. The evolution of organizational routines among large Western and Japanese firms [J]. Research policy, 31 (8–9): 1333–1348.

MCKILLOP, 2010. Financial cooperatives: structure, conduct and performance [J]. Annals of public & cooperative economics, 76 (3): 301–305.

MECKLING, JENSEN, 1976. Theory of the firm: managerial behavior, agency costs and ownership structure [J]. Journal of financial economics, 3 (4): 305–360.

MEYER, ROWAN, 1977. Institutionalized organizations: formal structure as myth and ceremony [J]. American journal of sociology, 83 (2): 340–363.

OI, JEAN, 1992. Fiscal reform and the economic foundations of local state corporatism in China [J]. World politics, 45 (1): 99–126.

POWELL, 1983. The iron cage revisited: institutional isomorphism and collective rationality in organizational fields [J]. American sociological review, 48 (2): 147–160.

RASMUSEN, 1988. Mutual banks and stock banks [J]. The journal of law and economics, 31 (2): 395–421.

SMITH, CARGILL, MEYER, 1981. Credit Unions: an economic theory of a Credit Union [J]. The journal of finance, 36 (2): 519–528.

STAATZ, 1987. Farmers' incentives to take collective action via cooperatives: a transaction cost approach [J]. Cooperative theory: new approaches (18): 87–107.

TAYLOR, 1971. The credit union as a cooperative institution [J]. Review of social economy, 29 (2): 207-217.

WILKINSON, YOUNG, 2002. On cooperating: firms, relations and networks [J]. Journal of business research, 55 (2): 123-132.

WITT, 1998. Imagination and leadership-the neglected dimension of an evolutionary theory of the firm [J]. Journal of economic behavior & organization, 35 (2): 161-177.

YU, 1999. Toward a praxeological theory of the firm [J]. The review of Austrian economics, 12 (1): 25-41.